U0940256

国家软科学重大项目
（2011GXS2D026）

中国区域经济发展动力机制研究系列

中国区域经济发展动力机制研究系列
China's Dynamic Mechanism of the Regional Economy Development Series

中国区域产业优化升级的动力机制

——以中原经济区为样本

DYNAMICS OF REGIONAL INDUSTRIAL OPTIMIZATION AND UPGRADING IN CHINA

史自力　胡国恒　乔俊峰
杨玉珍　翟永会　史永奋／著

SSAP 社会科学文献出版社
SOCIAL SCIENCES ACADEMIC PRESS (CHINA)

目　　录

理论篇

实践篇

政策篇

CONTENTS

Part of Theory

Part of Practice

Part of Policy

理论篇

加快新型工业化进程，构建现代产业体系，是中原经济区建设的重要战略支撑；如何有效地促进产业结构优化升级，是构建现代产业体系的关键。本书以转变经济发展方式、重构现代产业体系、创新“三化”协调机制为背景，对中原经济区产业优化升级的动力机制进行全方位研究。理论篇着重分析后发地区产业优化升级的一般机制，并以日本和韩国为例，分析产业优化升级的成功经验和有益借鉴。

在产业发展过程中，后发地区面临的突出问题是如何打破产业转移和产业发展的低端锁定困境。理论篇首先从产业价值链角度分析区域产业优化升级的基本途径和一般机制，通过将制度质量纳入比较优势分析框架，结合后发区域产业发展的实际情况，提出了包含产业转移、需求条件、要素条件和技术能力、制度质量和产业政策、区域竞争政策等因素在内的产业优化升级动力模型，进一步揭示了后发地区低端锁定的成因，并提出了后发地区破解低端锁定的途径。日本和韩国的产业优化升级经验说明，在后发地区产业升级过程中，制度质量、要素结构、技术能力和政府产业政策具有重要作用。

第一章
绪　论

加快新型工业化进程，构建现代产业体系，是中原经济区建设的重要战略支撑；如何有效地促进产业结构优化升级，是构建现代产业体系的关键。《国务院关于支持河南省加快建设中原经济区的指导意见》明确指出，中原经济区要“抢抓产业转移机遇，促进结构优化升级，坚持走新型工业化道路，加快建立结构合理、特色鲜明、节能环保、竞争力强的现代产业体系，引领带动‘三化’协调发展”[①]。本书以转变经济发展方式、重构现代产业体系、创新“三化”协调机制为背景，对中原经济区产业优化升级的动力机制进行全方位研究。本章对全书的研究背景、主要内容和思路方法进行总体介绍。

第一节　研究背景

一　构建现代产业体系是中原经济区建设的原动力

改革开放30多年来，河南已经由传统的农业大省发展成为全

① 《国务院关于支持河南省加快建设中原经济区的指导意见》，国发〔2011〕32号文件。

国重要的经济大省和新兴工业大省，全省生产总值居全国第五位。但是经济增长的质量与规模并不相称，大多数工业行业处于产业链前端和价值链低端，服务业发展滞后，土地、资源和环境约束加剧。按行业增加值占全省规模以上工业的比重计算，2011 年全省六大高成长性产业（汽车、电子信息、装备制造、食品、轻工、新型建材）比重达55.3%，高技术制造业比重达5.3%，而六大高耗能行业（煤炭、化工、非金属、黑色、有色和电力）比重依然为40.7%。符合“两高两低一自主”（高科技含量、高附加值、低耗能、低污染、自主创新）的现代产业体系尚未建立起来。如何做大做强产业链、建立先进的现代产业体系，提高本地产业的价值创造能力、实现从价值链低端向高端的攀升，是中原经济区建设首要解决的关键问题。《河南省建设中原经济区纲要（草案）》明确指出，中原经济区的“三化”协调发展，新型城镇化是引领，新型工业化是主导，新型农业现代化是基础。“推进新型工业化、加快转型升级提升支撑能力是建设中原经济区的重要依托。”中原经济区产业发展要坚持规模扩张和优化结构并重，努力构建“结构合理、特色鲜明、节能环保、竞争力强的现代产业体系”①。

二　中原经济区产业发展的外部机会与挑战并存

“十二五”期间是中原经济区建设的关键时期，产业发展和优化升级的外部机会与挑战并存。一方面，金融危机后新一轮国际产业竞争加剧、国内外产业加速转移。河南省具有区位和人力资源优势，通过承接产业转移可以在较短时期内实现产业规模和技术层次的双重提升；但是如果仅仅承接一般性的产业转移而没有足够的自

---

① 《河南省建设中原经济区纲要（草案）》，http：//www.hndrc.gov.cn/zyjjq/1852.jhtml。

主创新支撑，很有可能在新一轮产业竞争中被锁定在低端产业，与先进地区的差距会被进一步拉大。另一方面，随着中国经济从出口导向到内需主导的战略转型，广大中西部地区面临新的发展机遇。在国家大力支持中原经济区建设的背景下，河南省承东启西、贯穿南北的独特区位和庞大的人口规模等比较优势将得到更好发挥，但是来自国内其他地区的竞争压力依然很大：在相对高端产业方面，率先发展起来的沿海地区具有先发优势；在一般产业方面，河南的后发优势面临来自中西部省份的同质化竞争。中原经济区构建现代产业体系，必须充分发挥比较优势，抓住产业转移的有利时机，在区域竞争中领先实现产业优化升级。

三　中原经济区加速城镇化为产业优化升级提供了巨大空间

中国经济已经进入了城镇化的快速发展时期，“十二五”期间，中国城镇化率将超过50%，城镇化所释放出的巨大的消费潜力将成为经济持续发展的强大动力。根据河南省社科院发布的《河南城市发展报告（2012）》估计，河南城镇化进程正处于加速阶段，2010年河南的城镇化率为38.8%，低于全国11.15个百分点；2011年城镇化率将达到40.6%，2012年城镇化率将进一步加速提升，保持1.8%的年增长速度[①]。国际经验表明，城镇化水平为30%～60%是城镇化进程的加速时期，呈现工业化和城镇化互动互促的快速发展的特征。在中原经济区建设中，河南在土地、户籍、行政管理体制等方面享有“先行先试”的权利，为加速城镇化提供了制度保障。不断加快的城镇化进程和居民消费结构升级将为中原经济区产业优化升级提供广阔的发展空间。

---

① 河南省社科院：《河南城市发展报告（2012）》，社会科学文献出版社，2012。

四 资源环境约束对中原经济区产业优化升级提出了紧迫要求

随着 OECD 国家绿色发展战略的实施和绿色经济的盛行，中国也提出了建设资源节约环境友好型社会的发展目标。节能减排、淘汰落后产能是一个必然趋势。由于长期以来的粗放式发展，高能耗、高排放、高污染的“三高”行业在我国尤其中西部地区的产业结构中占有相当大的比重。就河南而言，煤炭、化工、非金属、黑色金属、有色金属和电力六大高耗能行业占全部工业增加值的40%左右。随着能源资源刚性需求持续上升，全球能源价格和资源类商品价格居高不下，“三高”行业盈利空间日益萎缩；同时，随着经济发展水平的提高，人们对生态环境的要求普遍提升，生态环境约束进一步加剧。转变经济发展方式，加快产业优化升级对中原经济区建设尤为紧迫。

五 转变经济发展方式、重构现代产业体系、创新“三化”协调机制的新要求

中原经济区的产业优化升级是在“转变经济发展模式、重构现代产业体系、创新‘三化’协调机制”的新背景下展开的。转变经济发展模式，意味着必须抛弃以“投资驱动、资源消耗、环境污染、低附加值、价格竞争”为特征的传统工业化模式，努力转向以“创新驱动、资源节约、环境友好、高附加值、非价格竞争”为特征的新型工业化模式。新型工业化是重构现代产业体系的必由之路，中原经济区定位于建设先进制造业和现代服务业基地，积极承接东部产业转移，引领中西部地区经济发展，为区域产业优化升级提供了广阔的发展空间。中原经济区探索新型城镇化、新型工业化和农业现代化“三化”协调的发展道路，是中国转变

经济发展方式的伟大实践。“三化”协调发展关系中原经济区建设的战略全局，也为产业优化升级提出了新要求。“三化”协调既是产业发展的约束条件，也是产业优化升级的必然路径。如何实现产业分工结构与城乡空间结构的有机结合？如何以新型工业化和城镇化带动和提升农业现代化？这是有待探索和破解的新问题。从根本上实现“三化”协调，需要转变经济发展方式和产业发展模式，更重要的是打破传统的利益格局，重塑“创新驱动，利益共享”的包容增长机制。中原经济区产业优化升级绝不能重复低水平发展和产能过剩的老路子，必须充分利用后危机时代全球创新经济和绿色增长的战略机遇，以制度创新、机制创新和技术创新走出一条协调持续包容共享的新型工业化道路。

坚持走新型工业化道路，构建富有竞争力的现代产业体系，进而带动“三化”协调发展，是加快中原经济区建设的战略主线。本书立足河南省经济发展现实，着重从产业优化升级的角度探索构建先进的现代产业体系、支撑中原经济区“三化”协调发展的战略途径。全书的研究对于探索后发地区产业优化升级的动力机制具有积极的理论意义，对于中原经济区探索以新型工业化带动“三化”协调的发展道路具有切实的现实指导作用。

第二节　研究思路

本书分为理论篇、实践篇和政策篇三个部分，研究中原经济区产业优化升级的动力机制。理论部分从产业内在演替逻辑与比较优势变迁双向契合的角度，分析后发区域产业优化升级的动因和条件；结合国际经验和中原经济区现实探究产业优化升级的可行模式。实践部分围绕构建创新能力、吸引产业转移和产业集聚区建设，研究中原经济区优势主导产业、战略性新兴产业和现代服务业的优化升级和发展路径；通过对产业优化升级的状态、速度和动力三个维度的协同分析，甄别影响中原经济区产业优化升级的关键因素和制约因素。政策部分紧紧围绕“三化”协调这一主线，确定中原经济区产业优化升级的发展模式；围绕人力资本、土地资本、金融资本等要素市场建设和多元公共服务支撑平台建设，为中原经济区产业发展以及产业带动下的“三化”协调提供政策依据。

第三节　研究内容

理论分析部分包括第一至三章。

第一章绪论介绍全书的研究背景和研究思路，并重点阐述全书各章的研究内容和一些重要结论。

第二章从产业价值链角度分析开放经济环境下区域产业优化升级的基本途径和一般机制，产业优化升级包括产业链组织结构静态优化和产业链分工结构动态升级两方面，后发地区面临的突出问题是如何打破产业转移和产业发展的低端锁定困境。本章在扩展的比较优势框架内分别考察了产业转移、需求条件、要素条件和技术能力、制度质量和产业政策、区域竞争政策等因素对产业优化升级的作用机制，揭示了后发地区低端锁定的成因，提出了后发地区破解低端锁定的途径。

第三章以日本和韩国为例，分析产业优化升级的成功经验，寻求对中原经济区的有益借鉴。研究发现，一方面，日本和韩国政府在产业优化升级进程中都发挥了积极的引导作用，日本政府着重产业政策的引导，而韩国政府既强调积极的产业政策引导，并进一步在产业组织层次上推行企业集团化发展战略。另一方面，日本在后天高级要素培育和升级方面独树一帜，而韩国在构建自主技术创新能力方面非常突出。中原经济区的产业优化升级，应充分借鉴发达国家和地区的成功经验，结合自身实际情况，妥善处理好比较优势与后发优势、政策引导与市场机制、产业转移与自主创新、战略产业与主导产业、企业集团与中小企业等方面的关系，积极主动创新性地构建富有竞争力的高效现代产业体系。

实践实证部分包括第四至八章，其中第八章是实证分析。

第四章研究中原经济区产业优化升级的战略目标。立足中原经济区产业发展现状，沿时间序列分析了河南省产业结构、就业结构的演变，横向剖析其现状及不尽合理的原因，具体界定了中原经济区产业升级的内涵与外延，阐述了中原经济区产业升级、产业集聚、产业转移、产业创新之间的关系，运用 SWOT 分析法，分析了中原经济区产业升级的优势、劣势、机遇与挑战，结合《国务院关于支持河南省加快建设中原经济区的指导意见》，提出了中原经济区产业发展的战略。

第五章研究中原经济区承接产业转移问题。产业转移是中原经济区产业优化升级的外源动力，本章立足国际产业转移和国内沿海产业内移的新趋势，分析了国际产业转移的四次浪潮及当前新一轮国际产业转移的新模式、新特征，结合我国承接产业转移的历程，提出我国产业转移的集群式特征。在此基础上，通过与河北、山西、安徽、江西、湖南、湖北、四川 7 省份的竞争力比较分析了中原经济区承接产业转移的特点及存在问题，并进一步指出中原经济区承接产业转移过程中承接类型、选择依据以及具体承接产业的选择问题。

第六章研究中原经济区产业集聚区建设问题。产业集聚区建设是中原经济区产业升级的空间载体和实践落脚点。本章分析了中原经济区产业集聚区建设在推动工业化、城镇化中的重要作用，指出产业集聚区建设中存在的问题及关键点，依托当前河南省产业集聚区发展规划，提出构建以产业集聚为核心的“三园示范区”建设新模式。

第七章研究中原经济区产业创新平台的建设问题。中原经济区产业的创新需要发挥政府、企业等核心要素和高校、研发机构、中介机构、金融机构等环境要素，针对传统产业改造、新兴产业培育、现代服务业发展等内容，围绕产业链、产业集群、产业转移与根植，实现产业组织、产业结构、产业布局等质的改变和量的提高。本章创新性地提出以产业创新平台建设作为中原经济区产业升级的路径，分析了产业创新平台的含义、框架、属性、功能、机制，进一步阐述了中原经济区产业创新平台构成与相关评价指标。

第八章以河南省为主对中原经济区产业优化升级进行实证分析，主要运用实际统计数据和实证分析方法全方位考察河南省产业的发展状态、成长速度及升级动力。首先，构建现代产业体系的多维指标体系；然后，分别基于状态维和速度维考察了河南省产业体系的总体发展规模、内部结构的合理度、可持续发展状况、“三化”协调程度及不同产业的培育成长速度、结构优化速度；最后，运用协整分析方法，分别考察产业转移、市场需求与扩张、国际竞争与区域竞争、要素供给、技术创新与企业成长、制度环境与市场效率对产业升级的影响，以寻求可以有效推动产业发展、促进产业结构优化升级的助力要素。

政策建议部分包括第九至十二章。

第九章研究中原经济区产业升级模式的定位问题。中原经济区要实现产业的可持续发展，就必须协调该区域产业发展与人口、资源和生态环境的关系，建立和谐的发展关系，以有利于长久的产业经济发展。根据《国务院关于支持河南省加快建设中原经济区的指导意见》，本章从自主创新、要素禀赋升级、市场一体化和价值链升级四个方面对中原经济区产业升级的发展模式进行定位。

第十章从要素市场建设角度分析如何提升要素质量优化禀赋结构问题。要素市场主要包括劳动力市场、资本市场、技术市场、信息市场等。要素市场一方面可以节约企业的交易成本，另一方面有助于供给要素的发展。要素市场的建立和完善，首先，应转变政府角色，由“政府主导型”转向“市场主导型”；其次，要完善监管体系和法制建设，规范主体行为保证市场秩序；再次，通过整合资源、加大投入、提高市场外向度等方式来增强要素市场辐射力，促进市场组织创新；最后，发展要素市场中介组织，发挥其服务、协调、公证、监督等作用，促进市场成长和发展。

第十一章研究如何构建产业升级的多元支撑平台问题。具有开放性的多元支撑平台，可以实现更大范围和更多参与者的资源共享，为产业升级提供更全面、更有效和更具有商业价值的服务。本章从发挥政府这只“看得见的手”的作用出发，着重分析了中原经济区建设过程中，如何构建产业技术创新网络平台、科技成果转移与扩散平台和公共服务平台，更有效促进产业优化升级的具体政策措施。

第十二章研究中原经济区产业升级的路径选择问题。本章立足于产业升级相关理论和中原经济区产业发展现状的剖析，结合《国务院关于支持河南省加快建设中原经济区的指导意见》，从建设现代产业体系、引导产业转移、建设现代产业集聚区三方面，具体分析了中原经济区产业升级的内生驱动路径、外生推动路径和规模提升路径。

第四节　主要结论和创新之处

一　主要结论

1. 后发地区陷入低端锁定的成因与破解途径

破解产业分工中的低端锁定困境，是后发地区真正实现产业升级的关键。根据产业优化升级的动因和条件，后发地区陷入产业链低端锁定困境的原因在于过度依赖先天低级要素的禀赋优势，持续推行“向下竞争”（Race to bottom）政策，无法形成产业升级所必需的后天高级要素和技术创新能力，而制度质量低下导致的交易效率劣势进一步强化了对低级要素的路径依赖。打破低端锁定的关键在于主动采取向上竞争（Race to top）政策，改变单纯依靠人口红利的发展模式，积极创造制度红利，实现从要素驱动和投资驱动向创新驱动的跨越和发展，以交易效率优势、人力资本优势和技术创新优势吸引高层次的产业转移，并培育出一批占据产业链高端且具备战略性产业控制力的优势企业群体。

2. 中原经济区产业优化升级的三大动力

结合河南省产业优化升级的优势、劣势、机遇和挑战，中原经济区产业优化升级应狠抓国际产业转移和区际产业内移的新机遇，以承接产业转移为内源动力，形成有序承接、集中布局、错位发展、良性竞争的格局。支持设立承接产业转移示范区。以产业集聚区建设为规模动力，推进创新型、开放型、资源节约和环境友好型等产业集聚区的示范创建，建设一批国家新型工业化产业示范基地。以产业创新为内源动力，通过构筑产业创新平台提升产业核心竞争力，走创新驱动发展道路。

3. 中原经济区产业优化升级的三维协同状况

三维协同分析结果表明：状态方面，河南省产业总量规模已位于全国前列，但高附加值产业偏少，城镇化水平较低，“三化”仍需进一步协调；速度方面，各类产业尤其是高科技产业和现代服务业近年呈高速发展，但相对全国平均水平尚显滞后；升级动力方面，产业转移的推动力主要作用于第二产业，市场需求扩张尤其是人均消费水平的提高可以显著拉动第二、第三产业的提升，受高等教育人数的增加等要素供给对各产业的发展都有非常大的推动作用，制度质量的改变（如市场化程度的提高）对产业的升级也有着非常重要的影响。总体上，要促进产业发展加快产业优化升级，必须在承接高层次产业转移、扩大内需刺激消费、加大人力资本投入、R&D 经费投入、提高要素质量、优化禀赋结构、打造良好的市场和制度环境等各方面予以支持和引导。

4. 中原经济区产业优化升级的总体政策构想

（1）围绕“三化”协调这一主线确定中原经济区产业优化升级的发展模式：把自主创新作为产业升级的内源动力，把要素禀赋升级作为产业升级的基础，把市场一体化作为产业升级的外部环境，把价值链升级作为产业升级的核心。

（2）完善要素市场、发挥市场这只“看不见的手”的作用，通过人力资本、土地资本、金融资本等基本要素培育，优化要素配置效率，使其成为产业结构升级的突破口；实施体制创新，发挥政府这只“看得见的手”的作用，通过建设产业技术创新网络平台、科技成果转移与扩散平台和多元公共服务平台，增加产业优化升级的制度供给。

（3）加强现代产业体系建设，针对不同产业的特点，构建合理的产业发展和升级路径；根据不同区域的发展情况，合理引导产业转移，推动区域布局合理化；充分发挥现代产业集聚区的载体作用，推进产业结构升级。

二　创新之处

第一，在理论分析方面，将制度质量纳入比较优势分析框架，结合后发区域产业发展的实际情况，提出了包含产业转移、需求条件、要素条件和技术能力、制度质量和产业政策、区域竞争政策等因素在内的产业优化升级动力模型。利用该模型较好地解释了不同政策取向下区域制度质量、技术能力和要素结构的相互作用机制及对产业升级的影响过程，在一定程度上厘清了后发地区低端锁定的成因，提出了后发地区破解低端锁定的途径。

第二，在实践探索方面，提出了产业优化升级的三大动力机制及协同路径。其一，以承接产业转移为外源动力，划分出淘汰型转移、产能型转移、扩张型转移、配套型转移和延伸型转移等不同的转移类型。其二，以产业集聚区建设为规模动力，在分析“三化”协调的机理、障碍、目标等基础上，提出构建以产业集聚为核心的“创业、安居、培训”三位一体示范区建设思路。其三，以产业创新为内源动力，提出以产业创新平台建设作为中原经济区产业升级的路径，分析了产业创新平台的结构、功能和运行机制，阐述了中原经济区产业创新平台的相关评价指标。

第三，在研究方法上，对中原经济区产业优化升级进行了系统的多维协同分析。其一，构建了区域产业发展的多维评价指标体系，包括状态指标、速度指标和动力指标。其二，分别对为中原经济区产业优化升级的状态、速度和动力进行系统评判。其三，在状态、速度、动力等多维度评价分析的基础上，通过对“动力—速度—状态”的三维度协同分析，揭示了影响中原经济区产业优化升级的关键推动因素和主要制约因素，为相关政策的制定提供了切实的依据。三维协同分析的结果验证了制度质量、人力资本、技术能力和需求规模对产业优化升级的重要性。

第四，在政策方面，围绕中原经济区产业优化升级，提出了“一根主线、两个抓手、三种途径”的政策思路。“一根主线”：紧紧围绕“三化”协调这一主线，确定中原经济区产业优化升级的发展模式。“两个抓手”：一手抓市场建设，通过人力资本、土地资本、金融资本等基本要素培育，发挥市场这只“看不见的手”

的作用，推动产业优化升级；另一手抓体制创新，通过产业升级支撑平台建设，实施体制创新，发挥政府这只“看得见的手”的作用，增加制度供给。“三种途径”分别是现代产业体系建设，构建内生驱动的升级路径；引导产业转移，推动区域布局合理化；通过现代产业集聚区建设，推进产业结构升级。

第二章
区域产业优化升级的动因与条件

本章从理论上分析后发地区在开放经济环境下实现产业优化升级的动因和条件。首先，对产业链的概念和产业链意义上的优化升级进行归纳和分析；然后，从产业转移和市场需求角度分析后发区域产业优化升级的动因；最后，从区域比较优势和区际竞争的角度分析优化升级的条件。

第一节　产业链分工与产业优化升级

区域的产业发展和优化升级是在特定的产业分工条件下进行的。在传统的产业分工情况下，人们多从产业结构的角度来将产业优化升级问题归结为产业结构的合理化和高级化。产业结构的合理化反映产业间协调发展的程度，主要包括基础产业与制造业之间、三次产业之间、原材料产业与加工工业产业之间、生活资料生产与生产资料生产之间的协调关系。产业结构合理化的实质是通过产业间的协调机制，提高产业结构效率。产业结构高级化是指产业结构重心由第一产业向第二产业和第三产业逐次转移的过程，标志着一国或地区经济发展水平的高低和发展阶段、方向。显然，产业结构的合理化和高级化是“结果”意义上的优化升级。随着全球产业分工的主导模式从产业间分工演变为产业内分工和产品内分工，不同国家和地区之间的分工关系更多地体现为产业内部不同产业链条之间的关系，局限为产业层面的结构分析已经无法反映一个地区在产业分工中的准确位置。产业链分析强调产业内部不同产业阶段之间的分工合作关系和价值创造能力差异，从产业链的角度可以更准确地把握区域产业优化升级的方向和过程。从产业结构的“结果”分析转向产业链的“过程”分析，更切合新的分工模式下后发区域产业发展和优化升级的现实背景。

一　产业链的概念界定

产业链（Industry Chains）是产业价值链（Industry Value Chains）的简称。产业链的理论渊源是价值链（Value Chains）。

波特 1985 年在《竞争优势》一书中首次从单个企业的角度提出了企业价值链的概念。按照波特的理解，企业的价值创造是通过一系列活动构成的，企业创造价值的过程可以分解为一系列互不相同但相互关联的“增值活动”，这些活动可分为基本活动和辅助活动两类。基本活动包括内部后勤、生产作业、外部后勤、市场和销售、服务等；辅助活动则包括采购、技术开发、人力资源管理和企业基础设施等。这些互不相同但相互关联的生产经营活动，构成了一个创造价值的动态过程，即“价值链”。波特的企业价值链理论为企业如何优化配置其价值活动进而获得竞争优势提供一种分析工具，并成为后来产业价值链、全球价值链等研究的理论基础。

归纳起来，价值链是指一项产品或服务从其初始概念到最终销售所涵盖的设计、生产、营销、分销和售后服务甚至废物回收处理等一系列活动所构成的集合体。价值链活动可以属于单个企业，亦可分属一个行业内的多个企业；可以集中在单个地方，亦可跨越多个区域。

任何产业内不同企业的价值链之间实际上是相互联系的。一方面，单个企业的价值链与上游的供应商价值链和下游的客户价值链构成了纵向的价值链关系；另一方面，提供同类产品或服务的企业之间构成了横向的价值链关系。随着价值链从单个企业扩展到多个企业，企业价值链演变成为产业价值链。当价值链本地扩展到多个区域甚至多个国家时，本地价值链演变为国家价值链甚至全球价值链。

在一个特定产业的价值链中，从原材料到中间品到最终产品生产和销售的各个环节往往是由不同的企业参与的。Gereffi（1999）根据起主导作用的企业类型，进一步划分出生产者驱动型（Producer-driven）价值链和买方驱动型（Buyer-driven）价值链。前者通常属于技术相对密集的差异化产品行业，主导企业为拥有资源或技术优势的大型生产商；后者通常属于一般劳动密集的标准化产品行业，主导企业为拥有市场和渠道优势的大型采购商。卖方驱动型价值链和买方驱动型价值链的划分揭示了不同类型产业价值链的治理结构。

上述对产业链概念的分析是在价值链理论基础上展开的。联合国有关机构如贸发会议（Unctad）和工发组织（Unido）等也普遍以价值链作为分析框架研究发展中国家的产业发展和企业成长问题。

国内不少学者基于产业组织学、经济学、管理学等理论对产业发展中出现的“产业链现象”从不同的角度加以阐述，也提出了一些“产业链”的定义。

1. 从价值链角度的定义

夏大慰、杨公朴（1999）在《现代产业经济学》一书中提出：产业活动链或者产业链是由同一产业内所有具有连续追加价值关系的活动构成的价值链。这里强调产业链中的前向和后向关联关系。卜庆军、古赞歌和孙晓春（2006）指出，产业链是通过某种契约达成的并由某一主导企业倡导的相互有机融合的能满足最终顾客需求的企业共生体，它是由企业价值链、供应商价值链、买方价值链和渠道价值链构成的企业共生价值系统。该定义与本书的定义基本一致。

2. 基于产业技术经济关联的定义

郑学益（2000）认为，产业链是以科技含量比较高、市场前景比较好、产品关联度比较强的优势产品和优势企业为链条核心，以资本为纽带，以产品技术为联系，上下连接，前后联系，向下延伸形成链条。龚勤林（2004）认为，产业链是指基于一定的技术经济关联，各个产业部门之间依据时空布局关系和特定的逻辑关系形成的链条式关联形态。赵绪福（2006）认为，产业链是指在消费的路径上，基于经济活动内在的技术经济联系，由若干相关产业部门客观形成的有序的、前后顺序关联的经济活动的集合。这里突出强调产业链中优势企业和产品的主导地位。

3. 基于供求与生产关系的定义

张耀辉（2002）认为，产业链是指从消费品到自然资源之间的产业层次，即从一种或若干种资源通过产业层次不断向下游产业转移至消费者的路径。刘刚（2005）认为，产业链是在波特价值链的基础上，由不同产业的企业所构建的空间组织形式，通常是指不同产业中企业之间的供求关系。都晓岩、卢宁（2006）认为，产业链是指某一行业中从最初原材料生产到初步加工、精加工、最终产品生产直至最终产品到达消费者手中为止的整个过程。

实质上，这些定义所反映的对象是一致的，即由不同地区的不同企业所共同构成的一个产业内分工合作体系。“产业链”是中文的习惯表达，考虑到价值链理论已经比较成熟，本书对产业链的分析沿用价值链分析框架。

产业价值链的发展演变是在社会生产分工不断深化的基础上进行的。随着技术进步和经济全球化的深入发展，传统的产业间分工逐渐被产业内分工所替代，甚至发展到产品内不同生产阶段的分工。分工的技术深化导致了分工的空间分异，随着分工的空间范围从地方到国家甚至到全球的扩展，形成了不同层次的产业价值链体系。一个重要的发展趋势是，一些大型跨国公司逐步把一般生产活动转移到劳动力成本较低的国家或地区，自身从全球生产者变成全球采购者或协调者，生产者驱动型价值链转变为买方驱动型价值链（如苹果公司）。

一个区域产业竞争力高低，实际上取决于区域本地产业链在全国和全球产业链体系中所处的位置。后发地区的产业优化升级问题实际上是产业链的优化和升级问题。从静态角度看，通过对本地区现有产业链的纵向整合和横向整合，可以降低产业链不同部分之间的交易成本，优化产业组织结构，实现规模经济和范围经济，进而提高区域产业链的整体竞争优势。从动态角度看，后发区域逐步从产业链的低附加值环节向高附加值环节延伸和攀升，甚至从低端产业链跨越升级到高端产业链，在做长产业链的同时提升产业附加值水平，进而实现区域产业体系的整体升级。

二　产业链组织结构的静态优化

后发地区的产业发展，普遍存在产业链相对分散、同质化竞争严重的情况。过度分散和同质竞争不利于提升区域产业竞争力，同时也带来严重的资源和环境压力。在不增加资源和要素投入的情况下，从组织结构方面进行产业链的静态优化，是提升区域产业竞争力的首选可行途径。所谓产业链的静态优化，是对现存分属不同产权主体的产业链环节进行组织结构的整合，整合的目的是降低产业链体系的内部交易成本、提高整体运营效率，以规模经济和范围经济提高区域产业链的整体竞争力。

根据整合对象在产业链上所处的位置，产业链静态优化的方向分为横向整合、纵向整合以及混合整合三种类型。横向整合的对象是产业链上相同类型的企业，整合强化了优势企业对行业的市场控制能力、领导作用以及带动能力等，目的是通过整合来提高行业集中度，扩大市场势力，通过规模经济和集约运营来提高产业整体竞争力。纵向整合是指产业链上的优势主导企业通过对上下游企业施加纵向约束，使之接受一体化或准一体化的合约，整合强化了主导企业对产业链的整体控制能力，目的是降低上下游之间的交易成本和协调成本，通过提高内部交易效率实现范围经济，进而达到提高产业整体竞争力的目的。混合整合的对象是本产业紧密相关的企业，它实质上是横向整合和纵向整合的结合。

产业链整合的主要方式是构建以优势企业为主体的企业集团，具体分为政府主导的产权运作和市场主导的企业购并两种途径。在国有资本占主体的一些行业，政府主导的产权运作通常是产业链整合的首选途径。在产权主体相对分散的行业，产业链整合通常是通过优势企业的行业并购来进行的。这里，仅以河南煤化集团为例，对政府主导的产业链优化加以说明。

河南煤业化工集团有限责任公司是2008年12月5日由永煤集团、焦煤集团、鹤煤集团、中原大化集团、省煤气集团5家国有企业重组而成的国有独资特大型能源化工企业。公司业务板块包括煤炭、化工、有色金属、装备制造、物流贸易、建筑矿建、现代服务业等多个产业。[①]

煤炭化工行业是河南省重要的支柱产业之一，长期以来存在着

---

① 参见 http：//www. hnccgc. com/index. php。

产业集中度低、资源配置分散、产业结构不合理等问题，严重制约了产业规模发展和上档升级。2008 年，河南省决定以合理配置资源、优化结构为重点，以建立现代企业制度、培育优势产业和优势企业为目标，对省内煤炭化工行业进行战略重组。省政府以持有的焦煤集团股权以及通过中原煤化集团持有的鹤煤集团、中原大化股权增资河南煤化集团，成立了新的河南煤业化工集团，以新集团为母公司，各组成集团为子公司，形成了以产权为纽带的母子公司体制的大型现代企业集团。

重组前，永煤集团名列中国煤炭企业 100 强第 4 位；焦煤集团名列中国煤炭企业 100 强第 37 位；鹤煤集团名列中国煤炭企业 100 强第 35 位；中原大化集团是省属国有大型化肥化工企业；河南省煤气集团是亚洲最大的煤制气企业；永煤集团下属洛阳 LYC 轴承是中国轴承行业规模最大的综合性轴承制造企业之一。重组当年的 2008 年，煤化集团居中国煤炭企业 100 强第 3 位、中国企业 500 强第 68 位，成为河南省第一家进入中国前百强的企业。重组后企业发展迅速，2011 年位居世界 500 强企业第 446 位，中国企业 500 强第 58 位，连续两年位列中国煤炭企业 100 强第 2 位，连续两年进入世界著名品牌 500 强，连续 3 年位列中国煤炭开采和洗选业行业“效益十佳”第 1 位、河南工业百强企业第 1 位。[①]

河南煤业化工集团的成立是强强联合的战略重组。从企业运营角度，起到了拉长产业链条、集成核心技术、创造强势品牌、发展高端产品的积极作用，有利于打造具有独特优势和核心竞争力的现代产业体系；从产业发展角度，实现了优势互补、融合发展、资源整合、集约利用，产业集中度和后备资源储量大幅提升，极大地增强了产业可持续发展竞争力；从市场效率角度，达到了优化产业结

① 本部分数据来自来自河南煤化集团主页，http：//www. hnccgc. com/index. php。

构、科学规划资源开发和煤化联营、促进产业链接、避免重复建设和无序竞争的良好效果。煤化集团的成立增强了河南在煤化产业的市场定价主导权，对于河南省加快建成国家级大型现代能源化工基地具有重要意义，在一定程度上巩固并提高了河南在国家能源战略中的地位。

政府主导通过产权运作进行产业链优化，对国有资本占主体的行业无疑是有效的。需要明确的是，产权主体的单一有利于提高整合的速度，但整合是否成功最终取决于整合是否符合市场规律、符合产业发展的内在逻辑。政府主导的产业链整合要特别注意避免"为大而大"的简单逻辑，规模经济的实现是通过资源的优化配置来实现的，单纯的资源叠加往往是无效的。对于产权主体相对分散的行业，产业链整合一般应是企业自主选择的结果，政府可以为优势企业的产业链整合创造外部支持条件，但是应避免对企业行为的过多干预。

三 产业链分工结构的动态升级

产业链内部的活动类型按照功能属性可以分为技术、生产和营销三类分工环节。技术类活动包括研发、创意设计、提高生产加工技术、技术培训等公工环节；生产类活动包括采购、系统生产、终端加工、测试、质量控制、包装和库存管理等分工环节；营销类活动包括销售后勤、批发及零售、品牌推广及售后服务等分工环节。由于研发环节和营销环节的附加值远高于生产环节的附加值，上述三个环节构成了一个U形的"微笑曲线"（见图2－1）。

Humphrey和Schmitz（2002）将价值链中的产业升级划分为四种模式：工艺升级（process upgrading）、产品升级（product upgrading）、功能升级（functional upgrading）和链条升级（chain upgrading）。不同升级模式的具体情况如表2－1所示。

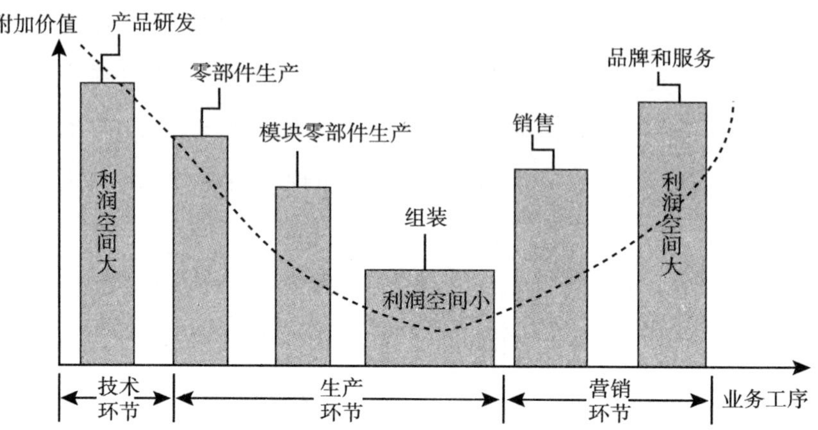

图 2－1　价值链的“微笑曲线”

表 2－1　产业动态升级的四层次分类

升级类型	实践形式
工艺升级	引进先进技术或生产系统，降低成本提高质量
产品升级	引进新产品或改进已有产品，比竞争对手更有效率，丰富生产线
功能升级	获得新功能或放弃已有功能，提高技术含量，如从生产环节向设计环节和营销等利润丰厚的环节跨越
链条升级	转向附加值更高的新产业，如从收音机转向计算机或手机行业

对于工艺升级、产品升级、功能升级和链条升级四个产业升级阶段，一般认为，后发地区能够依循从工艺流程升级到产品升级再到产业功能升级最后到价值链条升级这一规律。“亚洲四小龙”的产业升级比较符合这一过程，与前述四个阶段相对应，本地企业也经历了从 OEA（组装）和 OEM（贴牌生产）到 ODM（自主设计制造）进而到 OBM（自有品牌制造）的发展过程。Humphrey（2004）发现，虽然东亚国家和地区的确存在“OEA—OEM—ODM—OBM”的模式，并实现了从产业链低附加值环节向高附加值环节的攀升，但这种升级并不是一个自动的过程，本地企业对技术的学习、吸收、扩散和自主创新能力是决定产业升级程度的关键

因素。如果本地企业能力不足，产业升级就只能在低附加值领域徘徊，很难进入高附加值阶段。

一般而言，作为产业技术发源地的发达国家和地区，其产业价值链的演变轨迹是逐步退出低附加值环节并向高附加值环节集中的由长及短过程。而对后发地区而言，由于自身不具备独立的产业技术体系，本地产业价值链通常是不完整的，并且主要集中在发达地区已经退出的低附加值环节。由于进入成本较低，产业链的低附加值环节往往存在企业众多、竞争过度的现象，并且很容易因为本地劳动力成本上升而流失。因此，后发地区产业价值链的演变存在分叉现象：一种情况是被锁定在容易进入的低附加值环节，产业链条无法延伸，并可能因为成本上升而最终退出该产业。另一种情况是，以自身在低附加值环节的竞争优势为基础，逐步进入高附加值环节，实现产业链由短及长的动态演进。前一种情况导致后发区域产业的低端锁定，而后一种情况则导致后发区域产业的动态升级。

一般而言，产业链组织结构的静态优化主要是产权运作，在特定行业相对比较容易。而产业链分工结构的动态升级则涉及诸多方面，内在机制比较复杂。后起国家企业通过承接产业转移嵌入全球产业价值链，可以在生产环节实现升级，但是很难挤入非生产性的高附加值环节。单纯地承接产业转移不一定必然导致产业优化升级。大量新兴国家企业被锁定在低端生产环节，是导致全球产能过剩的重要原因。研究表明，对于后发地区而言，积极培育自身的技术能力和创新能力，是打破低端锁定实现产业真正升级的必要条件。另外，利用国内市场积极构建相对完整的国内价值链和本地价值链，对于后发地区产业升级具有特殊意义。中原经济区产业优化升级绝不能重复低水平发展产能再过剩的老路子，必须充分利用后危机时代全球创新经济和绿色增长的战略机遇，坚决转变经济发展模式，以制度创新、机制创新和技术创新走出一条协调持续包容共享的新型工业化道路。

第二节 产业优化升级的动因分析

在中国经济版图中，中原经济区属于典型的后发区域。后发区域产业优化升级是承接外部产业转移和内部创新成长两个维度交互作用的过程。一般的产业优化升级理论偏重产业技术创新和市场规模因素，国际生产理论和全球价值链理论强调国际生产转移和比较优势因素，发展经济学和区域经济学强调政策因素和区域竞争因素。从产业链的角度分析，后发区域的产业优化升级是以下各种力量相互作用的结果：一是技术进步和产业转移的推动力。技术进步是产业优化升级的原动力；技术进步推动发达地区产业外移，为承接转移的中西部地区提供产业升级的机会。二是市场需求的拉动力。市场规模是产业发展的基本前提，产业升级的方向一定要切合市场扩张的方向和新生需求的方向，中原经济区庞大的市场规模和居中的市场区位为产业升级提供了不可多得的本地化杠杆。三是国际竞争和区域竞争的外部压力。在承接产业转移方面，中原经济区面临与中部偏东省份的竞争，在产业升级方面，要面临与周边湖北湖南陕西等地区的竞争。四是区域内部要素供给水平、技术创新能力与企业成长带来的内生动力。在同样的市场环境和产业技术环境下，内生能力的强弱是影响知识学习、扩散吸收和自主创新的关键因素，进而决定了区域产业升级的方向和速度，只有具备较强的内生创新能力，才有可能跨越产业升级的低端锁定。所以，将河南的人力资源优势转变为人力资本优势，提高河南企业和产业的技术能力和创新能力，是中原经济区产业优化升级的先决条件。五是制度环境与政策引导所决定的基础动力。低端的传统制造业通常是劳动和物质资本密集型，高端的先进制造业则是技术密集型，而现代服务业则是人力资本密集型，尖端的金融服务业和高技术的新兴战略产业实质上是制度密集型。中原经济区产业优化升级，必须制度先行，创新驱动，改变单纯依靠人口红利的发展模式，以制度红利创造后发优势。

本部分从产业和市场层面分析后发地区产业优化升级的外部动因，下文分析产业优化升级的内部条件。

一　技术进步与产业转移——产业优化升级的推动力

在所有的生产要素中，科学技术是最具有活力和可变性的。技术进步所引发的生产力变革是产业优化升级和结构变动的首要直接动力。技术进步通常首先发生在经济发展水平较高的发达国家和地区，技术进步发展到一定程度必然导致生产分工深化和国内外产业转移。后发地区往往是通过承接来自发达地区的产业转移间接地享受技术进步带来的产业优化升级效应。

1. 技术进步影响产业优化升级的一般途径

技术进步是产业优化升级和产业结构变革的源泉。对于技术创新的所在国家或地区而言，技术进步主要是通过技术创新和技术扩散两种基本途径来推动产业结构的变革。首先，技术创新促使新的产业部门形成，或者通过有效地改造传统产业或产业融合实现产业优化升级。其次，技术进步会通过改变原有的需求结构、供给结构、就业结构和贸易结构，以技术扩散的方式引发产业的优化升级与结构调整。对没有进行技术创新的后发国家或地区而言，发达地区的技术进步主要是通过贸易和国际生产转移尤其是 FDI 的方式导致后发地区实现产业优化升级。

2. 产业转移与后发地区的产业优化升级

技术进步导致生产分工不断深化，尤其是通信技术和运输技术进步极大降低了生产协调成本和贸易运输成本，促使产业价值链的空间范围不断扩展。先发国家和地区的产业活动逐步集中到产业链两端的技术研发环节和品牌营销环节，而一般的生产制造环节逐步向后发国家和地区转移。产业转移的结果形成了跨国、跨区域的全球性生产网络，后发地区通过承接产业转移加入生产网络可以在一定程度上分享技术进步的产业升级效应。根据产品周期理论和边际产业理论，不同国家和地区之间的技术和产业发展存在着一定的梯度差异，先发地区对后发地区的产业转移通常是自身已经不具备比较优势的相对落后产业或生产环节，但是与技术差距较大的后发地区原有产业相比较仍然是相对先进的产业。这也是后发地区通过承接产业转移能够实现产业优化升级的原因所在。研究表明，优秀大公司主导的技术推动型产业转移具有较强的产业升级效应，而一般小企业主导的政策寻租型产业转移就业效应远远大于产业升级效应。

主动承接国际产业转移是“中国制造”崛起的重要原因。20世纪90年代中期以来，得益于中国独具特色的加工贸易政策和东亚地区的区域内生产转移，以进口零部件和中间产品为基础的加工贸易出口迅速发展，促使中国成为全球生产网络中举足轻重的最终装配基地。随着进口中间产品技术含量的提高，中国的出口商品结构实现了由纯粹劳动密集的低技术产品到相对技术密集的中高技术产品的跨越。

通过承接国际产业转移，我国东部沿海地区已经完成了工业化过程。金融危机后，国内外产业分工深刻调整，国际产业再转移和沿海地区向中西部地区的区际产业转移加快。作为后发的中西部地区，具有资源丰富、要素成本低、市场潜力大等多方面优势，积极承接国内外产业转移，不仅有利于加速中西部地区新型工业化和城镇化进程，促进区域协调发展，而且有利于推动东部沿海地区经济转型升级，在全国范围内优化产业分工格局。2010 年，国务院专门出台了《关于中西部地区承接产业转移的指导意见》[①]，要求中西部地区依托产业基础和劳动力、资源等优势，围绕劳动密集型产业、农产品加工业、装备制造业、现代服务业、高技术产业和加工贸易等，推动重点产业承接发展，壮大产业规模，加快产业结构调整，培育产业发展新优势，构建现代产业体系。《国务院关于支持河南省加快建设中原经济区的指导意见》指出，中原经济区要抢抓产业转移机遇，全方位、多层次承接沿海地区和国际产业转移。中原经济区承接产业转移一方面要发挥区位优越和劳动力资源丰富等优势，另一方面要完善配套条件，打造承接平台，健全推进机制。

产业转移是一揽子生产要素的移动，对于承接转移的后发地区而言，新生产要素的涌入改变了原有的要素结构。从静态角度看，资本要素的增加使国民部门资本密集型产品的比重和绝对量都增加，产业结构得以调整和升级。以直接投资为主的产业转移对后发地区和国家具有增量提升和存量盘活两方面的效应：增量提升是指直接投资带来的新产业部门提高了整个产业的资本密集度和技术密集度；存量盘活是外来资本与本地原有资本通过并购和嫁接改造，盘活存量资产，实现产品更新和产业升级。

后发地区在承接产业转移过程中整体上处于被动地位，产业优化升级的空间在很大程度上取决于先发地区的主动选择。毫无疑问，最先进的技术或产业是无法通过产业转移的方式来获取的。在产品内分工情况下，产业转移的对象通常是一般劳动密集的生产环节；一些高技术制造产业的生产转移通常是劳动密集的组装或装配环节（如由富士康在中国内地投资的诸多组装苹果公司产品的生产工厂）。

---

① 《国务院关于中西部地区承接产业转移的指导意见》，国发〔2010〕28 号文件。

由于现行的国际贸易统计制度只统计最终产品，后发国家和地区加入全球产业价值链承接产业转移可以很快地实现出口产品结构的升级。但事实上在本地完成的增值活动基本上是劳动密集型生产任务，产品升级的原因在于进口中间品和零部件技术含量的提升。因此，从动态角度看，单纯地承接产业转移使后发地区存在被锁定在产业链和价值链的低端的潜在风险。如果后发地区的技术进步完全依赖产业转移来实现，那么与先发地区的技术差距必然会逐渐加大。因此，设法提高产业转移的技术层次、提升本地产业链各环节在整个产业链体系中的位置，对后发地区产业优化升级具有重要意义。

二　市场规模与需求扩张——产业优化升级的拉动力

生产的最终目的是满足人们的需求。因此，需求叠加起来的市场规模是产业发展的基本前提，而市场需求的发展方向往往也是产业升级的方向所在。

1. 市场需求与产业优化升级的一般关系

国内外大量研究表明，经济发展的不同阶段对应着不同的产业结构，经济发展水平决定的市场规模和需求结构是产业优化升级的拉动力。

霍夫曼（W. G. Hoffmann）在1931年根据消费资料工业净产值与资本资料工业净产值的比例（霍夫曼比例H′），提出了著名的“霍夫曼工业化经验法则”，把工业化分为四个阶段：其一，H′=(6-4)，消费品在制造业中占统治地位。其二，H′=(3.5-1.5)，资本品生产迅猛发展，但仍低于消费品生产。其三，H′=(1.5-0.5)，资本品和消费品基本相当。其四，H′在1以下，资本品的规模大于消费品规模。

表2-2给出了在工业化不同阶段，市场需求与产业结构和主导产业之间的对应关系。

表 2－2　工业化不同阶段的发展指标判断

工业化阶段	人均 GDP（2005 年美元）	三次产业产值结构	主导产业	城市化率
工业化前期	745～1490	农业＞工业	农业、食品、饮料、烟草、水泥、建材	30％以下
工业化初期	1490～2980	农业＞20％ 农业＜工业	纺织工业	30％～50％
工业化中期	2980～5960	农业＜20％ 工业＞服务业	钢铁、电力、通用机械、化工等	50％～60％
工业化后期	5960～11170	农业＜10％ 工业＞服务业	加工组装工业	60％～75％
后工业化时期	11170 以上	农业＜10％ 工业＜服务业	高新技术产业和服务业	75％以上

资料来源：参见陈佳贵等《中国工业化进程报告》，社会科学文献出版社，2007。

2. 本地市场规模在产业优化升级中的杠杆作用

一定的市场规模是产业部门发展的基本条件。波特在《国家的竞争优势》一书中指出，本国需求条件是特定产业获得国际竞争力的重要因素之一：本国市场对有关产业产品的需求规模有利于该产业通过规模经济获得成本领先优势；本国市场消费者较高的需求层次有利于相关产业获得差异化优势；如果本国需求具有超前性，那么为它服务的本国厂商容易获得相应的技术领先优势。对于后发地区而言，市场需求对产业升级的影响主要体现在规模经济方面。

由于中国沿海地区出口加工产业的成功，后发地区的产业优化升级往往比较重视要素成本等因素对产业转移的影响，强调产业转移带来的静态升级效应，对本地市场规模在产业优化升级中的关键性杠杆作用重视不够。事实上，本地市场规模一方面对承接产业转移具有积极作用，另一方面对于持续性的产业优化升级具有不可替代的作用。

从承接外来产业转移的角度分析，在生产成本相同的条件下，承接地区较大的本地市场规模可以节省产品销售阶段的贸易运输成本，从而使移入企业获得总体供应成本优势。因此，较大的本地市场有利于企业实现规模经济，对市场寻求型和混合型产业转移具有更大的吸引力。在金融危机后国际市场需求不振的情况下，很多原来从事加工出口的企业把目光转向了国内市场，较大的当地市场对出口型为主的产业转移也有一定的吸引力。

从产业持续发展的角度分析，本地市场规模在产业优化升级方面具有不可替代的杠杆作用。一般而言，后发地区在全球产业链分工中处于低端的制造环节，而上游的技术研发和下游的市场销售控制在居产业链主导地位的跨国公司手中。虽然承接产业转移可以较快地实现工艺升级和产品设计，但是后发地区很难通过承接产业转移跨入“微笑曲线”两端的技术和市场环节。也就是说，本地企业的升级通常局限在 OEA 和 OEM 阶段，依靠产业转移无法成为自主技术（ODM 阶段）和自主品牌（OBM 阶段）企业。从市场方面分析，造成这种低端锁定的原因在于跨国公司对国际市场的绝对控制。后发国家和地区的本地市场往往是跨国公司所忽略的边角市场，但是经济的快速发展为本地市场的成熟创造了条件。在本地市场上，本地优秀企业可以避开跨国公司的竞争压力，以产业集聚区为空间，通过优势带动、集聚关联，借助市场规模的快速扩张实现规模经济并打造自主品牌，最终实现产业优化升级。河南双汇集团在中国食品行业的迅速崛起正是利用本地市场取得成功的典型。双汇的成功带动了河南食品行业的迅速发展，并出现了三全、思念等多个成功的品牌企业，使河南成为中国食品工业强省。河南食品工业发展还进一步带动了农业种植和养殖、农产品加工和饲料工业等行业的发展，形成了良好的产业链效应。双汇、三全、思念等企业带动河南食品产业发展升级应该是一个成功典型。技术相对稳定，面向国内市场的产业适合本土企业依托本地市场实现产业升级。双汇、三全、思念等企业带动河南食品产业发展升级应该是一个成功典型。

中原经济区具有庞大的市场规模居中的市场区位，为区域产业升级提供了不可多得的本地化杠杆。中原经济区的产业优化升级，不仅要充分利用自身劳动力资源丰富的优势，而且要发挥得天独厚的市场规模和区位优势；既要抓住机遇通过产业转移实现静态的升级效应，更要发挥本地市场的杠杆作用实现持续动态的产业优化升级。

第三节　产业优化升级的条件分析

对于后发地区而言，产业转移只是外部因素，产业优化升级能否最终成功还取决于区域内要素供给、技术能力和制度质量等条件。一般认为，后发地区丰富的劳动力资源和自然资源有利于承接产业转移。但是，依靠先天要素禀赋只能发展传统的劳动密集和资源密集型产业，要实现向技术密集型产业的升级，离不开区域内在的自主创新能力和企业成长能力，更离不开良好的制度质量支撑。人力资本水平和技术创新能力决定了一个国家和地区的生产率水平，而制度质量决定了交易效率的高低。提高生产率和交易效率，是后发地区从劳动密集向技术密集和知识密集产业升级的关键条件。

一　要素禀赋和技术能力——产业优化升级的内源动力

1. 要素禀赋是产业优化升级的基础条件

按照比较优势理论，一个国家和地区的要素禀赋条件决定了生产要素的成本水平，不同行业部门具有不同的要素密集度，一个国家或地区在低成本生产要素相对密集的行业部门具有比较优势。通常后发地区具有劳动力资源优势，当后发地区的农业部门存在劳动力剩余时，发展劳动密集型产业促使劳动力向工业部门转移可以实现产业优化升级。但是，传统的比较优势理论强调先天要素禀赋条件，只能解释产业转移的静态升级效应，无法破解后发地区如何从劳动密集型产业到技术密集型产业的动态升级问题。

迈克尔·波特（Porter，1990）在《国家竞争优势》一书中，将生产要素分为先天的初级要素和后天的高级要素两类。初级要素包括先天拥有的自然资源、地理位置和一般劳动力资源等；高级要素指社会和个人通过投资和发展而创造的因素，包括熟练劳动力（人力资本）、技术实力、基础设施等。在产业升级和经济发展过程中，高级要素的作用远远大于初级要素。波特对生产要素的二分法在一定程度上将强调初始禀赋的静态比较优势理论发展成为包含后天要素的动态比较优势理论，为理解后发地区产业优化升级提供了一个新的分析视角。

我们将生产要素简单地分为一般劳动力（人力资源）、熟练劳动力（人力资本）、自然资源、技术资源等，其中人力资本和技术资源属于后天的（Man-made）高级要素。要素条件往往是决定一个地区产业类型的关键因素，而后天要素的供给水平则是产业优化升级的基础条件。对于后发地区而言，其先天相对丰富的人力资源和自然资源条件有利于发展劳动密集和资源密集型产业。实际上后发地区承接的产业转移也主要集中在一般制造业和资源采掘等产业部门。如前所述，对于要素就业不充分的后发地区而言，这些产业的发展可以带来静态的产业升级效应。但是，后发地区仅仅依靠初始的要素禀赋条件，无法进一步向人力资本密集和技术密集型产业发展。通过后天投资和创新活动拥有相对丰富的人力资本和技术资源，是后发地区从劳动密集型产业向人力资本密集和技术密集型产业升级的关键所在。

2. 本地技术能力决定产业优化升级的持续性

在全球产业链分工体系中，后发地区往往局限在一般生产要素密集的制造环节，难以进入“微笑曲线”两端的高附加值环节。究其原因，在于其自身能力尤其是技术能力的不足。由于制造环节的进入壁垒较低，后发地区相互竞争的结果很容易导致产能过剩。面对新进入者的潜在威胁和产能过剩的压力，后发地区和企业习惯于采取“竞次策略”向本国社会和劳工转移成本压力，以压低工资和污染环境为代价来换取微薄的利润。同时，技术进步和竞争压力迫使企业不断地进行设备更新投资，而低工资无疑限制了本土消费市场的成长；过度投资导致的产能过剩和国内消费需求不足并存，会进一步加重本土企业和国民经济对国际市场和跨国公司的双重依赖性。缺乏创新能力使本土企业成为跨国公司的附庸，而没有创新内涵的粗放经济增长也难以带来国民福利的实质性改善。

国际经验表明，后发地区被锁定在产业链低端的关键原因在于自身技术能力的不足，要打破产业链分工中的低端锁定，实现持续性优化升级，必须培养自身的技术能力。后发地区自身的技术能力对产业优化升级有两方面的重要作用。一方面，技术相对密集的产业转移通常要求承接地具备相应较高的技术能力和产业配套能力。只有具备较强的技术能力（包括学习、吸收、模仿、扩散、创新能力等），后发地区才能够承接相对高水平的产业转移。另一方面，较强的技术能力所形成的丰富技术资源有利于本地企业形成自己的技术研发体系，进而从产业链低端的生产环节向相对高端的技术环节攀升。

后发地区技术能力的构建是一个持续渐进的过程。按照波特的划分，后发地区的经济发展分为要素驱动、投资驱动和创新驱动三个阶段。技术能力的提升是促使后发地区从要素驱动发展到投资驱动并最终实现创新驱动的关键因素。

在经济发展的早期阶段，后发地区主要依赖其要素禀赋优势参与国际和国内分工，是典型的要素驱动阶段。随着资本积累的逐渐完成，部分企业开始具备一定的投资能力，并通过对引进技术进行学习、消化、吸收和升级形成模仿创新技术体系，经济发展也从要素驱动阶段进入投资驱动阶段。对于技术进步比较缓慢、发展相对成熟的产业，后发国家和地区可以发挥后发优势，通过模仿创新可以较快地实现产业赶超。但是，对于技术进步速度较快的新兴产业，模仿创新很难取得成功。如在液晶面板行业，中国试图通过引进新的生产线实现产业赶超，但是引进建设的速度远远落后于产品技术更新换代的速度，不仅没有形成产业规模，反而导致相关企业陷入严重亏损状态。后发地区要想在技术进度快、产品更新换代快的新兴行业占据一席之地，必须强化自身的自主创新能力。一旦企业在模仿创新的基础上开始具备独立技术开发能力并建立起自主创新技术体系，后发地区就可以跨越制造环节并开始在产业链高端的技术和营销等环节占据一定优势地位。有利的需求条件、供给基础及相关产业的发展，将促使企业有能力进行不断的技术创新。一大批具备较强自主创新能力的企业推动经济发展从投资驱动进入创新驱动阶段，并形成一批具备国际竞争优势的主导产业群体。

从模仿创新跨越到自主创新，是后发地区打破低端锁定、真正实现产业优化升级关键一步。在模仿创新阶段，后发国家和地区往往通过加大研发投资力度来构建技术能力。从模仿创新到自主创新，随着技术复杂程度提高，对创新的激励越来越重要，与制度环境有关的交易成本往往成为影响创新效率的主要因素。后发地区在加大研发投入构建技术能力过程中，应该充分意识到制度因素对技术创新尤其是自主创新的极端重要性。

二　制度质量和产业政策——产业优化升级的基础动力

1. 制度质量是产业优化升级的先决条件

产业优化升级的过程实质上是分工逐步深化的过程，伴随着分工深化，交易成本在总成本构成中所占的比例越来越大。传统的比较优势理论强调与要素禀赋有关的生产成本，忽略了与制度因素有关的交易成本。事实上，比较优势包括生产成本和交易成本两方面，前者与要素禀赋有关，后者与制度契约环境有关。技术密集型产业和一些现代服务业通常属于分工复杂的契约密集型产业，产业链高端的技术研发环节和品牌营销环节也是分工密度高和契约相对密集的。后发地区要提高承接产业转移的技术层次，逐步从产业链的低附加值环节向高附加值环节攀升，实现从劳动密集产业向高附加值的技术密集产业和现代服务业升级，良好的制度契约环境是必不可少的先决条件。

国际研究表明，制度因素对一国经济的总体影响可能要超过物质资本和人力资本两方面的总和（Helpman，2006）。世界银行等国际机构已经开发出一系列评价不同国家和地区制度质量的数据库[①]。就中国而言，改革开放以来“中国制造”的崛起和中国经济的持续增长，表面上是低成本劳动力使然，根本上乃是制度和契约环境改善释放了劳动生产力的结果。越来越多的研究揭示了一国的制度质量与比较优势的关系。Acemoglu 等（2007）发现，制度质量较高的国家倾向于发展分工密度和契约密集度较高的复杂技术产业；而制度质量较差的国家则倾向于发展分工密度和契约密集度较

① 世界治理指标数据库（http：//info. worldbank. org/governance/wgi/index. asp）和世界营商报告（http：//www. doingbusiness. org/）对制度质量进行了定量化研究。前者考察了 1996 年以来 200 多个国家和地区的宏观制度质量，后者考察了不同国家和地区内部具体区域的制度质量。这两类指标被广泛认同和使用。

低的简单技术产业。Nunn（2007）利用美国的投入产出表计算出不同产品的契约密集度（非议价性标准化中间投入品占全部中间投入品的价值比例），发现契约环境较好的国家偏向于出口契约相对密集的产品，且契约环境质量与出口产品的总部服务密集度显著正相关。国内一些学者利用世界银行世界营商报告数据库（http：//www. doingbusiness. org/）所提供的中国省际合同执行效率数据，验证了制度质量对不同地区出口规模和出口商品结构以及FDI 流入规模的决定性影响（金祥荣等，2008；李坤望等，2010）。将交易成本纳入比较优势理论框架，可以清晰地看出制度质量在后发地区产业优化升级过程中的决定性作用。制度水平较低的国家和地区只能局限于低技术产业，要发展中高技术产业，良好的制度和契约环境是不可替代的先决条件。一些后发国家和地区在经济赶超中与发达地区的差距没有收敛反而逐步扩大，根本原因是低下的制度质量阻碍了交易效率优势的形成。

后发地区由于拥有劳动力资源丰富带来的“人口红利”，往往习惯于利用低劳动力成本优势发展和承接劳动密集型产业。但是，劳动力低成本优势不可能永远持续下去，经济持续增长与长期低工资绝不可能兼得，仅仅依靠低成本优势永远不可能发展制度依赖型的中高技术产业。问题在于，一旦经济增长形成了对低成本优势的路径依赖，制度质量的改进会遭遇很大的惰性。伴随这种制度惰性，一旦“人口红利”消失，原有的低成本优势丧失，又没有形成交易效率优势，经济发展将陷入停滞，产业升级也无从谈起。所以，后发地区在发挥要素成本优势的同时，应该积极创造交易效率优势。以不断增长的“制度红利”逐步补偿并最终替代不断减弱的“人口红利”，通过重构比较优势实现持续的技术创新和产业升级并最终带动经济稳定增长。实际上，我国沿海发达地区在新一轮产业升级过程中已经开始把制度创新作为最主要的驱动力，通过转变要素投入结构和生产的制度结构来推动产业结构升级，实现经济发展方式的彻底转变。

对于中原经济区而言，低端的传统制造业通常是劳动和物质资本密集型，高端的先进制造业则是技术密集型，而现代服务业则是人力资本密集型，尖端的金融服务业和高技术的新兴战略产业实质上是契约密集型。中原经济区依靠丰富的劳动力资源优势可以实现从一般农业到传统制造业的升级，但是从传统制造业到先进制造业、从一般服务业到现代服务业、从一般低技术行业到工业产业优化升级，必须改变单纯依靠“人口红利”的发展模式，以“制度红利”吸引高层次的产业转移，变人力资源优势为人力资本优势，为自主创新创造良好的制度环境，促进产业发展从要素和投资驱动转向创新驱动。

2. 产业政策是产业优化升级的牵引力

产业政策是政府为了实现经济发展目标，推动产业优化升级、结构调整以及规范竞争秩序而实施的指导性和干预性措施，主要包括产业组织政策和产业结构政策。产业政策在一定程度上影响产业优化升级所需要的要素供给状况，进而影响到不同产业的产品生产成本和相对竞争优势；另外，政府产业政策通过间接干预也能对产业的技术创新以及需求规模产生影响。毫无疑问，产业政策在短期内对产业发展状态会产生很强的政策干预效应。政策干预能否达到产业优化升级和提升产业竞争力的政策初衷，关键在于产业政策是否符合技术创新、市场需求和产业发展的方向，是否充分发挥了市场机制的作用。

从政府产业政策的绩效来看，要实现产业的优化升级以及结构调整，政府产业政策既要以市场机制为基础同时也要弥补市场机制的缺陷。产业政策通过三种途径影响产业优化升级。在宏观层次上，主要是通过相关的财政、金融和税收等政策改变产业的竞争环境。在中观层次上，主要是通过市场准入、投资鼓励、政府采购、要素支持等政策措施培育和扶植优势主导产业和新兴产业，限制和淘汰高耗能、高污染的落后产业。在微观层次上，主要是通过对国有资产进行战略重组和行业整合，培育具有竞争力和规模经济的优势企业集团。

国际金融危机以来，中央政府出台了一系列产业振兴和发展规划，近期又出台了“十二五”期间《工业转型升级规划（2011～2015年）》，规划明确提出要坚持走新型工业化道路，着力提升自主创新能力；推进信息化与工业化深度融合，改造提升传统产业，培育壮大战略性新兴产业，加快发展生产性服务业；全面优化技术结构、组织结构、布局结构和行业结构；以创新驱动、集约高效、环境友好、惠及民生、内生增长为基础，不断增强工业核心竞争力和可持续发展能力。[①] 地方政府是产业政策的具体执行者和实施者。在中原经济区建设过程中，河南省已经提出了明确的产业政策目标。省委书记卢展工在《河南省第九次党代会报告》中指出，中原经济区要以科技含量高、信息化涵盖广、经济效益好、资源消耗低、环境污染少、人力资源优势得到充分发挥为主要内涵，强化新型工业化的主导作用。以做大做强为方向，推动生产规模由小到大、产业链条由短到长、产业层次由低到高、企业关联由散到聚，加快工业转型升级，争创工业新优势。中央政府为支持河南省加快中原经济区建设，在政策方面给予了先行先试的优先条件，这对于河南省实施更为有效的产业政策、促进产业优化升级提供了很大的探索空间。

产业政策是产业优化升级的牵引力，合理有效的产业政策不能仅限于产业发展目标，还必须有相应的产业技术政策、产业组织政

① 《工业转型升级规划（2011～2015年）》，国发〔2011〕47号文件。

策和相应的要素支撑体系。后发地区产业发展的初始条件与发达地区有较大差别，在产业发展方面应该以提高产业附加值和价值创造能力为标准，充分发挥自身优势条件，切合实际务实发展。对中原经济区而言，合理的产业政策还应该充分体现“三化”协调对土地资源和生态环境的要求。产业政策的制定和实施，都要充分体现市场机制和经济激励的主导作用，政府应逐步向服务型政府转型，创造条件让市场发挥作用。

三　区域竞争与政策选择——低端锁定的形成与破解

后发国家和地区在经济赶超和产业发展过程中，通常面临着来自类似地区的各方面竞争。客观地讲，在中国经济增长的过程中，区域之间的相互竞争对于优化投资环境，发展地方经济起到了积极作用。在一定程度上，财政分权体制下区域之间发展经济的锦标赛是造就中国经济奇迹的重要原因。但是，区域之间过度竞争导致的经济结构同质化和中国经济的结构性矛盾也逐渐显现出来。中原经济区作为后发地区，承担着探索“三化”协调发展道路的重要使命，同时在承接产业转移、实现产业升级等方面也面临着周边地区的竞争压力。如果沿用传统的“低工资 + 低要素价格 + 各种优惠政策”竞争方式，只能有短期的低水平升级效果，很难实现长期的高水平产业升级。

在后发国家和地区的发展竞争中，一直存在着两种不同的政策取向：向上竞争和向下竞争。向下竞争又称“竞劣政策”，即强调劳动力工资、要素价格、税率、关税、环境标准等方面的“低”优势；向上竞争又称“竞优政策”，即强调人力资本、制度质量、基础设施、市场需求规模、环境标准等方面的“高”优势。显然，向下竞争政策是成本的竞争，偏重后发地区在低级要素方面的先天禀赋优势，容易吸引大规模的劳动密集型、资源密集型甚至环境污染型产业。相反，向上竞争政策是质量的竞争，偏重具备一定发展程度的后发地区在高级要素和制度质量等方面的后天人为优势，有利于吸引和发展技术密集、人力资本密集和契约密集的产业活动。

虽然向上竞争政策非常有利于后发地区的产业优化升级，但是现实中向下竞争政策往往具有明显的短期 GDP 效应。后发地区在发展初期出于对经济绩效和政治绩效的短期追求，偏向于采取向下竞争政策来实现工业对农业的初级替代。在不对称的权力结构和利益格局中，向下竞争政策具有很强的自我延续性。持续的向下竞争政策将导致后发地区难以实现提升要素结构和制度质量，无法进行有效的技术创新尤其是自主创新活动，在产业链分工中只能一直处于低技术、低工资、低附加值的“低端锁定”状态，产业升级陷入低水平重复的死循环。事实上，尽管向上竞争政策有利于产业优化升级和经济持续发展，但是，要取代向下竞争政策还需要政府、企业和民众形成普遍的共识。

向下竞争是建立在以物为本基础上的单纯增长理念，而向上竞争则是建立在以人为本基础上的包容发展理念。目前沿海发达地区已经开始从向下竞争政策转向向上竞争政策，以求在新一轮的技术创新和产业升级潮流中取得主动权。中原经济区作为经济发展的后发地区，在产业发展过程中也不可能完全排除部分地区采取向下竞争政策。但是，要避免陷入后发地区普遍面临的低端锁定困境，以新型工业化带动“三化”协调发展，在总体上必须采取向上的竞优政策，真正转变经济发展方式，以创新驱动实现产业优化升级。

产业链低附加值环节通常是生产成本密集的，而产业链的高附加值环节通常是交易成本密集的。后发地区要承接高水平的产业转移、促使本地优势企业向产业链高端攀升并由此带动本地区产业优化升级，仅仅依靠一般的成本优势是不够的，必须采取向上的竞优政策创造出足够的交易效率优势和较强的本地产业技术能力。交易效率优势取决于一个地区的制度环境和社会资本水平，而产业技术能力在一定程度上是良好制度环境的衍生物。中原经济区建设为制度创新和体制创新提供了良好的机会和条件，只有强化制度创新、以制度创新促进自主创新，方可吸引高水平的产业转移，方能培养出一批拥有自主技术和自主品牌的优势企业，才能构建起先进制造业、现代服务业和战略新型产业为主体的现代产业体系。

第三章 产业优化升级的国际经验与启示

后发地区通常采用赶超战略谋求产业升级和经济发展，在经济赶超过程中如何避免陷入低端锁定，是一个复杂且没有确定答案的问题。中原经济区的产业优化升级，应该充分借鉴其他国家和地区的成功经验，探索适合本地区发展实际的产业优化升级战略路径。本章以日本和韩国为例，分析其产业优化升级的成功经验，并探讨其对中原经济区发展的借鉴意义。

第一节 日本推动产业优化升级的经验与启示

第二次世界大战以后，日本经济的恢复和发展伴随着产业结构的优化和升级，并迅速实现了经济崛起。在产业结构优化和升级的过程中，日本制造业结构主要实现了三次转换，即以轻工业为中心转向重化学工业为中心，然后转向高加工度组装工业为中心，由一般机械工业转向高级机电一体化的机械电子工业为中心。

一 日本产业结构升级的过程

1. 经济恢复时期：劳动密集型产业为主导

1945～1955 年的十年时间是日本经济恢复时期，此时日本提出的战略是“贸易立国”，基于需求状况以及资源禀赋比较优势，日本发展的重点是劳动密集型的轻型机械工业和轻工业；同时，为了更快恢复国民经济，为建立“全套型产业”，日本政府对煤炭、钢铁为中心的基础原材料工业给予倾斜。整个经济恢复时期，劳动密集型产业仍然是日本制造业的主导，原因在于：第一，当时日本农村存在大量剩余劳动力，劳动力成本低廉，人均工资水平只相当于美国的10%左右，具有显著的劳动力比较优势；第二，经济恢复时期，人民的主要需求是轻工业产品，这也为劳动密集型产业的发展提供了动力。

2. 高速增长时期：需求驱动重化学工业发展迅速

1956～1970年是日本经济快速发展时期，此阶段城市化水平加快，城镇人口迅速增加；人均收入水平快速提升，对交通及耐用消费品、城市住房需求有着大幅度的增加，使得相关固定资产投资增长迅速，促进了重化工业的快速发展。这一时期可分为两个阶段：第一个阶段是1956～1965年，发展的重点是重化工业的基础原材料产业，石油、化工、金属产品、钢铁的产值比重明显提高；第二个阶段是1965～1970年，原材料行业的产值比重持平或略有下降，但是整体变化不大，但是机械行业的比重明显提高，说明日本产业在20世纪60年代中期开始向高加工度化转变（见表3-1）。

表3-1　日本行业产值结构

单位：%

	1951年	1955年	1960年	1965年	1970年
食　　品	15.68	19.04	18.60	16.91	12.34
纺　　织	29.02	25.91	12.20	10.59	7.87
造纸印刷	4.1	4.21	5.49	6.18	5.74
化　　工	7.37	8.22	9.66	10.37	9.03
石油制品	0.99	1.59	2.50	3.04	3.04
煤　　炭	2.01	1.32	0.80	0.73	0.83

续表

	1951 年	1955 年	1960 年	1965 年	1970 年
钢　　铁	18. 12	13. 29	14. 40	12. 34	14. 48
金属制品	5. 73	5. 65	5. 27	6. 29	7. 23
一般机械	3. 62	4. 21	8. 14	8. 13	10. 68
电气机械	2. 26	2. 88	7. 27	7. 01	9. 79
运输机械	4. 21	4. 26	7. 39	9. 32	9. 78
精密机械	0. 81	1. 23	1. 12	1. 47	1. 41

资料来源：参见日本中央大学经济研究所《战后日本经济》，盛继勤译，中国社会科学出版社，1985。

3. 石油危机后经济低增长阶段：高加工组装型产业发展提速

1973 年石油危机的出现，导致原材料能源的价格暴涨，日本产业转向能源节约化、高度加工化等方向。能源消费率上升而产品附加值没有随之提高，导致产业结构自发性调整，重化工业比重降低。而机械行业由于其能源消费率相对较低且附加价值相对较高而获得增长的驱动力（见表 3－2）。

表 3－2　1973 年各行业能源消费与附加价值比

	能源消费率(A)	附加价值构成比率(B)	A/B
食　　品	4. 95	7. 76	0. 64
纺　　织	4. 43	5. 60	0. 79
造　　纸	5. 85	3. 13	1. 87
化　　工	15. 55	10. 17	1. 53
石油、煤	5. 59	1. 41	3. 96
钢　　铁	26. 05	8. 72	2. 99
有色金属	5. 92	3. 32	1. 78
金属制品	2. 71	5. 35	0. 51
一般机械	3. 64	10. 35	0. 35
运输机械	4. 86	10. 98	0. 44
精密机械	0. 40	1. 65	0. 24
其他制造业	2. 08	3. 71	0. 56

资料来源：参见桥本寿朗《日本经济论》，复旦大学日本研究中心译，上海财经大学出版社，1997。

4. 广场协议后：服务业与技术密集型产业占据主导地位

广场协议后，伴随日元的大幅升值，日本国内劳动力价格大幅度上涨，制造业价格比较优势下降；同时，东亚新兴经济体的崛起，使得日本制造业产业链加快了向海外转移步伐。日本制造业结构中加工组装的比重逐步缩小，从依靠国内加工组装然后大量出口成品，转向了国内以设计研发为主，组装加工转移到国外，增加成品进口以及中间产品出口，形成了“雁行产业空间发展模式”。作为领头雁的日本，制造业在向海外转移的过程中，以知识密集与技术为特点的服务业、信息产业以及高端电子元器件行业得到了迅速的发展。同时，日本的金融业等服务业、信息产业出现较快增长，在产业中的比重稳步扩大。

二 日本产业结构升级的经验

日本在第二次世界大战之后成功实现了产业结构的优化和升级，其中既有政府产业政策推动和扶持的因素，也有比较优势演变和合理选择产业等原因。

1. 政府产业政策推动和扶持

日本政府在战后追赶时期，政府产业政策发展发挥了重要作用。作为政府促进产业发展的最重要的政策和干预手段，其产业政策的主要内容是保护和扶持民族工业的发展，并按照国内各行业是否达到能同国外企业对等竞争的水平，分阶段地废除各种保护性措施而转向贸易自由化，再转向资本自由化。

（1）在 20 世纪 70 年代以前，日本政府根据战后经济状况，在税收、投资、外汇、进出口等方面，对成长产业和幼稚产业实施了一系列保护与扶植政策，使各种资源转向有战略意义的产业——钢铁、煤炭、纤维、机械等，通过优先发展这些产业引领日本的工业现代化。

（2）在20世纪70年代中后期，日本政府重点支持节能型的机械电器行业。对高度组装产业（办公设备、通信设备等）、研发密集产业（半导体、计算机等）、知识产业（软件、信息处理等）等实施各种扶植措施与政策。

总的来看，日本在战后到20世纪70年代初的追赶时期，引领产业升级的新兴产业，一般都经历了国内扶持（进口替代）—产业国际竞争能力增强、出口扩大—贸易自由化—资本自由化这种有时限、有顺序的政府干预和发展过程。

2. 提高产业核心竞争力和效率

日本企业为了在国际竞争中取胜，纷纷把提高市场占有率作为主要目标。为了达到这一目标就必须大规模地进行设备投资，必须加强技术力量投入，特别是积极引进技术并加以消化吸收使之本土化。再加上日本实行出口导向，企业一开始就必须把眼睛盯住国际市场、立足与其他国际企业相竞争，日本政府也有意识地鼓励引进国外先进技术、促进引进技术的转移。这样就促使企业站在一个具有国际水准的高起点上，真正发挥“后起国优势”，形成“高设备投资+高新技术+高管理效率与低成本+高质量+高更新速度+高附加价值+高劳动生产率”相互推动的良性循环。

这一良性循环的建立，除了离不开前述高设备投资、有效的技术引进外，还离不开日本企业的高管理效率和日本职工的高素质。日本企业的高管理效率，既包括日本式的质量管理和日本企业千方百计调动管理人员、技术人员和职工的积极性和主动精神的“全员经营”方式，还包括日本企业投资决策和执行过程的高效率。如果没有这种高水平的决策—管理效率，要想完成大规模投资—大规模积累以及实现高速赶超是不可能的。

3. 塑造符合重化工化发展的企业组织与产业体制

生产高度集中并形成以大的企业为中心的转包系列制。日本政府和企业界都注意到，战后发展起来的新兴产业和战后迅速更新的其他重化工业都以现代化、大规模化为特征，只有大规模的企业才有能力不断地开发新产品，扩大国际市场占有率，因此日本企业要想在国际市场上站稳脚跟，就必须扩大规模，取得规模经济。20世纪60年代日本政府为应付贸易自由化和资本自由化，以规模经济为核心，努力促进企业的集中与合并、促进专门化生产体制，并制定行业的规模标准。一方面，塑造了符合社会化大生产的企业组织体系；另一方面，摸索出了适合大规模化生产的产业体制。到20世纪70年代初，日本石化工业在发展规模、设备先进程度、原料的利用、产品品种等方面都已居世界前列。

重化工化时期，日本企业既面临企业之间的激烈竞争，又面临生产的大规模化。为了使企业之间的竞争从“过度竞争”转化为“有效竞争”，一方面，要求促进企业的集中、合并；另一方面，要求企业采取共同行动，决定产量、设备投资、价格，以适应市场的变化。为了促使企业规模的合理化和保持市场有序，协调日本政府和企业之间的关系，日本摸索出了一套行之有效的官民协调方式，即通过在产业界、金融界、专家学者和政府之间建立协调意见的场所，通过官民协调对产业活动进行人为的调节；积极运用日本开发银行贷款的诱导机能，对为促进批量生产体制、集中生产体制的建立和合并所必需的设备、资金给予重点贷款；以日本开发银行为轴心，加强民间金融机构的合作，通过这种方式，理顺政府与企业的关系，有重点地将资金分配给特定产业部门，以加强国际竞争能力。

三　对中原经济区的启示

1. 根据产业基础和市场需求选择合理的产业升级方向

目前中原经济区正处于经济转型的关键时期，从河南省的要素禀赋优势、市场需求程度、技术进步状况看，高加工度的先进制造业如汽车、电子信息、装备制造等行业有较强的产业基础和发展空间。这些行业在河南省具有规模优势、市场需求优势等，符合收入弹性和生产率基准，因此，河南省应以现有的产业优势为基础，选择合理的产业升级方向，充分利用“十二五”期间工业转型升级和中原经济区建设的有利时机，加快发展先进制造业，带动产业整体升级。

产业升级的方向应该与需求结构升级相一致。目前中原经济区的发展阶段和水平与20世纪60年代中期的日本很相似。当时日本正处于耐用消费品的高峰时期。虽然不同历史阶段产业技术成熟度差异较大，但是成熟化的技术更有利于后发展国家。与当时的日本相比，中原经济区的城市耐用消费品的消费率略高，而农村的耐用消费品普及率仍只相当于日本20世纪60年代中期农村的普及水平。随着城市化进程的加快和居民收入水平上升带动需求结构升级，以耐用消费品为主体的产业有较大的发展空间，也应该成为产业升级的主要方向。

2. 在发挥劳动力成本优势的同时注意培养差异化优势

中国目前正面临劳动力成本的普遍上升，这与日本20世纪60年代的情况相似。但中国劳动力成本的地区间差异较大，劳动密集型行业的产业布局可以采用东、中、西部地区的雁行方式排列，中原经济区在短期仍能维持劳动力成本优势。20世纪60年代初期日本劳动力成本只是美国的20%，目前河南省的劳动力成本不到美国的5%，中原经济区的劳动力成本优势依然明显。同时，应该关注到劳动力规模逐步减少引发来劳动力成本上升的新趋势。劳动力成本上升后必然会导致行业利润的减少，但对利润的影响程度主要取决于行业定价机制的调整以及行业成本转移能力，而行业成本转移能力取决于产品及品牌的独特性方面、行业竞争等。在劳动力成本上升情况下，具有收入弹性较高、需求结构升级以及品牌导向强等特征的消费升级性行业拥有较强的成本消化能力，是劳动密集型产业转型升级的重要方向。

3. 塑造后发优势——加强技术创新和人才培养

日本作为一个先天禀赋优势不足的国家，之所以能够成功实现经济腾飞和产业优化升级，一个重要的原因是成功地塑造出后天的比较优势，其中最重要的是高素质的人力资本和持续的技术创新。产业技术含量低、产品附加值低是中原经济区目前亟须解决的突出问题，解决这一问题必须要彻底转变传统的粗放型增长方式。在当前政府加大对产业结构调整力度，对落后产能加速淘汰的背景下，重视技术创新的推动作用，重视对人才的培养力度，对于作为后发地区的中原经济区的崛起来说具有重要的现实意义。在一定程度上，能否从人力资源大省发展为人力资本强省，能否以实现创新驱动对要素驱动的全面替代，是中原经济区产业优化升级和“三化”协调发展的关键所在。

第二节　韩国产业结构优化升级的经验与启示

第二次世界大战以后，韩国成功实现了工业化和经济快速发展，在亚洲除日本之外率先跨入发达国家之列。韩国经济发展和产业升级的经验对中国经济转型和中原经济区产业优化升级极具启示意义。

一　韩国产业升级及结构调整过程

韩国产业结构的变化经历了几个关键的时期：一是1967年加入关贸总协定后，奉行出口导向政策发展劳动密集型产业；二是20世纪70年代实施“重化工业”战略发展资本密集型产业；三是

20 世纪 80～90 年代的“技术立国”战略发展技术密集型产业；四是 1997 年的亚洲金融危机后着力发展知识和信息密集型产业，如表 3－3 所示。

表 3－3　韩国产业升级过程中的技术和产业特征

时　间	产　　业	技术特征	要素密集特征
1961～1972 年	轻纺、服装	劳动力驱动	劳动密集型
1973～1980 年	钢铁、石化、造船、汽车、重型机械	规模驱动、市场驱动	劳动以及资本密集型
1981～1997 年	精密化工和仪器、半导体	工艺创新驱动	技术密集型
1998 年至今	新材料和生物、信息	新科技驱动	知识密集型

资料来源：参见陈朔、冯秦杰《产业结构优化升级中几个问题的国际经验和启示》，《经济问题探索》2008 年第 3 期，第 20～24 页。

1. 经济恢复时期的进口替代阶段

1953～1961 年是韩国战后经济恢复时期，这一时期韩国主要依赖于美国的国际援助，实施进口替代战略，发展生产一般消费品的轻工业。进口替代战略改善了韩国的产业结构，但是国民经济仍以农业为主。截至 1962 年，农业在 GDP 中仍然占 43.39%，农村劳动力占就业总人口的 63.1%。经济处于恢复起步和低速发展阶段。实施进口替代战略的着重点是促进和保护轻工业的发展，使得内部消费需求得以满足，经济和社会得以稳定，这一政策的实施恢复了韩国的经济基础。

2. 工业化初期的出口导向阶段

1962～1971 年这十年是韩国工业化的起步阶段：以轻工业为中心的进口替代战略尽管使韩国原有的经济结构得到改善，但是，由于过多的进口原材料，使得国际收支差额急剧的扩大，为了改善国际收支状况，韩国实施了以对外借款为主进行以轻纺工业出口导向为中心的战略，同时实施进口替代型重化工业的战略。整体经济进入起飞阶段，GDP 的平均增长率达到了 20% 以上，同时也开始积极发展民用机械、化工、汽车、钢铁耐用消费品等进口替代型重化工业。到了 1972 年，韩国重工业占总产值的比重已经上升到了 41.39%，成功地实现了产业政策导向转移，即从“进口替代”逐步转向“出口导向”。通过从国外引进先进的技术，韩国对劳动密集新产业加大投入，优先发展劳动密集型产业的出口，与此同时，韩国政府还通过一系列支持出口贸易的法律政策以及建立支持出口的金融机制。1967 年 4 月，韩国在加入关贸总协定的初期，政府充分利用纺织工业的优势和国内的廉价劳动力大力发展出口加工业，使劳动密集型产业（主要是轻纺工业等）成为出口的主力，为韩国的技术和资本积累创造了条件。

3. 工业化加速期的重化工产业发展阶段

在 20 世纪 70 年代初期，韩国政府的产业政策转向化学工业和重工业，并加大了对资本密集型产业的投入，经济因此得到了快速的发展。另外，韩国各级政府给予多种奖励政策：一是为“幼稚产业”提供保护；二是通过国家注资成立投资基金，向大型的投资项目提供优惠的贷款利率；三是在某些特殊的行业进行垄断性生产以克服市场狭小的问题。因为在工业化的起步阶段韩国过分地依赖于国际贷款，使得其在原材料、设备、技术、资金、市场等方面严重依赖国外；与此同时，欧美发达国家由于贸易保护主义的抬头限制了韩国轻纺织工业的发展，伴随着工业化的逐步推进，劳动力成本不断上升。1973 年 1 月，韩国政府通过发表“重化工业化宣言”，鼓励机械、电子、金属、钢铁、石化等重化工业以及人力开发、电力开发、国防工业技术开发等方面的技术引进和外资引进。经过“三五”、“四五”两个五年计划后，使得韩国的工业比重远远大于农业的比重，韩国迅速地跨入了新兴工业化阶段，而其经济的迅速崛起被誉为“汉江奇迹”。

4. 工业化后期的技术密集型产业发展阶段

20 世纪 80 年代后期，伴随着新科技革命，韩国政府将“重化工业立国”、“贸易立国”转向了“科技立国”，发展的重点也转向了技术密集型产业，成功地实现了产业的优化升级以及结构调整。在对传统产业进行技术改造升级的同时，瞄准精密机械、精细化学、航空航天、计算机等高技术产业并将其作为战略产业重点发展，从而使韩国产业结构整体上升了一个台阶。通过实施“科技立国”政策，使得韩国整体的科技水平有了质的飞跃，使得韩国的产品在国际上具有了竞争力，对外贸易中高科技产业的出口比重不断上升。

5. 后工业化时期产业结构高技术及服务化阶段

1997 年亚洲金融危机以后，韩国正式提出“文化立国”的方针，并在信息化方面加大推进力度，文化信息服务产业成为了韩国的战略性支柱产业。在韩国政府指引下，打造出了庞大的网游虚拟世界，并带动家电、旅游、电脑、汽车、服装等一系列“产业链条”，使得韩国的产业结构得到了进一步的优化。20 世纪 90 年代后期，韩国政府吸取金融危机的教训，进一步反省了自己的产业政策，对“企业、金融、公共部门、劳动力市场”进行大幅度改革，在大力发展制造业的基础上，确立了生产性服务业和产业结构高技术化的发展方向，在税收、资金、技术指导、用地等方面给予资助，加上信息产业的带动，运输仓储与金融保险不动产以及通信业等服务业快速发展起来。

21 世纪初期，面对新的竞争和发展，韩国政府又推出了一系列的经济振兴计划。第一，对仍具有竞争优势的传统产业，通过技术创新，实现传统产业产品的多样化和深加工；第二，对那些尚处于引进吸收或者改良阶段的产业（如精密机械、精密化学、电子机械、计算机、航空航天等），加大扶持的力度，将其发展为 21

世纪初最大的出口产业；第三，将那些仍处于萌芽阶段的产业（如环境保护产业、信息通信业以及生物工程等）作为积极发展的未来产业。

二　韩国推动产业升级及结构调整的主要经验

韩国的经济成就和产业优化升级既有外部的国际环境因素，更得益于国内政府政策及企业自身的发展。主要经验可以归结为：注重发挥政府主导作用，推行大企业集团化模式，优先发展战略产业；充分利用国际产业转移的有利时机，依靠自主创新改造传统产业和发展新兴产业。

1. 突出政府的主导作用

20 世纪 80 年代以前，韩国由政府部门制定具体的产业政策，并具有明确的优惠政策和国家计划。80 年代以后，韩国才放弃了政府的直接干预政策。通过法律的形式来确定产业政策。韩国在经济方面取得的成就与政府在技术创新政策、产业政策、产业集群方面政策的实施密不可分。在韩国经济腾飞的过程中，起到关键作用的是政府所采取的以产业政策为核心的一系列发展战略和经济政策，从 1966 年到 1996 年的 30 年间，韩国年均 GDP 增长率高达 8.6%。韩国这种通过以政府主导型经济体制为主的产业政策，政府在经济发展战略的制定，产业结构转变的实施以及利用经济杠杆对经济发展进行调控等诸多方面，发挥了举足轻重的作用。

2. 推行企业集团化战略

从 20 世纪 70 年代起，韩国政府采取各种贸易财政、信贷等优惠措施，扶持了一批特大型企业集团，减少了资本的不节约性和分散性，使得资本的集中度得以提高。韩国大型企业集团的快速发展，使得韩国产品在国际上的竞争力大大增强。由此带动了相关产业部门的快速发展，保持了韩国经济的持续健康发展。这种由政府主导的企业集团化战略，有效克服了其工业化道路上遇到的资金短缺、劳动力素质低下和资源匮乏等困难，这是一条符合韩国国情的发展道路，适合于韩国在比较薄弱的工业基础上发挥本国的规模优势和比较优势，增强其在国际上的竞争力。

在世界500强企业中，韩国占有15席，大企业获得国家资源和政策的支持，有着雄厚的资本技术力量，控制着韩国的大部分技术、动力、原料、运输、交通等要害部门，在推动韩国经济高速增长和产业优化升级以及结构调整和国际竞争力增强的过程中，企业集团发挥了决定作用。

3. 优先发展“战略产业”

在20世纪60年代，韩国经济步入起飞阶段，实施的产业政策是“重出口轻内需、重工轻农”；1972～1979年，韩国发展的重点是重化工业，重点发展的战略产业是汽车、钢铁、纤维等十大战略产业，成功地保证了从轻纺工业到重化工业的顺利过渡；20世纪80年代后，韩国政府根据国际形势的变化重点提出了发展技术密集型产业，将劳动密集型成功的转向了技术和资本密集型，成功地实现了产业的优化升级以及结构调整。20世纪90年代后，韩国政府提出“科技立国”，重点发展以信息技术为核心的尖端产业。亚洲金融危机后，韩国政府将信息技术产业作为重点发展对象，出台的相应措施有“网络韩国21世纪”、“促进信息化基本计划”等。

4. 推动产业技术升级政策

韩国的产业优化升级经历了“劳动密集型—资本密集型—技术密集型—知识信息密集型”的高新技术产业的演变过程。经济持续高速增长以及产业优化升级都离不开技术进步。韩国的“技术立国”战略强调在引进和吸收先进技术的基础上进行自主技术创新。经过“技术引进—消化吸收创新—产业升级—出口产品结构高级化”的发展过程，韩国开始走上了技术和知识密集化道路，不仅掌握了造船、钢铁等传统产业技术，并且在技术和资本密集型的产业（包括汽车、个人电脑等产业）中，也成为世界市场上强有力的竞争者。

5. 注重传统产业改造升级

20 世纪 90 年代，韩国的造船以及钢铁等传统行业由于世界经济的剧烈波动，走到了十字路口。在利用高新技术改造传统产业和通过国际投资将传统产业转移到海外两种模式中，韩国选择了前者。亚洲金融危机后，韩国政府加大信息技术投入，将信息技术产业作为经济发展的原动力，将传统产业与信息技术结合，促进传统产业重新走上良性发展的轨道。韩国政府制定了信息技术与产业融合的发展战略。针对机械、汽车、纺织和造船等产业的需要和特点，通过对一批信息融合型技术项目的重点支持，实现这些产业的优先开发。通过制定《IT 韩国未来战略》，韩国政府提出投资大约 10000 亿元人民币用于发展基于 IT 的核心战略产业，以实现其他产业与 IT 产业的高度融合，为韩国经济的发展注入新活力。

三　对中原经济区的启示

韩国经验对中原经济区的重要启示在于：在产业结构调整过程中，既要把握国际环境及产业转移机会，更要加强自主创新，注重发挥比较优势和后发优势，推动传统产业的改造升级，强化战略产业及新兴产业的优先发展。

1. 加强自主创新，促进产业优化升级

韩国主导产业从劳动密集型向技术和知识密集型产业的跨越，实质上是一种跳跃式的产业结构转换模式，与之相适应的产业技术创新模式表现为：政府主导—大企业主导的复制型模仿—创造型模仿—产、学、研主体主导的自主创新模式。韩国产业技术创新从模仿到创新路径的成功转换，主要归功于大型企业集团所具有的产业技术学习能力。

中原经济区建设应当借鉴韩国的经验，在产业优化升级以及结构调整的过程中，不仅要把握产业转移的机会，而且更需要加大自主创新力度。特别是在核心技术或关键产业方面，学习韩国经验，加强对自主创新和自我研发的扶持力度，成功实现从模仿到创新的成功转换，促进产业进一步优化和升级。

2. 运用现代技术推动传统产业改造升级

通过把传统工业与信息技术相结合，韩国成功实施了对传统工业的改造，使其走上了新的发展道路。比如，对于电视产业，韩国正在研制将传统电视机演变成可处理信息内容和控制家电的数字家庭中的“生活中心”。韩国的汽车造船、钢铁等传统工业与信息技术相接轨，也取得了良好效果。

目前，河南省的产业结构仍然以传统产业为主导，大多数产业仍处于产业链的低附加值阶段。在产业升级过程中，一方面，应努力延伸产业链向高附加值环节攀升；另一方面，应充分利用高新技术改造传统产业来提高其产业附加值，通过产业技术体系的再造，促进传统产业以及整个产业结构的优化升级和结构调整。

3. 加大政策扶持，优先发展战略新兴产业

战略新兴产业经济发展的先导产业，战略产业的成功可以引领整体产业体系的良性发展，促使产业竞争力的持续提升。2010 年，中国提出了“战略性新兴产业”的概念，强调在“十二五”规划从财税金融等方面出台一揽子政策加快培育和发展战略性新兴产业。借鉴韩国发展战略产业的经验，采取优惠的产业发展扶持政策，根据战略性新兴产业特征，立足国情和科技、产业基础，现阶段将重点培育和发展节能环保、新一代信息技术、生物、高端装备制造、新能源、新材料、新能源汽车等产业。《中原经济区建设纲要》已经明确提出要优先发展战略性新兴产业，并确定了生物、新能源、新材料、新能源汽车等几个先导产业。战略新兴产业的发展将成为中原经济区产业优化升级的重要驱动力。

4. 需要注意的几个问题

韩国产业优化升级是在特定历史条件和经济技术背景下进行的，中原经济区建设还应当结合自身实际，有选择地借鉴其经验，避免简单照搬。在强调政府作用的同时，应当逐步地减少对产业发展的直接干预，努力为产业发展创造良好的条件和环境。在发挥大企业主导作用的同时，还要努力扶持中小企业的健康发展，为中小企业尤其是创新型中小企业的发展创造良好的政策氛围和市场环境。中原经济区人口众多，本地市场广阔，在利用劳动力成本优势发展外向型经济的同时，要充分意识到本地市场规模的重要性，努力构造本地价值链，以此促进产业链的动态升级。

实践篇

国务院文件明确指出，中原经济区建设要抢抓产业转移机遇，促进结构优化升级，坚持走新型工业化道路，加快建立结构合理、特色鲜明、节能环保、竞争力强的现代产业体系，引领带动“三化”协调发展。实践篇以农业现代化、新型城镇化、新型工业化协调为背景，结合河南省产业优化升级的优势、劣势、机遇和挑战，着重分析了产业优化升级动力机制及协同路径。应狠抓国际产业转移和区际产业内移的新机遇，以承接产业转移为内源动力，形成有序承接、集中布局、错位发展、良性竞争的格局，支持设立承接产业转移示范区。以产业集聚区建设为规模动力，推进创新型、开放型、资源节约和环境友好型等产业集聚区的示范创建，建设一批国家新型工业化产业示范基地。以产业创新为内源动力，通过构筑产业创新平台提升产业核心竞争力，走创新驱动发展道路。

中原经济区产业优化升级是一个系统工程，本书引入数理统计、评价、预测、建模等分析方法，构建区域产业发展的多维评价指标体系，包括状态指标、速度指标和动力指标：状态维基于静态的结构及关联反映产业体系内部结构的合理度以及产业之间、不同地区产业之间的互动、合作关系；速度维基于动态序列变化反映不同产业、不同地区相同产业的培育、成长速度；动力维反映促进和制约产业升级的各种力，反映产业升级的要素、方向及潜力。在状态、速度、动力等多维度评价分析的基础上，通过对“动力—速度—状态”的三维度协同分析，揭示出影响中原经济区产业优化升级的关键推动因素和主要制约因素，为相关政策的制定提供了切实的依据。

第四章
中原经济区产业优化升级的战略目标

本章立足中原经济区产业发展现状，沿时间序列分析了河南省产业结构、就业结构的演变，横向剖析其现状及不尽合理的原因，具体界定了中原经济区产业升级的内涵与外延，阐述了中原经济区产业升级、产业集聚、产业转移、产业创新之间的关系，运用SWOT分析法，分析了中原经济区产业升级的优势、劣势、机遇与挑战，结合《国务院关于支持河南省加快建设中原经济区的指导意见》，提出中原经济区产业发展的战略。

第一节　中原经济区产业发展现状

改革开放三十多年来，河南省经济持续快速发展，产业结构不断调整，三次产业由低级向高级逐渐演进，内部结构持续优化。

一　河南省产业结构演变与现状

1. 河南省产业结构的纵向比较

1978 年以来，河南省三次产业 GDP 及其比重的变化情况见表

4-1，通过纵向对比分析可以将三次产业结构变动特征总结为以下几个方面。

表4-1 河南省三次产业的国内生产总值、产值比重变化

年份	国内生产总值(亿元)			产值比重(%)		
	第一产业	第二产业	第三产业	第一产业	第二产业	第三产业
1978	64.86	69.45	28.61	39.8	42.6	17.6
1979	77.30	80.52	32.27	40.7	42.3	17.0
1980	93.23	94.44	41.49	40.7	41.2	18.1
1981	106.04	95.79	47.86	42.5	38.3	19.2
1982	108.18	102.76	52.36	41.1	39.0	19.9
1983	143.49	116.36	68.10	43.7	35.5	20.8
1984	155.28	136.29	78.47	42.0	36.8	21.2
1985	173.43	170.07	108.24	38.4	37.6	24.0
1986	179.02	202.15	121.74	35.6	40.2	24.2
1987	220.22	230.25	159.13	36.1	37.8	26.1
1988	240.72	299.83	208.54	32.1	40.0	27.9
1989	289.95	317.13	243.63	34.1	37.3	28.6
1990	325.77	331.85	277.03	34.9	35.5	29.6
1991	334.61	388.09	323.03	32.0	37.1	30.9
1992	353.92	545.21	380.62	27.7	42.6	29.7
1993	410.45	764.20	485.53	24.7	46.0	29.3
1994	546.68	1058.89	611.26	24.6	47.8	27.6
1995	762.99	1394.98	830.40	25.5	46.7	27.8
1996	937.64	1677.62	1019.43	25.8	46.2	28.0
1997	1008.55	1861.28	1171.26	24.9	46.1	29.0
1998	1071.39	1937.83	1299.02	24.9	45.0	30.1
1999	1123.14	1981.07	1413.73	24.9	43.8	31.3
2000	1161.58	2294.15	1597.26	23.0	45.4	31.6
2001	1234.34	2510.45	1788.22	22.3	45.4	32.3
2002	1288.36	2768.75	1978.37	21.3	45.9	32.8
2003	1198.70	3310.14	2358.86	17.5	48.2	34.3
2004	1649.29	4182.10	2722.40	19.3	48.9	31.8
2005	1892.01	5514.14	3181.27	17.9	52.1	30.0
2006	1916.74	6724.61	3721.44	15.5	54.4	30.1
2007	2217.66	8282.83	4511.97	14.8	55.2	30.0
2008	2658.78	10259.99	5099.76	14.8	56.9	28.3
2009	2769.05	11010.50	5700.91	14.2	56.5	29.3
2010	3258.09	13226.38	6607.89	14.1	57.3	28.6

资料来源：《河南统计年鉴2011》。

第一产业产值比重持续下降。从总量上看，1978～2010 年第一产业国内生产总值由 64.86 亿元上升至 3258.09 亿元，增幅显著，然而其在整个国民经济生产总值中的比重却逐年下降，从 1978 年的 39.8% 下降至 2010 年的 14.1%。且仅就产值比重的变化趋势分析，未来相当长一段时间内第一产业在整个产业结构中的比重将持续下降，促使内部结构的调整和持续优化。

第二产业产值比重稳中有增。从总量上看，1978～2010 年第二产业国内生产总值由 69.45 亿元增长到 13226.38 亿元，其产值比重也从 1978 年的 42.6% 上升到 2010 年的 57.3%。分析表明，未来第二产业产值将继续保持稳中有增的变化趋势，第二产业仍将在整个产业结构中继续发挥主导作用和支柱地位，带动中原经济区工业化进程及现代化的顺利完成。

第三产业产值比重先升后降。1978～2010 年第三产业实际国内生产总值由 28.61 亿元增长至 6607.89 亿元。但产值比重却并非单向变化，1978～1991 年呈现出上升趋势，自 17.6% 上升至 30.8%，1992 年便开始呈现下降趋势，虽然中间有所回升，但整体上仍然是下降的，2010 年为 28.6%，这一变化趋势与整个产业结构的调整方向和第三产业应具有的地位是不相符的。从变化趋势来看，在整个产业结构的调整中第三产业的水平是最滞后的，成为制约整体产业结构高级化的重要因子，今后主要任务是进一步提升第三产业的发展水平，优化内部结构，充分发挥其优势地位和支柱作用。

2. 河南省产业结构的横向比较

通过横向比对同期河南省与我国部分经济发达省份产业结构水平来查找问题，总结如下。

河南省第一产业产值比重依然较高。高出北京和上海 13 个百分点，高出广东、江苏和浙江近 9 个百分点，和山东相比，也高出近 5 个百分点，表明产业结构优化程度与发达省份仍有较大差距，这也正是产业结构不合理的关键原因。因此，在发挥第一产业基础性作用的同时，需要加快对第一产业内部结构调整和优化的步伐。

第二产业产值比重依然偏高。当前，河南省正处于工业化中后期阶段，第二产业是经济发展的支柱，产值比重一直处于稳中有增状态，2010 年高达 57.3%，比北京高出 33.3 个百分点。随着工业化进程的加快，工业化逐步由中期向后期转化，河南省的第二产业仍将处于快速发展时期，在经济结构大调整中应把握好第二产业的转型方向和进度，防止转型偏差引起产业结构的扭曲和失调。

第三产业发展仍然严重不足。纵向来看，虽然第三产业较以前有较大程度的提高，但与北京相比，仍然相差 46.5 个百分点，与上海、广东和浙江也有较大差距，说明河南省第三产业的发展还很不充分，没有发挥相应对经济的拉动作用，有较大的发展余地和提升空间，需要加快其调整步伐。

从上述几个方面的对比分析可知，虽然改革开放以来河南省产业结构处于不断的调整和优化中，但与经济发达省份相比，仍有较大差距。特别是第一产业和第三产业仍存在着极大的改进空间，只有加快产业结构优化升级的步伐，才能逐步推进产业结构的合理化、高度化，缩小与发达地区的差异。

3. 产业结构演进的特征和趋势

根据表 4 -2 中三次产业结构的产值比重变化，用图 4 -1 相应描述三次产业产值比重变化的趋势，通过产值比重的变化趋势预期未来产业结构的调整方向。

从图 4 -1 中趋势变化情况可以看出：第一产业产值比重呈现快速下降趋势，且今后仍将保持这种下降态势；第二产业的产值比

表 4-2　2010 年中国不同省份产业结构对比分析

单位：%

省份	第一产值比重	第二产值比重	第三产值比重
河南	14.1	57.3	28.6
北京	0.9	24.0	75.1
上海	0.7	42.1	57.3
广东	5.0	50.0	45.0
山东	9.2	54.2	36.6
江苏	6.1	52.5	41.4
浙江	4.9	51.6	43.5

资料来源：《河南统计年鉴 2011》。

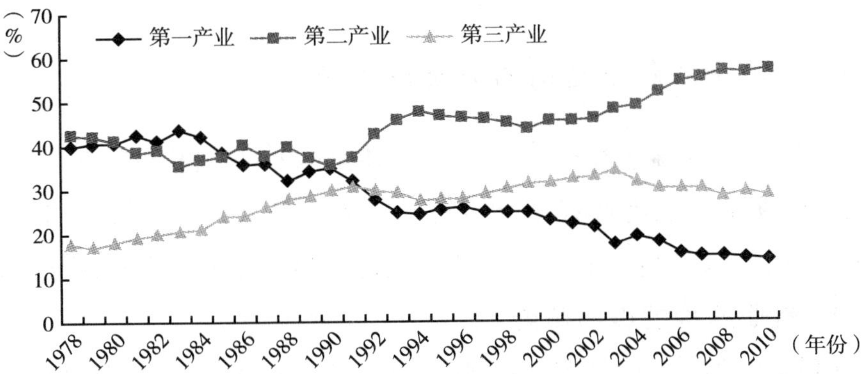

图 4-1　河南省三次产业产值比重变化趋势

重从 1990 年后开始持续呈现上升趋势，伴随河南省工业化进程的演进，未来可能逐步呈现下降趋势；第三产业产值比重先升后降，又有回升的趋势，表明第三产业的发展水平处于逐步改善和提高中。尽管第三产业比重在近几年呈现下降趋势，但与改革开放初期 17.6% 的产值比重相比，仍有较大程度的提高，在未来也仍然会呈上升之势。从变化总体情况来看，河南省产业结构正处于深化调整期，第一、第二产业的优化水平和状况相对较好，第三产业发展相对滞后，但有回升势头。总体上，河南省产业结构调整、优化与世界产业结构演变基本规律是一致的。

总体而言，改革开放以来，河南省产业结构的优化水平和调整力度有较大程度的提高，三次产业的变动中，第一、第二产业优化方向和发展态势良好，第三产业的发展相对滞后。可以看出，第一产业在河南省的产业结构调整中，发挥着基础地位的作用，第二产业起着支柱产业的作用，得到了大力发展，保证了河南省工业化进程的推进和实现，但第三产业却未得到有效和大力发展，拉动作用未充分发挥。因此，应进一步加强第三产业发展，通过第三产业逐步向第一、第二产业的渗透和融合，实现三次产业结构间的协调发展，并促进整体产业结构的优化升级。

二 河南省就业结构的演变与现状

随着经济的发展和社会的进步，伴随着产业结构的不断调整和优化，就业结构也进行着相应的发展与变化，逐步趋于合理，但仍然有大量剩余劳动力滞留在第一产业，亟待向第二和第三产业进行转移。

1. 就业结构的纵向演变

根据相关的统计年鉴，梳理三次产业的就业构成情况如表 4-3 所示。

从表 4-3 中的数据分析可知，河南省第一产业的就业人数从 1978 年的 2262 万人上升到 2010 年的 2712 万人，一直保持着相对上升趋势，这一现象可能与河南省的农业基础地位以及人口增长趋势有关。第二产业和第三产业的就业吸纳人数分别呈现稳定上升趋势，第三产业已成为吸纳就业人数的主要力量和生力军，基本与第二产业持平。但根据国际和国内发展的经验，第三产业的就业吸纳力仍有较大的提升空间和发展潜力。从三次产业的对比分析可以看出第一产业就业人员过多，迫切需要向第二、第三产业进行转移。

表 4-3　河南省三次产业的就业构成

年份	从业人员数(万人)			就业构成(%)		
	第一产业	第二产业	第三产业	第一产业	第二产业	第三产业
1978	2262	296	249	80.58	10.54	8.87
1979	2366	290	217	82.35	10.09	7.55
1980	2378	304	247	81.19	10.37	8.43
1981	2470	310	259	81.28	10.20	8.52
1982	2530	315	301	80.41	10.01	9.56
1983	2598	341	350	78.99	10.36	10.64
1984	2578	376	392	77.05	11.23	11.71
1985	2571	523	426	73.04	14.85	12.10
1986	2574	568	456	71.53	15.78	12.67
1987	2596	616	570	68.64	16.28	15.07
1988	2648	659	609	67.62	16.82	15.55
1989	2719	659	565	68.96	16.71	14.32
1990	2833	671	582	69.33	16.42	14.24
1991	2921	689	606	69.29	16.34	14.37
1992	2955	724	653	68.21	16.71	15.07
1993	2910	808	682	66.14	18.36	15.50
1994	2865	864	719	64.41	19.42	16.16
1995	2814	929	766	62.40	20.60	16.98
1996	2822	988	828	60.85	21.30	17.85
1997	2909	1011	900	60.35	20.97	18.67
1998	2947	962	1091	58.94	19.24	21.82
1999	3305	913	987	63.49	17.53	18.96
2000	3564	977	1031	63.96	17.53	18.50
2001	3478	997	1042	63.04	18.077	18.88
2002	3398	1038	1086	61.53	18.79	19.66
2003	3332	1084	1120	60.19	19.57	20.23
2004	3246	1142	1200	58.09	20.44	21.47
2005	3139	1251	1272	55.43	22.09	22.46
2006	3050	1351	1318	53.33	23.62	23.04
2007	2920	1487	1366	50.58	25.75	23.66
2008	2847	1564	1424	48.79	26.80	24.40
2009	2765	1675	1509	46.48	28.15	25.36
2010	2712	1753	1577	44.88	29.01	26.10

资料来源：《河南统计年鉴 2011》。

第三产业则需要加大调整速度和发展力度，以促进全社会劳动力的充分就业，推进就业结构更趋合理化、高级化。

2. 就业结构的横向比较

从表 4 –4 中发达国家与河南省的对比分析可以看出：与发达国家 20 世纪末期的就业结构相比，河南省 2010 年的三次产业就业结构已经存在较大差距，远远落后于发达国家，充分说明了河南省三次产业就业结构的落后状态。美、英、德、法等发达国家第一产业就业比重均比较低，均不足 5%，而河南省第一产业就业比例过高，2010 年仍然高达 50% 左右，不仅不利于就业结构的调整和劳动力素质的提高，而且严重阻碍着三次产业以及城乡之间的劳动力转移。同时，就业人员大部分都分布于第三产业的这一现象表明，第三产业已成为发达国家的国民经济支柱产业，工业化改革基本完成，而相比之下，河南省正处于工业化快速演进阶段。河南省第二产业发展水平相对比较合理，与发达国家 20 世纪末的水平基本一致。而河南省第三产业的就业比重仅为 26% 左右，与发达国家 70% 左右的水平相差甚远。通过比较分析，可以发现河南省三次产业就业结构不甚合理，远滞后于发达国家，第一产业存在大量冗余劳动力，迫切需要向第二、第三产业进行转移，这与“配第—克拉克”转移定律是相吻合的。因此，需要不断提高劳动力的技能水平和整体素质，促进劳动力在三次产业间的转移，加快就业结构转型，顺利解决就业问题。

3. 就业结构的演变趋势分析

结合表 4 –4 中三次产业就业结构的变化情况，进一步分析 1978 ~2009 年三次产业就业结构的演变趋势（见图 4 –2）。

从图 4 –2 中可以看出，纵向时间序列上就业结构变化显著，第一产业的就业人数比重呈快速下降趋势，第二产业和第三产业的就业人数比重呈较为稳定的上升趋势。但就横向比较而言，第一产业仍存在大量剩余劳动力，需要向第二产业和第三产业进行转移，

表 4－4　发达国家和河南省三次产业就业结构的比较

单位：%

国别/地区(年份)	第一产业就业构成	第二产业就业构成	第三产业就业构成
美国(2000)	2.6	22.9	74.3
英国(2000)	1.5	25.4	72.8
德国(2000)	2.8	34.5	62.2
法国(2000)	4.2	24.7	70.7
河南(2010)	44.88	29.01	26.10

资料来源：参见蒲艳萍《产业结构变动对就业增长影响及国际比较》，《现代财经》2005 年第 2 期，第 68 页。

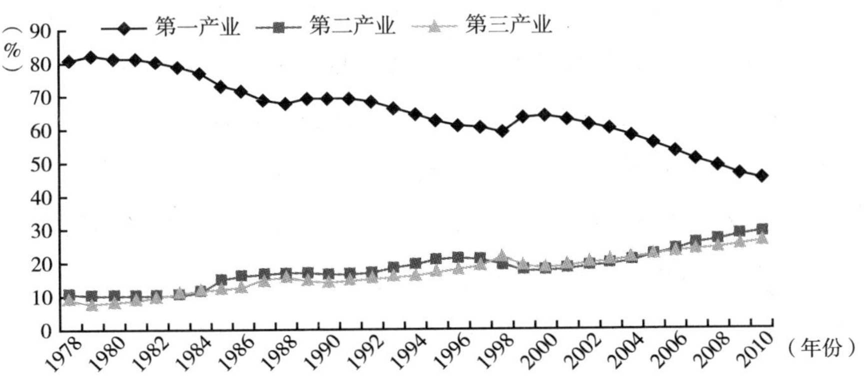

图 4－2　河南省三次产业就业结构变化趋势

并且第二、第三产业也有较大的劳动力就业提升空间。未来一定时期内，第三产业的就业吸纳力将逐步超过第二产业，成为解决就业问题的关键。总体上，第二、第三产业的就业比重也将大大逐步超过第一产业。因此，需要加快对就业结构的调整，推进第二、第三产业的发展，实现农村剩余劳动力向第三产业的逐步转移和渗透。随着劳动力在产业间的转移，逐步向“三、二、一”的高级就业结构模式演进，实现资源的有效配置和效率的最大化，促进整个经济社会的活力。①

① 薛双喜：《河南产业结构与就业结构协调发展研究》，西北大学硕士学位论文，2011。

三 产业结构不尽合理的原因

自改革开放以来，经过 30 多年的调整和发展，河南省产业结构高度化水平有了很大程度的提高，更趋完善和成熟，但和发达国家及中国其他经济发达地区相比，仍有较大差距，处于相对滞后的状态。导致河南省产业结构滞后的原因可以归结为以下几个方面。

1. 计划经济体制的长期影响

为了恢复和促进经济发展，新中国成立之初我国采取计划经济体制的形式。在计划经济体制的长期影响下，地方经济“等、靠、要”的习惯，形成对国家投入的依赖性，缺乏创新机制和动力，经济增长缺乏动力与活力。同时，计划经济体制注重规模和速度，较多地实施产业政策，这正是造成第三产业滞后的根本原因。而后市场经济的发展经历了一个较长的过程，而河南省体制和机制的创新乏力使得市场化进程滞后，结构化矛盾突出。受传统观念的影响，“重工业、轻服务”导致第二产业和第三产业的发展处于不平衡状态，工业发展较快，而服务业发展较慢，仍处于相对滞后状态。此外，政府行政干预过多、掌控过死使得市场化改革中价格杠杆和市场的作用难以发挥，严重制约着投资结构的优化，进而影响产业结构的调整。尽管整体上市场化的程度越来越高，产业结构也日益趋于合理，但短期内固有体制对产业结构的影响难以消除，长期内惯性仍然存在，仍会产生一定程度的负面影响。

2. 经济政策的影响

新中国成立初期，与中国其他地区一样，河南省产业存在着多种多样的所有制形式，但随着社会主义经济改造措施的实施，国有经济和集体所有制经济逐步占据了主体地位，所有制形式逐渐趋于单一化。“文化大革命”期间，所有制结构进一步单一化，私营经济一度被当成“资本主义尾巴”割掉，严重影响了产业结构的优化升级，是造成产业结构发展相对滞后的重要历史原因。同时，受到中国发展传统工业化思想的影响，河南省经济发展依托高积累、高投资带动，忽视提高劳动力素质、劳动效率和企业市场竞争力，进一步加剧了河南省非公有制经济发展的不足，使得产业结构内部出现了一系列的问题和矛盾。十一届三中全会以来，随着市场经济体制的改革，国有经济在所有制经济中的比重不断下降，但单一经济结构已经影响产业结构的调整，短期内无法改善河南省民营经济的发展水平，产业结构向高度化演进依然步履维艰。

3. 城市化水平的影响

城市化通常指传统的以农业为主的乡村社会向以工业和服务业为主的现代城市社会逐渐转变的历史过程，具体包括人口的转移、职业的转变、产业结构调整、土地空间布局及地域的转变等。健康的城市化进程通常会促进产业结构的优化升级，而产业结构的优化与升级又会提升城市化水平，二者相互影响、相互促进。城市化是工业化发展到一定阶段的产物，是工业化的必然结果，而河南省城市化发展水平较低，城乡差距较大，城市首位度低，城市规模偏小等原因均加剧了本地区产业结构的滞后。发达地区的实践证明，城市能够更好更快地促进第三产业的发展，其对第三产业的促进作用比农村大得多，而河南省城市化水平较低的现状使得相当地区缺乏发展高附加值现代服务业的基础，阻碍了第三产业的发展，也严重地制约了整个地区产业结构的调整优化。

4. 农业基础与传统思想的阻碍

历史上，河南省一直是中国的农业大省，受这一传统思想的影响，决策者和相当部分农村地区的农民依然坚持传统观念，在数量仅有的耕地上从事着简单的农业劳作，不愿尝试其他经济发展模式，不愿“走出农村”，在劳动生产率逐步提高的同时依然坚守在传统农业阵营，造成大量农村剩余劳动力的滞留。这种传统农业思想和耕作模式影响着整体经济发展和产业结构升级。同时，受计划经济时期重工业发展的思想指导，虽然河南省的有色金属、化学工业、日用轻工业等得到了一定程度的发展，但受传统思想的影响，工业化道路表现出明显的产业路径依赖特征，仍以原有工业产业为主。河南省产业发展的不平衡为高新技术产业、新兴服务业和现代服务业的发展带来了诸多阻挡，也造成了三次产业整体发展的不协调和第三产业发展的相对滞后。

5. 人口和资源的限制

河南省是名副其实的人口大省，也是教育资源匮乏区域，高等教育资源尤其匮乏，使得河南省劳动力技能水平较低，整体创新力不足，严重制约着劳动生产率的提高，并进一步影响到产业结构的优化升级，对劳动力素质要求较高的高新技术产业和现代服务业的制约作用则更加明显。同时，产业结构的调整与转化也受人口年龄和性别构成的影响，据2010年《河南统计年鉴》数据显示，20～50岁人口比例占总人口的37.43%，男性仅占18.1%，而这些正是经济社会发展的主力军，中坚力量的相对不足将严重制约产业结构的调整，尤其是第二产业、第三产业的发展，低级技能和低端的就业结构必然制约产业结构的优化。此外，河南省可利用的总量自然资源有限，人均占有量则更低，也面临着资本、技术等难题，导致产业选择范围狭窄，产业技术升级缓慢。受教育、技术和资源等因素的约束，河南省产业结构的优化升级面临着资源综合利用率低、产业技术水平低、产业竞争力弱等一系列问题。

四　就业结构不尽合理的原因

1. 传统体制的影响

在土地制度、户籍制度等传统二元就业体制的影响下，城乡劳动力的就业市场在一定程度上被割裂；城乡二元结构未被打破，同时，一些部门又存在着劳动力配置机制，使得劳动力自由流动及劳动力市场的发展和完善受阻，阻碍了就业结构的调整和升级。投资体制上对工业等传统产业的偏好，严重阻碍着第一产业和第三产业的发展，特别是对第三产业的重视及投入严重不足，使得其对全社会就业的吸纳能力被极大削弱。

2. 制度政策的影响

由于受传统乡土情结、重农思想和现有优先发展重工业思想的影响，重农轻商和工业偏好阻碍着劳动力在三次产业间的转移。而河南省目前正处于工业化发展加速推进阶段，在某种程度上毋庸置疑地对工业化的发展存在着一定的政策倾斜，更加拉大了第二产业与第三产业的差距，毫无疑问会影响就业结构的优化。此外，政府的社会保障制度、户籍制度、土地制度等也影响着劳动力在城乡等不同地区之间的转移，阻碍着就业结构的调整。

3. 产业结构的影响

长期以来，尽管产业结构不断进行着调整和优化，但仍然存在着不合理的方面，与发达国家和中国经济发达省份相比仍有较大差距，产业结构不尽合理并严重滞后。第三产业尤为显著，发展严重不足，而第三产业作为当前及未来吸纳劳动力潜力最大的产业，无疑会带来就业结构调整的极大阻力。同时，产业结构决定就业结构的规模和方向，产业结构的不协调和不合理将直接制约就业结构的调整和高度化，不合理的产业结构导致劳动力在三次产业之间的分配不合理，影响劳动力在产业间的转移，造成就业结构的相对滞后。

4. 劳动结构的制约

随着经济的发展和科技水平的日益提高，劳动力的需求层次也越来越高，高素质劳动力日益迫切，低素质劳动力却受到排挤，而低层次劳动力供给过剩、高层次供给不足的现状成为河南省劳动力转移和就业结构调整的最大阻力。由于劳动力自身技能的缺失使得大量劳动力只能滞留农村，而无法顺利转移。同时，教育、培训措施的缺失使得劳动者技能水平不能得到提升，无法适应行业转换的要求，从而造成了严重的结构性失业。这种状况不仅影响着就业结构的调整，而且制约着产业结构的发展。

5. 内外部经济环境的影响

近年来，河南省经济迅速发展，日益关注经济结构的优化和第三产业的发展，但第三产业仍然存在一定问题。一方面，与第一、第二产业相比，第三产业发展相对滞后；另一方面，第三产业的发展仍然以传统服务业为主，现代服务业发展不足，滞后的产业发展使得第一产业劳动力无处进行转移，制约着劳动力就业水平的发展，就业结构也无法得到优化。另外，河南省区域经济发展水平不均衡，经济欠发达地区数量多、比重大，形成短板效应，严重影响着整个经济产业结构调整的步伐以及就业机会、就业空间的扩展，制约着社会就业体系的调整和完善。加之外部注入性金融危机的影响，河南省各地经济增长速度出现不同程度的减缓，对就业的吸纳能力也不断减弱。

第二节　中原经济区产业优化升级的内涵与外延

一　中原经济区产业优化升级的研究思路

中原经济区产业发展战略包括产业结构调整、产业升级相关的多个领域和方面。本书的研究中从产业优化升级、产业创新、产业集聚、产业转移等层面展开，原因在于产业升级与产业创新、产业集聚、产业转移紧密联系，不可分割。总体上，产业优化升级是中原经济区经济发展的本质，产业创新是产业优化升级的内源动力，产业集聚是产业优化升级的规模动力，产业转移是产业优化升级的外在动力，产业集聚和产业转移也是产业优化升级和区域经济活动的空间形式，对促进产业升级有重要意义，其关系如图 4－3 所示。

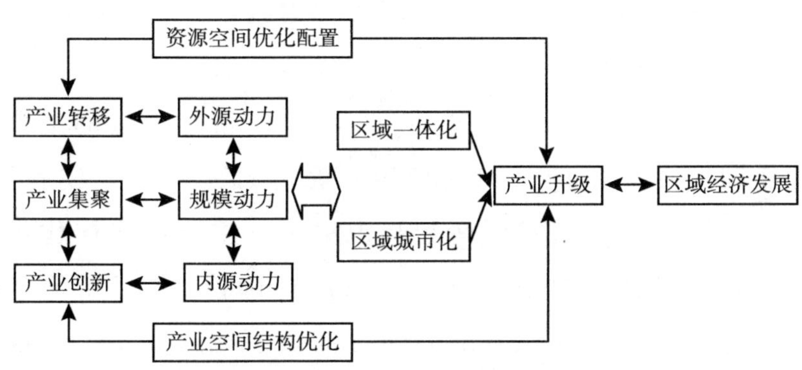

图 4－3　产业集聚、产业转移、产业创新实现产业升级的关系

具体而言，传统意义上的产业升级与产业集聚和产业转移本质上是相同的。传统意义上的产业升级是通过产业部门结构的转换，在价值链上实现优化发展，其落实到空间上会产生区域一体化与城市化等经济地理效应。产业集聚和产业转移是通过产业空间结构的调整，在空间上动态优化配置资源，其落实到具体的产业中会形成集聚效应、扩散效应与关联效应等。产业创新始终贯穿于产业升级的全过程，依靠产业创新可以铸造产业升级的内核。产业转移、产业集聚、产业创新三者间的互动发展可以优化产业的部门结构与空间结构，从而提高资源的配置效率和经济发展质量，促进产业整体的优化与升级，促进区域经济的持续发展。

二　产业集聚与产业升级的关系

产业集聚作为产业升级的空间载体和规模动力，对产业升级的促进和互动作用表现在空间组织与价值链两方面，共同推动集聚态经济的整体升级。[①]

产业集聚是产业升级的基础，产业集聚在相当大程度上改变了集群内企业的成本曲线，提高了区域集群内经济运行的效率，拓展了活力空间，成为凸显区域竞争优势的载体。产业集聚在规模报酬递增的作用下产生循环累积的集聚效应，可以划分为地方化经济和城市化经济两种类型。地方化经济有利于知识的发现和传播，主要由专业化集聚引起。某一产业在特定地区的集聚有利于知识在同产业内不同公司间扩散，促进研究发展等创新活动。城市化经济则有助于技术创新和知识溢出，主要由多样化集聚引起，指在特定的地区集聚不同产业的公司间产生相互孕育的效果，这种集聚在产生知识溢出的同时推动了地方竞争，加速了知识的使用。总之，产业在地理空间上的集聚不仅能够增大产业的规模，也可提高资源配置、使用的效率，促进生产效率的提高，推动产业升级，提升产业竞争力和国家竞争力，提升区域经济增长质量。

相反，产业升级也能够提升集聚经济的质量。区域增长极理论认为，增长往往集中在有创新能力的行业和某些主导部门，这些行业和部门通常位于大中城市的中心，这些有创新能力的产业和企业会产生强大的凝聚力。经济活动在地理空间上的集聚能够节约成本并提高收益，逐步衍生形成地区的生产中心、贸易中心、交通运输中心、金融中心、信息中心等。产业集聚能够促进产业升级在于，产业集聚不是产业简单地集中在一起，而是大量企业在一定地理区位集中，产生循环累积的集聚经济，辐射周边。这些集聚的产业必然是相关的，经常是其上下游产业或辅助产业的集聚。而要使产业集聚区的各企业间产生很好的关联效应，集群内部产业结构应该处

---

① 黄利春：《产业集聚、产业转移与产业升级》，《江苏商论》2011 年第 1 期，第 124～126 页。

于动态调整、不断升级中，只有这样，集聚经济才能保持动力和活力。同时，产业集聚到一定程度就迫切需要升级与转型，如中国东部地区有些城市的产业集聚已出现拥挤效应，表现为土地资源日益紧张、环境污染压力巨大，劳动密集型产业发展受阻。这种粗放式，以环境污染、土地紧张为代价的经济增长模式必然是不可持续的，迫切需要产业升级与转型。

三　产业转移与产业升级

1. 产业转出地的产业升级

首先，产业转出地的产业升级能够起到腾笼换鸟的作用，目的是腾出有限空间，发展高端产业。如同一个生命体一样，任何一个工业区或产业集聚区从建立开始，都将经历一个有规律的发展过程，具体可以划分为成长、成熟、衰退等阶段，不同阶段具有不同特征。依照产业的生命周期理论，产业集聚区成长到一定阶段之后会成熟，成熟之后如果不升级将会消亡。相反，产业升级必然要落实到具体的地域空间上，但集聚地及其所在城市或区域的土地等资源都是有限的，具有稀缺性和排他性。因此，进入成熟期的区域或城市由于受资源的约束或其他一些冲击，必然会转移出去当地优势较弱或衰退产业，以腾出空间来发展相对高端的产业或产业环节，促进经济的持续发展。

其次，产业转出地的产业升级能够集聚优质要素。原因在于，产业转出地的产业升级不是孤立进行的，与周边地区或更大范围区域的支持密不可分，这种支持则主要体现在要素供给方面。产业升级会产生高附加值的产业，依托更高素质的劳动和资本要素。如果产业转出地在转出低端产业的同时不能及时引进和集聚高品质的要素，产业升级就会变成一句空话，出现产业空壳化，不仅不利于区域经济的持续发展，还会带来贫困、失业等一系列社会问题。因此，发展到一定梯度后的城市或地区在进行产业升级时，在留住自身积累的各种优质要素的同时要通过软件和硬件设施的建设走内涵式的城市化，吸引适合本地新兴产业发展需要的优质要素，保证产业升级。

2. 产业转入地的产业升级

首先，通过承接产业转移推动工业化进程。相对转出地而言，产业转入地大多处于工业化初期或者工业化中期，是发展梯度相对较低的地区，这些地区拥有相对低廉的土地和劳动力价格，资源比较丰富，具有成本优势。通过积极承接产业转移，不但可以充分利用自身资源，发挥相对优势，而且可以在短期内获得先进技术和外来资本，破解当地经济发展的瓶颈，促进工业化的发展，进而带动区域经济发展。

其次，通过对转入产业的配套提高当地经济活力。产业承接地通过建立开发区或产业园区等产业集聚区来承载外来产业，培育并发挥其集聚经济效应，使其成为当地经济的增长极。随着区域经济增长极的形成传播外来先进的技术和管理方法。当地企业可以通过积极吸收这一过程的知识溢出，模仿或创新性地生产类似的产品，也可以通过原料加工、发展配套服务业，完善投资环境等来为外来产业配套，以充分发挥当地优势，提高经济活力，在促进外来产业顺利发展的同时实现当地的产业升级。

中原经济区在产业转移促进产业升级的过程中应发挥区位优越、劳动力资源丰富等优势，完善产业配套条件，打造产业转移承接平台，健全产业转移推进机制，全方位、多层次承接沿海地区和国际产业转移。支持中心城市重点承接发展高端制造业、战略性新兴产业和现代服务业，推动县城重点发展各具特色、吸纳就业能力强的产业，形成有序承接、集中布局、错位发展、良性竞争的格局。支持设立承接产业转移示范区。

第三节　中原经济区产业优化升级的 SWOT 分析

SWOT 分析方法由伦德等提出，综合评价、评估被分析对象的优势（Strengths）、劣势（Weaknesses）、机会（Opportunities）、威胁（Threats），得出结论。SWOT 分析将内、外部资源有机结合起来，从而清晰地确定被分析对象的资源优势与劣势，明确所面临的机会和挑战，对于被分析对象未来的发展战略具有至关重要的意义。

一　产业优化升级的优势

作为一个传统的农业大省、新兴的工业大省，河南省在产业优化升级方面具有其他中部省份不可比拟的优势。

1. 地理区位优势（S1）

河南素有“九州腹地、十省通衢”之誉。地处沿海开放地区与中西部地区结合部，是中国经济由东向西梯次推进的中间地带，区位优势明显。独特的地理位置使河南省成为全国举足轻重的公路、铁路、航空、通信和能源枢纽。“五纵四横”的高速公路国道干线穿过河南，“三纵五横”的主动脉铁路在河南交汇。2009 年河南省高速公路通车总里程达 4860 公里，干线公路总里程达 1.78 万公里，农村公路总里程达 21.79 万公里，连续四年三项指标位居全国第一。河南省是中国重要的铁路枢纽，京广、陇海、焦枝、京九、太焦、侯月等 10 条铁路干线在境内交会，形成了纵横交错、四通八达的铁路网。全省有郑州、洛阳和南阳三个民航机场，每周有 800 多个航班往返北京、上海、广州、西安等 46 个大中城市。国家民航总局已经把郑州列为全国八大航空枢纽之一，河南省正努力把郑州建成国际性航空枢纽。“四纵四横”的全国光缆干线贯通全境，众多的能源管道包括西气东输等至少四条天然气管道和至少四条石油管道在河南交会。这一系列优势条件构成了河南省全方位、立体化、广覆盖、多节点、高密度、快速度的综合交通通信大网络，形成了中原通、全国通的大格局，为物流的大进大出、快进快出提供了通达的平台。地理位置、交通为河南省产业优化升级提供了便捷的通道。

2. 自然资源优势（S2）

河南省矿产资源丰富，全省已发现矿产资源157种，探明储量的81种，已开发利用的117种。天然气储量居全国第三位，近1000亿立方米。煤储量203.5亿吨，石油近期已查明的储量约5亿吨。石灰岩、珍珠岩、耐火黏土、金、银、宝石等储量均居全国前列。水力资源充足，黄河、淮河、海河、长江四大水系均流经河南，南水北调中线工程水源地就在河南。全省电力装机总容量近5000万千瓦，居全国第5位、华中电网首位。作为中国的农业大省，河南是中国小麦、玉米、棉花、油料、烟叶等农产品和农畜产品的重要生产基地之一。从2000年开始，粮食总产量已连续9年位居全国第一，2009年粮食总产量达到1078亿斤。

3. 人力资源优势（S3）

河南省具有丰富的劳动力资源，2009年末，河南省总人口9967万人，全社会就业人数5981万人，全年城镇新增就业人员116.8万人，新增农村劳动力转移就业103万人。河南省劳动力资源优势一方面表现为劳动适龄人口规模巨大，另一方面表现为劳动适龄人口在未来20多年内的供给总量将持续上升。同时，河南省已进入了从人力资源大省向人力资源强省转变的新阶段。据统计，河南省目前共有各类高校99所，博士学位授权一级学科点11个，博士点106个，硕士学位授权一级学科点103个，硕士点845个。而自2007年以来，每年的高校毕业生都在30万人以上。目前全省高等教育总规模达227.96万人。2008年，河南省在岗职工平均工资24816元，相当于全国平均工资水平的84%，居全国第21位。2007年，全省人均受教育年限达8.4年；义务教育阶段适龄人口入学率，小学为99.94%，初中为98.79%。高等教育毛入学率达到19.68%，高校博士学位点增加到107个。近年来，随着经济形势的变化，沿海地区的劳动力价格不断上涨。2009年8月以来，珠三角、长三角等地区的很多企业招不到工人，“民工荒”、“招工难”问题更加突出，意味着劳动密集型工业发展条件已经趋于恶化。而相对于东部沿海地区来说，河南省的劳动力价格相对较低，可以降低企业的生产成本，提高企业经济效益，增强其市场竞争力，有利于促进东部沿海城市的产业向河南转移。

4. 经济环境优势（S4）

研究表明，中西部地区正在着手发展的产业集群将有助于承接东部乃至国际产业转移。以集群形式承接产业转移一来可以避免盲目性，根据集聚区的规划选择适合的企业落户当地；二来可以借企业聚集的规模经济、范围经济、关联效应增加对企业的吸附力。河南省目前已形成了以能源、机械、冶金、建材、化工、食品、轻工、纺织等为支柱产业的，较为完备的工业体系，在全国有重要影响的工业企业频频出现，为河南加快产业集聚、承接东部地区产业转移，促进产业的优化升级打下了良好的基础。截至2010年第1季度，河南省产业集群累计完成投资671.4亿元，其中基础设施完成投资137亿元、标准化厂房完成投资41.2亿元、工业项目完成投资479亿元，新开工项目896个、投产项目413个、在建项目2697个。河南省的产业集群建设已初具规模，为承接发达地区的产业转移，促进产业优化升级创造了有利的条件。

5. 市场优势（S5）

河南省除了资源、原材料、劳动力丰富外，另一个不可忽视的重要的优势就是具有庞大的消费市场，河南省人口过亿，作为中国人口第一大省，本身就是一个巨大的消费群体，市场优势非常突出。以郑州为中心，半径500公里的5小时经济圈可以辐射3.6亿人口，半径为1000公里的12小时经济圈可以辐射7.9亿人口。

6. 政策优势（S6）

随着东部地区经济社会引领作用的凸显和区域差距的拉大。为促进区域协调发展，我国开始把经济发展的战略重点逐步向中西部地区转移。十六届三中全会上颁布的《中共中央关于完善社会主义市场经济体制若干问题的决定》做出了“有效发挥中部地区综合优势，支持中西部地区加快改革发展”的决策。在2004年12月6日闭幕的中央经济工作会议上，首次将中部崛起与西部大开发、东北地区等老工业基地调整改造相并列，在会议文件中两处提到了“中部崛起”。为切实促进中部地区崛起，2006年中央又下发了《中共中央国务院关于促进中部地区崛起的若干意见》。

河南省委、省政府高度重视和支持产业集聚区、承接产业转移，为了做好承接产业转移的工作，省政府专门出台了《河南省人民政府关于印发加快产业集聚区科学发展若干政策（试行）的通知》（豫政〔2009〕62号），在土地利用、财税扶持、金融支持、环境容量等方面扎实深入地落实各项政策，着力营造良好的政策环境。例如，省财政安排5000万元专项资金用于对市、县（市、区）产业集聚区承接产业转移项目的奖励，对转移到产业集聚区的出口型企业实行国内运费补助政策、免收各项行政事业性收费、保障项目建设用地、推行用工优惠措施等优惠政策。

二　产业优化升级的劣势

1. 产业基础薄弱和协作配套能力差（W1）

产业配套能力是指在特定区域范围内生产某种产品时，本地供应商提供零部件等配套服务的能力。近年来，虽然河南工业化进程和工业发展速度很快，但是整体实力仍然不强，产业基础比较薄弱，特别新兴产业和现代服务业，如材料、电子信息、软件、生物医药等仍缺乏龙头企业的带动作用、配套企业的相互衔接和关联企业的相互对接。许多外商和转入企业表示，难以找到合适的配套企业，而当地的产品和原材料往往又不能满足转移企业的要求，转入企业所需的零配件仍需要到东部地区或者国外采购，这增加了企业的负担，抵消了企业向河南省转移的优势，从而限制了产业的转移。

2. 物流成本过高（W2）

货物进出海港的运输费用也是企业考虑的关键问题，如果从内地到港口的运输费用太高，甚至无法弥补内地用工低廉的优势，则企业就可能外迁到东南亚等低成本的国家和地区，而不会贸然向内陆转移。尽管河南省的区位交通基础设施相对较优，具有后发优势，但和沿海省份及经济发达地区相比，河南省的物流业仍处于较落后的初级阶段，还存在着多头投资、重复建设、专业化程度低、服务功能差等问题，使得物流成本比较高。同时，高速公路收费也造成了物流成本居高不下，提高了企业的成本。

3. 软环境特别是政务环境不够完善（W3）

当地的产业发展环境是外来投资者决定是否到该地投资的重要因素。近年来，河南省在优化产业发展环境等方面做了诸多努力，经济社会发展也取得了显著的成就，但是我们也应看到，这些成果只是初步的和阶段性的，还存在着不少亟待解决的问题，尤其是软环境方面。地方政府管理越位、错位、缺位问题还较为突出，地方各职能部门之间协调不够，合力不强，政策冲突时有发生；在一些外资项目的推进中，不少职能部门习惯于被动办事，不积极主动地为外商协调解决问题，存在应付、讲形式的情况。政府部门“重审批、轻服务”的现象还不同程度地存在着，审批项目复杂且环节繁多，服务却不够完善。在招商引资上，缺乏专门机构和专业化招商队伍；缺乏创新的招商手段和措施，专业性的招商知识欠缺，无法满足客商咨询需要等问题，都使企业的运营成本加大，阻碍了发达地区向河南的产业转移和河南省的产业优化升级。

4. 集群欠缺（W4）

目前，河南省各地区产业结构“低度化”、“同构化”问题突出，省内各地市之间缺乏有效的沟通协调关系，缺乏发展产业集群的长远规划，制约了产业聚集的资源集成效应和引领带动效应。即便在豫北经济区、中原城市群形成的产业集聚区也是规模小、自发性、技术含量低的中低端产业带，对外部企业没有太大吸引力。

三　产业优化升级的机遇

1. 制造业产业转移带来的机遇（O1）

近年来，中国沿海发达地区产业加快了扩展和转移的步伐，这是世界范围的又一次制造业转移。从珠三角外迁产业情况看，沿海地区目前已经有 18 个工业行业存在外迁现象，其中机械、玩具、仪器仪表、塑胶四个行业外迁企业数量分别列居前四位。综合考虑沿海地区企业外迁的原因，主要有沿海城市土地紧缺、无法满足企业用地需求、厂房租金太贵、所在地能源原材料价格太高、人工成本明显提高、优惠政策开始放缓、城市社会治安环境较差等因素。因此，河南省要紧紧抓住这次产业转移的机遇，发挥自身的比较优势，吸引沿海地区的企业向省内转移，带动全省产业的优化升级和经济快速向前发展。

2. 政府宏观调控引导带来的新机遇（O2）

国家正积极的引导和推动产业集聚区、加工贸易产业向中西部地区转移，形成了东部沿海城市加工贸易企业向中西部地区呈现梯度转移的新趋势。2007 年 11 月 22 日，国家商务部出台了《关于支持中西部地区承接加工贸易梯度转移的意见》，对东部地区企业包括台资企业转移起到巨大的导向作用。2008 年 4 月，商务部公布第二批加工贸易梯度转移重点承接地的名单，河南省的郑州市和洛阳市名列其中。2008 年下半年，国家发改委制定了《促进中部地区崛起规划（初稿）》，对河南省等中部地区的发展给予政策上的支持。

3. 中原经济区上升到国家战略层面（O3）

2011 年 1 月 26 日，国务院印发的《全国主体功能区规划》中，中原经济区被纳入国家层面的重点开发区域，首次被写入国家文件，标志着中原经济区建设已正式上升到国家战略层面。2011 年 10 月 7 日国务院出台了《关于支持河南省加快建设中原经济区的指导意见》，指出中原经济区是以全国主体功能区规划明确的重点开发区域为基础、中原城市群为支撑、涵盖河南全省、延及周边地区的经济区域，地理位置重要，粮食优势突出，市场潜力巨大，文化底蕴深厚，在全国改革发展大局中具有重要战略地位。中原经济区战略的提出，且上升到国家战略层面，也将大大加快河南省的产业优化升级。

四　产业优化升级的挑战

虽然河南产业集聚区建设、承接产业转移基础较好，具有较强的承接能力，但是面对东部地区有限的产业转移资源，东部欠发达地区、中西部省份都在发挥自身优势积极承接，使得河南省在承接产业转移、建设产业集聚区中面临着激烈的区域竞争。

1. 东部欠发达地区的竞争（T1）

江苏北部、山东西南部、广东北部等东部欠发达地区与东部沿海发达地区的政治、经济、文化、地理等方面有着密切的联系，使得这些区域在承接本区域发达地区产业转移的过程中具有不可比拟的优势。同时，各地区从促进本地区区域经济协调发展的角度出发，出台的支持产业转移的政策更有针对性和实效性。

2. 中西部地区其他省市的竞争（T2）

在中西部地区其他省市的竞争中，尤为激烈的是中部六省的竞争。中部六省资源禀赋相似，政策环境雷同，区位相近，发展基础处于同一起跑线上，相互之间各有所长，因此竞争更加激烈。例如，毗邻广东、江苏、浙江的江西省到港口的物流成本低，正着力打造以台湾工业园为龙头的赣闽产业转移承接走廊和以香港工业园为龙头的赣粤产业转移承接走廊，实现与沿海的无缝对接。安徽省也全力建设承接长三角产业转移试验区和示范区，同时国务院已经批准安徽关于设立皖江城市带承接产业转移示范区的请示，使得安徽省承接产业转移的工作得到快速发展。

3. 生态环境可持续发展的挑战（T3）

产业的升级需要依托承接产业转移和建设产业集聚区，而经济发达地区转移产业中不乏资源耗费较大、污染较为严重的企业，这些企业受当地的资源缺乏或者严格的环境法规的限制，为了生存发展而向中西部地区转移。这些产业无疑会对欠发达地区的生态环境造成破坏或形成当地资源的恶性开采，严重影响中西部地区的可持续发展。河南省在建设产业集聚区、承接产业转移的过程中，要接受生态环境可持续发展的挑战，处理好保护生态环境与发展经济的关系。①

---

① 屈文燕：《河南省承接产业转移的SWOT分析》，《中州大学学报》2011年第2期，第5~7页。

第五章
承接产业转移
——中原经济区产业升级的外源动力

当前，呈现一种前所未有的国际产业向中国大陆与沿海产业向中部地区的耦合型“双转移”态势。中原经济区作为具有潜力并保持良好发展势头的区域，潜在需求规模大，既有利于承接国际产业转移，又有利于国内区际产业转移。本章立足国际产业转移和国内沿海产业内移的新趋势，分析了国际产业转移的四次浪潮及当前新一轮国际产业转移的新模式、新特征，结合我国承接产业转移的历程，提出了我国产业转移的集群式特征。在此基础上，通过与河北、山西、安徽、江西、湖南、湖北、四川 7 省份的竞争力比较分析了中原经济区承接产业转移的特点及存在的问题，并进一步指出中原经济区承接产业转移过程中承接类型、选择依据以及具体承接地点的遴选问题。

第一节　国际产业转移和沿海产业内移的新趋势

产业转移可定义为资源供给或产品需求等条件的变化使某些产业从一个国家或地区转移到另一国家或地区的经济行为和过程。产业转移实质上是企业为了应对新形势而进行的区位调整，是企业空间扩张的过程。[①] 20 世纪 80 年代特别是进入 21 世纪以来，全球经济环境的变化伴随着标准化战略的推进，产品内分工成为当今主要的分工形式，取代了产业间分工和产业内分工，加速了国际产业转移的进程。尤其是 2008 年全球金融危机以来，世界经济竞争格局出现了新的变化，欧美及其他发达国家受到巨大的冲击，亚洲成为世界经济增长最活跃的地区，中国则是亚洲经济最活跃的地区。由于中国的市场潜力大，发展速度快，发达国家和地区的产业呈现向中国大陆加速转移的趋势。中国国内，改革开放 30 多年来，东南沿海地区凭借政策优势和区域优势快速发展，但东南沿海地区外向型经济受到要素成本上升和外部需求减弱的严重影响，而广大的中西部地区基础设施逐步完善，要素成本优势显现。面临国际、国内双重压力，东南沿海地区为了保持竞争优势，必须“腾笼换鸟”：将自身失去优势的产业转移到中西部地区，以腾出空间承接国际高端产业。中部地区则迎来了同时承接国际产业转移和东南沿海地区产业转移的难得历史新机遇。

一　国际产业转移浪潮

第二次世界大战以后，国际产业转移共掀起四次浪潮，每一次浪潮都有着特定的社会经济背景，呈现出不同的阶段性特征，其转移原因、转移产业及转移流向均有所变化，但每一次产业转移都在很大程度上改变了世界经济格局（见图 5－1）。

第一次产业转移发生于 20 世纪 50～60 年代，持续了近 20 年的时间，欧美等发达国家将纺织等传统的劳动密集型产业和钢铁等高耗能工业转移到日本和德国等国家，自己则集中力量发展半导

① 魏后凯：《产业转移的发展趋势及其对竞争力的影响》，《福建论坛》（经济社会版）2003 年第 4 期，第 11～15 页。

第一次产业转移浪潮（1950~1960年）
原因：美国产业结构升级
转移产业：劳动密集型产业
流向：日本、德国

第二次产业转移浪潮（1960~1970年）
原因：美、日、德等国产业结构升级
转移产业：劳动密集型产业
流向：亚洲新兴工业化国家和地区

第三次产业转移浪潮（1970~1980年）
原因：石油危机及欧美等国发展微电子、新能源、新材料等高附加值产业
转移产业：资本密集型、劳动密集型
流向：亚洲新兴工业化国家和地区、东盟、中国东部沿海地区

第四次产业转移浪潮（1990年至今）
原因：计算机模块化、中国加入WTO
转移产业：资本、劳动密集型产业（产业链）
通向：中国成为首要目的地
珠三角—长三角—中西部地区扩散转移（小规模）

第五次产业转移浪潮
中国东部沿海向中西部地区（大规模）

图 5－1　国际产业转移浪潮及特征

体、集成电路、通信与电子计算机、精密机械、精细化工、家用电器、汽车等资本和技术密集型产业。由此导致日本继英国、美国之后，成为又一个“世界工厂”，德国也发展成为世界经济强国。

第二次国际产业转移发生于 20 世纪 60 年代末至 80 年代，大约持续了 15 年左右的时间，日本、德国等国将劳动密集型产业转移到新兴工业化国家和地区，自己集中力量发展精密机械等技术密集型产业。可划分为三个阶段：第一阶段发生在 20 世纪 60 年代末 70 年代初，转移的产业主要是纺织等劳动密集型产业。第二阶段发生在 20 世纪 70 年代石油危机之后，转移的主要是钢铁、化工、造船等资本密集型产业。第三阶段发生在 20 世纪 80 年代，转移的产业扩展到汽车、电子等资本密集型和部分劳动密集型产业。在第二次国际产业转移过程中，日本处于“雁首”地位，最终催生了东亚经济奇迹。

第三次国际产业转移始于20世纪80年代后期，一直持续到进入21世纪，美、日以及欧洲等发达国家和地区将重化工业和消费类电子等产业大量转移到发展中国家和地区，特别是中国东部沿海地区，自己则集中力量发展知识密集型产业。在这一波产业转移过程中，“亚洲四小龙”起到了二传手作用，中国作为产业转移的主要目的地，成为产业转移浪潮中的受益者之一。

第四次大规模产业转移发生在20世纪90年代后期并持续至今。依托全球第三次产业转移，在新一轮国际分工格局下，中国已基本形成完整的产业体系，凭借逐步完善的投资环境和产业的集聚效应，中国仍是第四轮产业转移的首选目的地。根据商务部统计，2002年中国吸引FDI突破500亿美元，2004年突破600亿美元，2006年接近700亿美元，2008年突破800亿美元。即使是金融危机影响下，世界引资形势异常困难的2009年，中国全年实际利用外资仍达到900余亿美元，吸引的外资数量连续17年雄踞发展中国家首位。截至2010年3月，外商对华投资累计设立企业69万家，实际使用外资超过1.1万亿美元①。

二　新一轮国际产业转移模式及特征

1. 产品内分工成为主导模式

国际产业转移是国家间（或地区间）因资源禀赋、区位特征、产业配套环境、制度政策环境等因素的差异性形成比较优势，促使

① 刘友金、胡黎明：《产品内分工、价值链重组与产业转移——兼论产业转移过程中的大国战略》，《中国软科学》2011年第3期，第149～159页。

产业动态发展变化。每一次国际产业转移都是发达国家的跨国公司展开的全球性战略布局和调整，其目的都是为了更加有效地利用全球资源，进一步发展和提升自己的竞争力，实现新的国际产业分工与协作。[①] 考察第二次世界大战以来的多次国际产业转移发现：第一次、第二次国际产业转移发生于要素禀赋差异较大的国家之间，主要以垂直顺梯度型产业转移为主，表现为发达国家和发展中国家在垂直型产业间、垂直型产业内（包括垂直型行业间和垂直型产品间）的国际转移，属于完整价值链的转移，不同国家和地区间转移的往往是某一产业或产品。然而，第三次产业转移与前两次产业转移有着明显的不同，其最重要的区别是国际产业转移逐步深入至生产工序层面，不同国家和地区间转移的不再是某一产业或产品，而是某产业或产品中的不同要素密集环节和工序，是产品内分工主导下的产业转移，并在跨国公司全球一体化生产体系内部率先展开，是跨国公司的一种新型全球布局。表现为跨国公司将产品的研发、销售、核心部件生产等工序安排在发达国家，将产品的主要零部件制造工序转移至应用技术方面存在竞争优势的新兴工业化国家，而将辅助零配件制造、组装等工序转移至非熟练劳动力上具有竞争优势的发展中国家。[②] 产品内全球分工使得产品价值链被分解成若干独立环节，不再存在衰退产业或成熟产品，只存在低附加值和高附加值的环节。国际产业转移的分工基础从产品间深化到产品内之后，国际产业转移表现为生产环节的全球转移。跨国公司在全球范围内整合资源，将价值链中的每个环节放到最有利于获得竞争优势的地点，导致国际分工的界限由产品转变为要素。显然，始于

① 张少军、李东方：《全球价值链模式的产业转移：商务成本与学习曲线的视角》，《经济评论》2009 年第 2 期，第 65 ~ 72 页。

② 赵张耀、汪斌：《网络型国际产业转移模式研究》，《中国工业经济》2005 年第 10 期，第 12 ~ 19 页。

20 世纪 80 年代后期的第三次国际产业转移是跨国公司主导下不同国家（或地区）依据自身的成本优势对价值链的不同环节进行重整和承接，本质是产品内全球分工的体现。

2. 区域分工向价值链分工深化

全球经济时代，分工日益细化，国际分工格局也发生着深刻的变化。国际分工格局正在从以不同产业、同一产业内的不同部门、同一产业同一部门内的不同产品之间的分工格局，向同一产业同一部门内的同一产品的价值链不同形成阶段的专业化分工格局转变。从分工的价值链增值特性来看，发达国家更多地占有着技术开发、产品设计、核心零部件的生产，以及品牌和销售渠道等高增值性价值链环节，发展中国家则更多地处于外围零部件生产或组装加工等低增值性价值链环节。不同学者的研究表明，虽然全球分工、全球价值链中各个价值环节在形式上可以看成一个连续的过程，但在经济全球化过程中，随着海外分包网络和海外直接投资等形式的普遍，这一完整的价值链实际上是被一段段的切割开的（片断化），空间上呈离散分布，遍布全球各地，形成全球范围内的“空间分割”。[①] 按照各地资源禀赋参与全球经济活动增值能力的高低排列，各地的比较优势也存在着一种严格的等级体系，区域分工向价值链分工深化。

全球价值链的价值等级体系与全球各地比较优势等级体系相匹配的过程，也是全球价值链各个价值环节在全球垂直分离和空间重构的过程。在这一过程中，当区域比较优势决定了整个价值链条各个环节在全球如何空间配置的时候，区域的比较优势就决定了区域应该在价值链条上的哪个环节和技术层面上倾其所有，以便确保竞

① Garry Gereffi, “International Trade and Industrial Upgrading in the Apparel Commodity Chain”, *Journal of International Economics*, 1999, 1 (48): 37 - 70.

争优势。换言之，在全球化背景下，一国或地区的产业发展战略能否充分利用本地的比较优势将决定其长期绩效。① 由此可以看出，现实世界中同一价值链条上各个地方产业之间之所以存在等级体系，是由价值环节的等级体系所决定的，而且区域分工不断地向价值链分工深化，由价值链环节决定的区域分工等级谱系图越来越细密。笔记本电脑生产的全球区域分工与价值分配体系就是一个典型的案例（见表5－1）。众所周知，笔记本电脑生产是在全球范围内进行生产分工的，在笔记本电脑全球价值链中，系统产品的需求设计与规格整合、高中档芯片的设计加工、物流与供应的统筹管理、自有品牌的市场开拓和营销管理等环节处于价值链的高端，而普通零部件的制造、组装等环节处于价值链的低端。在笔记本电脑生产的全球区域分工与价值分配体系中，占价值比重约五成的价值链高端是发达国家，占价值比重约四成的价值链中端是发达国家与较发达的国家和地区，占价值比重约一成的价值链低端是发展中国家和地区。

表5－1　笔记本电脑生产的全球区域分工与价值分配体系

国家或地区	代表性企业	主要分工	价值比重
美国、日本	微软、英特尔	控制PC市场、主要产品具垄断性	约五成
	戴尔、惠普、东芝等	品牌、市场营销、渠道	
日本、韩国、中国台湾	NEC、日立、东芝、三星、现代、明基	关键零组件、LCD、CRT、DRAM	约四成
	台积电、联电、英业达、神达、大同	ODM/OEM生产制造、全球运	
中国内地、中国台湾	建基、源兴、台达、鸿海、宣得	外壳、鼠标、电池、连接器	约一成

资料来源：参见张纪《产品内国际分工：动因、机制与效应研究》，经济管理出版社，2009。参见曾刚等《上海浦东新区信息化产业集群的升级研究》，《中国产业集群（第二集）》，机械工业出版社，2005。

① 林毅夫、刘明兴：《经济发展战略与中国的工业化》，《经济研究》2004年第7期，第48～58页。

3. 产业转移方向由价值链跨区域重组主导

产品内分工背景下的产业转移，其目的不是为了获得分工本身，而是为了获得更多的价值增值，取得整体竞争优势。随着科学技术的不断进步和经济全球化的不断推进，特别是随着网络信息技术和现代物流技术的迅猛发展，制造业价值链跨区域全球重组更趋广泛，制造业的空间组织形态发生着越来越深刻的变化：不仅生产工序在技术上的可分性越来越强、产品价值链的增值环节越来越多，而且生产工序或价值链环节在空间上的分布越来越具有超越地区与国家范围的倾向。在这种空间组织形态中，可以按照产品的价值链或技术、工艺流程的不同环节将整个生产过程加以拆分，并在全球范围内寻求最为优越的生产区位或寻求最有效的生产制造商，进行专业化生产，从而使制造业的价值链更具全球性空间离散分布的特征。在寻求比较优势和尽可能获取最大经济收益的“内在冲动”作用下，发达国家的厂商往往不再注重于对产品价值链的整体性占有，而是越来越注重于对新产品、新工艺、新装备的设计开发和涉及产品核心技术的关键部位的制造，以及产品的销售等产品价值链中的“高位区”的重点性占有与控制。为了做到这一点，发达国家不仅将在生命周期中处于较后期阶段（例如标准化产品阶段）的产品“整体性”地向其他国家转移，而且力求将某些在生命周期中处于较前期阶段的产品（除某些附加价值最高的、属于关键性核心技术的环节以外），易于进行标准化生产，规模经济效益显著或对生产制造过程中的工资成本比较敏感的生产制造环节尽快向其他国家转移，呈现“头脑”产业与“躯干”产业、品牌经营和加工制造的“产业空间分割”。[①]

① 李海舰、聂辉华：《全球化时代的企业运营：从脑体合一走向脑体分离》，《中国工业经济》2002 年第 12 期，第 5 ~ 14 页。

价值链的全球性空间重组推动了制造业的大规模国际转移。以价值链拆分和产业重组整合为支撑的制造业全球生产体制的形成，使各国通过建立新的国际分工格局，以寻求进一步的比较优势和厂商在不同价值链环节寻求更大的经济收益成为可能。作为价值链上的主导厂商即链主，要么将生产过程进行分解，通过构建自己的全球生产体系将不同生产环节空间分离到不同的国家和地区，并植入当地生产体系，获得各环节的价值创造优势。要么将非核心业务剥离，发包到世界各地具有生产优势的企业，通过全球配套、全球协作，整合全球价值链。这就形成了产品内分工条件下价值链重组主导的产业转移。制造业价值链空间重组有两种主要类型：一是生产者驱动，其行为主体主要是拥有某些关键性核心技术的大型跨国制造业企业，他们处于价值链“微笑曲线”的左上方，如英特尔公司、波音公司和丰田公司等，其主要推动手段是通过跨国投资，在全球范围内建立垂直一体化的产业联系。二是采购者驱动，其行为主体主要是拥有强大品牌优势和销售渠道优势的大型跨国经销商，他们处于价值链“微笑曲线”的右上方，如沃尔玛、耐克、戴尔等，其主要推动手段是通过贸易，通过全球化采购，尤其是“贴牌制造”（OEM），将有关国家众多的制造商纳入以水平一体化为主的产业联系网络之中。这就是说，不管是生产者驱动还是采购者驱动，都是通过价值链跨区域重组来高效利用全球资源，从而主导了新一轮产业转移的方向。

4. 产业转移模式从零散分布转向“集群化”

一个重要的趋势是，推动国际产业转移的社会分工主角，由市场自发力量决定的分工向由跨国公司为主组织的分工和由地区产业集群组织的分工发展，它导致产业间、产品间分工发展到产品内分工，从垂直分工发展到水平分工，这种分工使得新一轮国际产业转移出现了价值链的片断化和空间重组。[①] 这就导致了大区域离散小区域集聚的全球价值链地理分布特征，世界经济体系好比“一串串珍珠”，将颗颗“珍珠”穿起来的条条“金线”就是跨国公司主导的全球价值链，而这颗颗“珍珠”就是地区产业集群。[②] 全球分工与区域片段化的结果，使得产业的地理集聚形成地方产业集群。一方面，大量产业联系密切的企业及相关支撑机构在空间上集聚，并形成强劲、持续的竞争优势，集群就产生了；另一方面，集群内的领先公司逐渐关注于全球价值链的某个或某几个优势环节，而放弃或弱化非核心经济活动，从而带来领先公司竞争力进一步提升，吸引集群内其他企业纷纷跟进和模仿，这样就会出现集群整体产业活动基于全球价值链的垂直分离。整个集群逐渐专注价值链“战略性环节”，弱化或转移非核心业务，嵌入全球价值链，实现了全球价值链下的产业整合。正是各个价值环节的地理集聚特性，很多地方产业集群成了全球价值链条中的一个从属部分。在产品内全球分工背景下，一般的企业更多地只从事某个生产环节甚至只从事某个生产工艺，他们对产业的关联性和本地配套性要求高，企业间的相互依赖性增强，单个企业通常难以生存，产业转移和企业迁移已不再是零散地、小规模地进行，而是倾向于整体地、集群式地展开。这就出现了企业的“抱团”流动，价值链的跨区域重组，产业的“集群式”转移。这种现象，在第二次世界大战以后的前两次产业转移过程中是少见的，因为在产业分工深入到产品内层次之前，单个企业是有独立生存能力的。

---

① 张立建：《两次国际产业转移本质探讨：基于产品生命周期理论视角》，《统计研究》2009 年第 10 期，第 39～46 页。

② 毛加强：《产业集群嵌入全球价值链方式与升级路径》，《现代经济探讨》2008 年第 10 期，第 17～20 页。

三　中国承接国际产业转移历程

自改革开放以来，中国承接国际产业转移的历程大致可以划分为三个阶段，不同阶段具有不同特征（见图5－2）。

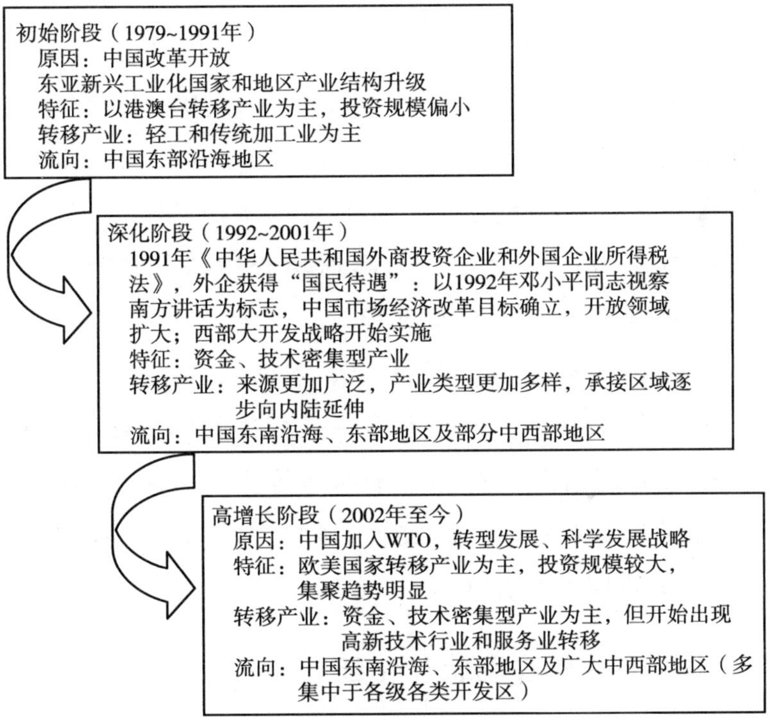

图5－2　我国承接国际产业转移的阶段性特征

资料来源：参见毛广雄《产业集群化转移：世界性规律与中国的趋势》，《世界地理研究》2011年第2期，第98～106页。

第一阶段，1979～1991年，为初级阶段。外国企业开始在中国进行小规模投资、试验性投资阶段，而香港地区大部分玩具、钟表、消费电子、小家电等轻工和轻纺等传统加工业以加工贸易方式开始向东南沿海区域转移。

第二阶段，1992～2001年，为深化阶段。1991年颁布实施的

《中华人民共和国外商投资企业和外国企业所得税法》给予了外企“国民待遇”，加速了国际产业向中国转移的步伐。1992 年邓小平同志视察南方讲话开始确立中国市场经济改革的目标，对外开放的领域进一步扩大，欧洲以及美国、日本、中国台湾、韩国的电子、通信、计算机产业链低端的加工、制造和装配业开始大规模向中国东部沿海地区转移，外商直接投资成为中国引进外资的重点。1996～2001 年，中国每年承接的 FDI 维持在 400 亿～500 亿美元的水平。2000 年，西部大开发战略正式实施，2005 年中部崛起战略实施，东部地区的劳动密集型产业开始向中西部地区转移。

第三阶段，2002 年至今，为高速增长阶段。2001 年，伴随着中国加入世界贸易组织，外商对华投资又进入一个新的发展阶段，欧洲以及美国、日本大力发展的 IT、汽车等主导产业，围绕本国形成跨国公司研发中心、采购中心，其相关的制造业和配套服务业大规模向中国东南沿海、东部、中西部等更广阔的区域转移。在此影响下，中国东南沿海地区形成了一批具有代表性的产业集群，集中了全国 80% 的加工装配工业。

四　中国产业转移现状与特征

区域产业转移是经济发展到一定阶段以后必然出现的现象，产业转移的过程既伴随着传统制造业的改造升级，也伴随着区域经济协调发展的实现，毫无疑问，这个过程将支撑和推进中国经济实施可持续发展战略。从当前情况看，我国各区域良好的产业支撑和制度环境为区域产业转移的发生与发展提供了充足的条件。

首先，区域产业转移是我国整体及各区域产业升级的内在要求。“十二五”规划指出，“要围绕发展现代农业，传统制造业转移和升级、培育和发展新兴产业、提升现代服务业规模和效率 4 条主线，构建下一阶段中国经济的支点”，制造业转移与升级被提升到一个前所未有的战略高度。显然，“十二五”规划中关于4条主线的战略定位不仅是我国区域产业转移强有力的制度保障，更为我国依靠区域产业转移实现产业升级的路径明确了方向。

其次，东部地区经济发展现状为区域产业转移奠定了坚实基础。我国东部沿海地区依托区位优势、劳动力资源等优势因素，抓住了国际产业转移这一难得机遇，取得率先发展。狠抓这一机遇使得这些地区在全球生产要素的优化重组和产业转移中发挥越来越重要的地位，已成为东亚区域产业循环和承接产业梯度转移的核心，并通过日益扩大的国际产业转移规模，成为世界制造中心。一方面，为承接更大规模和更高级别的国际产业转移创造了条件；另一方面，为我国区际产业转移，即该地区向国内其他地区转移和即将发生的第五次产业转移浪潮奠定了坚实的基础。

此外，我国区际产业转移具备较为完善的制度保证。随着《鼓励东部地区向中西部地区进行产业转移》、《深入推进中部崛起战略》、《增加西部大开发投资》、《继续推进西部地区基础设施和生态建设》等促进东、中、西部地区经济互动及有关产业转移政策的纷纷出台，为东部产业向中西部地区无障碍转移扫清了道路，提供了保证。

基于上述分析发现，当前，我国国内大规模区际产业转移具有可行性和必然性，我国已经具备产业转移的坚实基础和发展的潜力，第五次大规模的产业转移浪潮正蓄势待发。具体而言，我国区域产业转移主要呈现如下特征。

首先，区域产业转移的类型以制造业的转移为主，但转移的方式逐步由单个企业向集群化转变。当前，沿海地区的产业结构升级具有客观必然性，因此，中国的区域产业转移在很长一段时间内仍会以劳动密集型产业的转移为主，但是随着产业间分工和产业内分工的深化，区域的发展和企业的壮大日益倾向于依托具有产业关联、动态互补、强竞争力的有机群落，即日益向产业“抱团”转移的方式转变，会选择已有的产业集群，或在转移过程中建立起新的产业集群，获取比较优势的同时寻求成本和集群合作等新的竞争优势。调查也显示，中国有半数以上产业集群的形成和区域产业转移相关（见表5－2）。与此同时，区域产业转移通过辐射带动、促进有效竞争、加速知识扩散和技术共享以及推动产业集群升级等的综合作用成为产业集群发展的重要动力。

表5－2　中国产业集群的发展路径及其与产业转移的关联性

序号	产业集群发展路径	代表性产业集群	是否与产业转移直接相关
1	依靠当地企业家精神发展起来的特色产业集群	温州打火机集群等	否
2	依靠历史传统产业基础形成和发展的产业集群	湖南浏阳市的花炮制造业集群等	否
3	依靠当地资源形成和发展的产业集群	江苏邳州的木材加工业集群等	是
4	依靠外部市场而形成和发展的产业集群	晋江的制鞋集群等	是
5	引进外资，“三来一补”基础上形成的外向型加工业集群	珠三角的电子信息产业集群等	是
6	配套大型企业形成和发展的产业集群	重庆嘉陵摩托车集群等	是
7	在中心城市城区出现的都市型产业集群	都市型工业园区等	否
8	依靠高校资源和科技人员创业自发形成的产业集群	中关村科技园区等	否
9	通过政府规划发展起来的产业集群	工业园和开发区等	是
10	政府民间两种力量混合作用发展起来的产业集群	—	是

资料来源：根据刘世锦主编《中国产业集群发展报告（2007～2008）》整理。

其次，我国区域产业转移的规模越来越大，但流向却受到移出地和承接地等因素的共同影响。在承接国际产业转移过程中，东部沿海地区占据了先机，率先实现了经济的快速发展，但问题随之而来，产业结构的优化升级和区域可持续发展的空间不足，制造业亟待改造和升级，企业的经营成本和环境成本之间日渐升高，种种问题和矛盾的产生促使东部地区加工工业向中西部地区转移，区域产业转移成为必然。相关研究表明，仅广东、上海、浙江、福建四省市在 2010 年前后需要转出的产业产值就达到 14000 亿元左右。

最后，区域产业转移的主导力量开始由政府主导向企业主导转化，但产业转移受距离的影响，随着距离增加而呈现衰减趋势。区域产业转移的主导力量主要有政府主导和市场主导两种。政府主导在区域产业转移的初期会产生一定的影响，但长远来看，区域产业转移主要受不同区域土地、能源、劳动力和生态环境等比较优势因素的影响，市场仍将是区域产业转移发生的关键动力，因此，劳动力密集型和资源密集型产业由东南沿海向中西部地区转移是大势所趋。

第二节　中原经济区承接产业转移的条件、现状与问题

一　河南省及其相似省份竞争力比较

选取与河南省经济发展条件相似，地理位置相近，在承接产业转移方面与河南省存在竞争关系，位于链条中、中下、下游的 7 个省份，通过对经济实力、教育科技实力、资源实力、产业结构与效益、服务基础设施建设、开放程度和政府管理水平七类指标进行相关分析，更加全面地得出河南省在承接产业转移方面的优势与劣势。

1. 经济实力比较

2009年河南省地区生产总值达到19367.28亿元，仅次于广东、江苏、山东、浙江，连续7年保持全国第五，中西部第一。但河南省人均GDP仅列全国第15位，居民人均消费水平、城镇居民可支配收入和农村居民人均纯收入这三项最能反映居民生活水平提高程度的指标也分别在第17～22位。

从表5-3中可以看出，河南省城镇居民年均工资水平相对较低，较低的工资水平有利于吸引劳动密集型产业的转移。同时，河南省人均储蓄存款余额处于相对较低水平，说明GDP较大产值的背后是低工资和低生活水平，购买力相对较低，必然会影响需求。此外，河南省固定资产投资稳居8个省份之首，说明河南省正在引进新设备、改扩建新厂房，不断完善基础设施建设，这些经济活动为承接产业转移提供了良好的硬件准备。

表5-3　经济实力对比

	河南	河北	山西	安徽	江西	湖北	湖南	四川
城镇职工平均工资(元)	29819	31451	33057	33341	28363	31811	29670	32567
固定资产投资额(亿元)	16585.9	15083.35	6063.1	11542.9	8772.3	10262.7	9663.6	13116.7
人均储蓄存款余额(元)	12884.1	15678.4	9223.0	7788.5	6113.2	9798.1	9022.6	13650.8

2. 教育科技实力对比

河南省在教育投入和人才储备方面位列8个省份第一，表明河南省具有良好的教育体系和高素质的人才队伍，但研发投入（R&D）相对不足，与其他7省份存在明显差距，造成研发投入不足的原因可能是河南省劳动密集型产业比重较大（见表5-4）。

表 5－4 教育科技实力对比

省份	R&D 经费投入（亿元）	R&D 经费投入占 GDP 比例（%）	教育事业经费（亿元）	教育经费占财政支出比（%）	大专以上学历人口（人）	大专院校数量（所）
河南	174.76	0.9	586.23	20.17	4006	100
河北	134.84	0.78	456.93	19.46	3233	94
山西	80.86	1.14	289.02	18.51	2198	76
安徽	99.5	1.12	354.76	16.56	2360	103
江西	110.66	1.45	268.24	17.17	2447	95
湖北	213.45	1.65	332.29	15.89	3662	122
湖南	80.55	0.62	395.94	17.91	3254	115
四川	214.5	1.52	601.4	16.75	3844	101

注：该表数据为 2009 年全国人口变动情况抽样调查样本数据，抽样比为 0.837‰。

资料来源：《中国统计年鉴 2010》和 2009 年各省 R&D 资源清查统计公布数据。

3. 资源实力对比

从表 5－5 的数据可以看出，河南省耕地资源禀赋与劳动力人口资源禀赋位于 8 个省份之首，在农产品生产上，河南省是全国产量大省，粮食产量连续十年位居全国第一，经济作物产量也居全国前列，能够为工业生产提供足够、低廉的工业原料，有利于降低工业生产成本。此外，河南省电力资源也相当丰富，可以为工业生产提供良好的保障。

表 5－5 资源实力对比

	河南	河北	山西	安徽	江西	湖北	湖南	四川
耕地面积（万亩）	11882	5986	4559	6375	2829	3099	3238	3978
电力消费量（亿千瓦）	2081.4	2343.8	1267.5	952.3	609.2	1135.1	1010.6	1324.6
劳动力人口（万人）	5948.8	3899.7	1599.6	3689.7	2244.1	3024.5	3907.7	4945.2

4. 产业结构与效益对比

从表 5－6、表 5－7 中可以看出，河南省第二产业产值雄居

8个省份之首，占 GDP 比例达到 56.5%，而第二产业从业人员数却只占 28.2%。一方面，体现了很高的产业效率；另一方面，体现了第二产业就业吸纳力不足。同时，河南省 50% 左右的劳动力仍在第一产业就业，即从事着低效率的农业生产。同时，第三产业发展滞后，三次产业总体结构不合理、发展不平衡。表 5-8 显示，河南省固定资产交付使用率、企业单位数、2009 年工业总产值三项指标均排在首位，体现了河南省有着较高的工业效率和较好的工业基础，也反映了河南经济增长对资本的依赖。

表 5-6　三次产业产值及比重

单位：亿元

	河南	河北	山西	安徽	江西	湖北	湖南	四川
第一产业	2769.1	2207.3	477.59	1495.5	1098.7	1795.9	1969.7	2240.6
第二产业	11011.0	8959.8	3993.8	4905.2	3919.5	6038.1	5687.2	6711.9
第三产业	5700.9	6068.3	2886.9	3662.2	2637.1	5127.1	5402.8	5198.8

表 5-7　三次产业产值比例及就业比例

省份	三次产业就业比例	三次产业产值比例
河南	46.5∶28.2∶25.4	14.2∶56.5∶29.3
河北	38∶31.1∶30.8	12.8∶52∶35.2
山西	39.7∶26.2∶34	6.5∶54.3∶39.2
安徽	42.8∶28.2∶29	14.9∶48.7∶36.4
江西	39.3∶28.3∶32.4	14.4∶51.2∶34.4
湖北	32.7∶26.9∶40.3	13.9∶46.6∶39.6
湖南	48∶20.9∶31.1	15.1∶43.5∶41.4
四川	43.6∶22.4∶33.9	15.8∶47.4∶36.7

资料来源：《中国统计年鉴 2010》。

表 5－8　产业效率对比

省份	固定资产交付使用率（%）	企业单位数（个）	2009 年工业总产值（亿元）
河南	71.4	18105	27708.15
河北	65.3	13096	24062.76
山西	54.0	4023	9249.98
安徽	57.2	14122	13312.59
江西	66.2	7539	9783.96
湖北	65.7	14027	15567.02
湖南	51.9	13311	13507.64
四川	60.7	13267	18071.68

资料来源：《中国统计年鉴 2010》。

5. 服务基础设施对比

河南省地处中原，贯穿东西，横通南北，交通便利，公路、铁路、航空等四通八达的交通运输体系可以为产品运输提供便利的条件，同时制造业固定资产投资水平较高，为承接产业转移奠定了良好的硬件基础（见表 5－9）。

表 5－9　服务基础设施对比

	河南	河北	山西	安徽	江西	湖北	湖南	四川
铁路里程（公里）	4041.7	4837.8	3114.5	2387.1	2566.2	2565.2	2899.1	2999.4
高速公路里程（公里）	4800	3304	1950	2514	3282	3282	1992	2190
制造业固定资产投资（亿元）	5587.1	4979.3	907.6	2999.4	2395.5	2395.5	2309.7	3016.9

资料来源：《中国统计年鉴 2010》。

6. 开放程度对比

表 5－10 中的指标暴露出河南省的一个突出问题，即开放程度

不高，无论是进出口总值、入境旅游者人数还是利用外资额在8个省份中都是比较靠后的，与东南部发达省份的差距则更大。开放程度的相对滞后通常伴随着产业政策的老化以及资源、资金利用的多样化不足等问题，会限制承接产业转移的进行。

表5-10 开放程度对比

	河南	河北	山西	安徽	江西	湖北	湖南	四川
进出口总额(亿美元)	134.4	296.1	85.73	156.4	126.7	172.3	101.5	243.3
接待入境旅游者人数(万人)	88.09	81.76	73.79	106.43	66.47	131.82	120.57	170.87
利用外资额(亿美元)	345.1	516.9	130.8	531.4	712.1	467.2	277.2	463.6
利用内资额(亿元)	12444.3	11218.4	3536.5	7995.5	6291.4	5436.5	6239.3	9454.1

7. 政府管理水平对比

表5-11的数据说明河南省政府在就业管理方面成效显著，失业人员绝对数和失业率都控制在较低的水平。但从表5-12中发现，2009年河南省财政收支出现较大赤字，赤收支比将近40%，在8个省份中处于较高水平，财政管理水平有待提高。

表5-11 失业情况对比

	河南	河北	山西	安徽	江西	湖北	湖南	四川
失业人员(万人)	38.2	35.1	20.4	26.9	26.3	55.7	43.2	34.6
失业率(%)	3.4	3.9	3.6	3.7	3.3	4.2	2.7	4.1

资料来源：《中国统计年鉴2011》。

表5-12 财政收入与支出

单位：亿元

	河南	河北	山西	安徽	江西	湖北	湖南	四川
财政收入	1381.32	1331.85	969.67	1149.40	778.09	1011.23	1081.69	1561.67
财政支出	3416.14	2820.24	1931.36	2587.61	1923.26	2501.40	2702.48	4257.98

二　承接产业转移的特点

1. 利用省外资金规模不断扩大

自2005年，尤其是2009年7月“大招商”战略开展以来，在开放主战略的带动下，抓住有利时机，河南省积极承接东部沿海等发达省市的产业转移项目，取得了丰硕的成果（见表5－13、图5－3）。据统计，“十一五”期间，河南省累计利用省外资金9276.7亿元，年均增速43%。2008年以来省外资金利用增长明显，累计达到6751亿元，超过之前10年的累计利用总额。2009年，河南省以合同形式在承接国内产业转移中利用省外资金4718.6亿元，同比增长40.9%。实际到位资金2201.9亿元，同比增长19.1%，是2005年的4.4倍。签订项目数同比增长25.9%，

表5－13　2005～2009年利用省外资金情况

单位：亿元

	2005年	2006年	2007年	2008年	2009年
合同利用省外资金	1667.2	3413.8	3328.6	4720.1	4718.6
实际到位省外资金	503.46	1003.98	1490.15	1849.31	2201.9

资料来源：根据河南省商务厅网站公布数据整理自制。

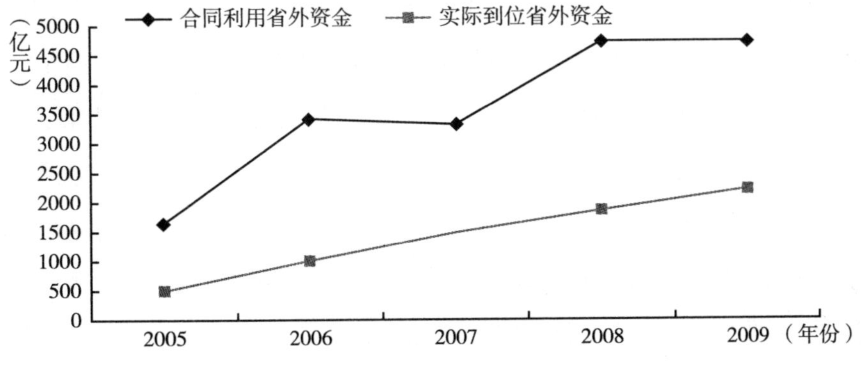

图5－3　2005～2009年利用省外资金情况

资料来源：根据河南省商务厅网站公布数据整理自制。

共4775个，其中亿元以上项目324个。实际利用省外资金约占全省城镇固定资产投资的1/4，有力地拉动了投资增长。2010年前6个月签订各类项目2483个，以合同形式利用省外资金3300亿元，实际到位资金1297.9亿元（见表5-14）。

表5-14　2009年7月至2010年6月河南省利用省外资金情况

时间	合同利用省外资金(亿元)	实际到位省外资金(亿元)	签订项目数(个)
2009年7月	383.4	202.0	411
2009年8月	516.4	220.2	499
2009年9月	678.9	274.5	563
2009年10月	561.8	151.5	441
2009年11月	157.5	141.0	200
2009年12月	200.2	143.6	244
2010年1月	270.6	123.6	228
2010年2月	489.1	225.6	326
2010年3月	500.8	289.1	425
2010年4月	660.3	160.3	461
2010年5月	680.8	238.4	498
2010年6月	698.4	260.9	545

资料来源：根据河南省商务厅网站公布数据整理自制。

2. 利用外商直接投资规模扩大，投资结构优化

2005年，河南省实际利用外商投资额12.29亿美元。2005年以来，河南省利用外商直接投资规模持续快速扩大。河南省“十一五”期间累计利用外资198亿美元，尤其是2008年以来，利用外资148亿美元，比前20年的总和还多。投资形式上，独资企业成为河南省近几年来利用外资的主要方式。2005年新增420家外资企业中外商独资数目为169家，中外合资企业数目212家，合资经营是主要投资形式。而2006年新增的372家外商投资企业中外商独资数为182家，中外合资仅为164家。2008年新增的外商投资企业中外商独资为114家，中外合资为86家。2010年新增的外商投资企业中外商独资为 147 家，占项目总数的 58%，外商独资已成为主要投资形式。投资结构上，近年来河南省外商直接投资主要集中在第二产业，并向优势产业倾斜。2009 年河南省新批的 274 家外商投资企业中，三次产业企业数分别是 17 家、165 家、92 家，分别占新批总数的 6.2%、60.2%、33.6%；三次产业实际利用外资额为 1.69 亿美元、32.73 亿美元、13.56 亿美元，分别占总额的 3.53%、68.22% 和 28.25%。第二产业内部，制造业投资比重大，且制造业利用外资项目逐渐从传统领域扩展到新能源、生物技术等领域。另外，服务业利用外资的领域也逐步拓宽，不只在传统的服务业领域，外资利用获得了持续增长，同时在咨询服务业、金融业也获得了突破性增长，2008 年金融业又新增一家外资企业。

3. 承接项目主要集中于第二产业

河南省是我国的农业大省，多种粮食作物和经济作物产量都名列前茅，同时，第二产业对地区生产总值也发挥着重要贡献，是河南省名副其实的“第一产业”。据统计资料显示，2009 年河南省地区生产总值为 19480.46 亿元，其中第一产业、第二产业、第三产业对地区生产总值的贡献率分别为 14.2%、56.5%、29.3%；第一产业产值为 2769.05 亿元，第二产业产值为 11010.50 亿元（工业产值为 9900.27 亿元；建筑业产值为 1110.23 亿元），第三产业产值为 5700.91 亿元，其中房地产业产值为 622.98 亿元。由此可以预测河南省承接区域产业转移也主要集中于第二产业。

2009 年河南省利用省外资金项目合同金额共计 4718.6 亿元，其中引资排行榜前 8 位分别是房地产业（属第三产业）、化工、冶金建材、电力、采矿、机械电子、轻工纺织、食品加工。以实际到位资金计算，实际到位资金 2201.9 亿元中房地产业达到 440.6 亿元，居首位；化工和冶金建材分别以 310.7 亿元、260.3 亿元排在第二、第三位（见表 5－15 和图 5－4）。

表 5－15　2009 年河南省利用省外资金项目分布

单位：亿元

	房地产业	化工	冶金建材	电力	采矿	轻工纺织	机械电子	食品加工	其他
金额	440. 6	310. 7	260. 3	229. 1	207. 5	155. 9	160. 8	133. 2	303. 8

资料来源：《河南统计年鉴 2010》。

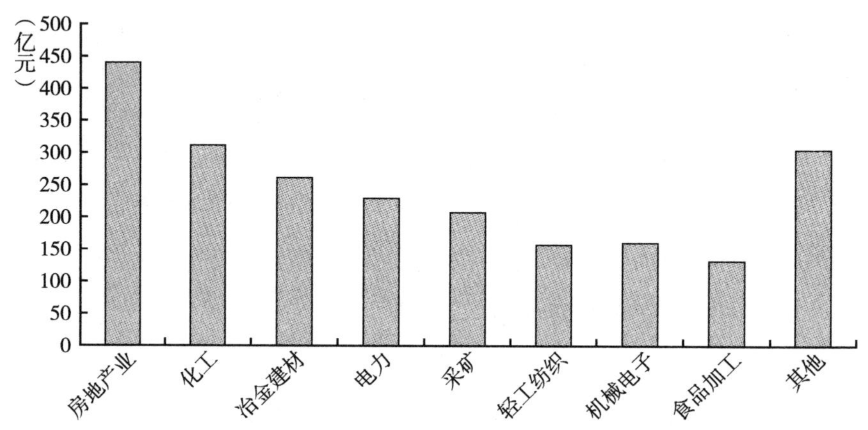

图 5－4　2009 年河南省利用省外资金项目分布

资料来源：《河南统计年鉴 2010》。

4. 资金投向逐步转向优势产业及劳动密集型行业

近年来，河南省省外资金投资主要集中在房地产、能源、冶金、食品加工、石油化工、机械电子等行业，房地产业一直是客商投资青睐的对象。2008 年以来，形势有所转变，轻工纺织、机械电子、冶金、采矿、新能源等行业成为客商投资的热门行业，投资方向正好契合了河南省产业升级。2010 年位居河南省实际到位省外资金前三位的分别是轻工纺织、机械电子、冶金行业，其他依次是采矿行业和新能源行业。可见，转移到河南的企业逐渐向优势产业转化，且目前主要集中在劳动密集型行业，主要原因是这些行业在东部发达地区生产优势逐步丧失，为了降低生产成本，提高产品竞争力，企业进行了外迁，开始向具有劳动力优势和资源优势的中西部地区转移。

5. 资金来源集中在东部沿海地区

不同地区间形成的梯度性差异往往导致产业自相对发达地区转向相对不发达地区，因此，河南省承接产业转移的主要来源也集中于我国相对发达的东部沿海地区，尤其是环渤海、长三角、珠三角三大经济区。“十一五”期间，河南省实际到位省外资金主要集中在北京、浙江、上海、广东、福建、江苏等经济发达地区（见表5－16），这些经济相对发达地区为了当地的产业结构优化和升级，纷纷将传统产业转向中西部地区。2006年浙江省、广东省、北京市分别以155.9亿元、153.5亿元、153.1亿元列河南省实际利用省外资金的前三位，上海市、山东省、江苏省和福建省列第四到七位，七省市合计利用总额为794.9亿元，占河南省当年实际利用省外资金的74.7%。可见，河南省在引进省外资金过程中产业转移特征明显。[①]

表5－16　2007～2009年河南省利用省外资金来源情况

<table>
<tr><th>年份</th><th colspan="6">省份及当年转移资金额度(亿元)</th><th>合计(亿元)</th><th>实际利用省外资金量(亿元)</th><th>占实际利用省外资金量比例(%)</th></tr>
<tr><td rowspan="2">2007</td><td>北京</td><td>浙江</td><td>广东</td><td>江苏</td><td>山东</td><td>上海</td><td rowspan="2">1046.3</td><td rowspan="2">1490.15</td><td rowspan="2">70.2</td></tr>
<tr><td>220.8</td><td>208.6</td><td>189.1</td><td>177.7</td><td>150.9</td><td>99.2</td></tr>
<tr><td rowspan="2">2008</td><td>广东</td><td>北京</td><td>浙江</td><td>江苏</td><td>上海</td><td>福建</td><td rowspan="2">1108.0</td><td rowspan="2">1849.32</td><td rowspan="2">59.9</td></tr>
<tr><td>300.5</td><td>200.9</td><td>200.6</td><td>154.7</td><td>131.7</td><td>120.2</td></tr>
<tr><td rowspan="2">2009</td><td>北京</td><td>福建</td><td>浙江</td><td>江苏</td><td>广东</td><td>山东</td><td rowspan="2">1077.4</td><td rowspan="2">2201.9</td><td rowspan="2">48.9</td></tr>
<tr><td>211.1</td><td>200.7</td><td>179.7</td><td>169.6</td><td>160.5</td><td>155.8</td></tr>
</table>

资料来源：河南省信息中心（http：//www.haic.org.cn）。

① 王静：《河南省承接产业转移的现状和经济效应分析》，《改革与战略》2011年第7期，第160～162页。

6. 承接区域主要分布在中原城市群及其产业带

中原城市群（见图 5－5）即以郑州为中心，洛阳为副中心，按顺时针方向以济源、焦作、新乡、开封、许昌、漯河、平顶山为圆周的 9 个城市，总人口 3950 万，占河南省总人口的 40.3%。2009 年实现地区生产总值 11528.33 亿元，占河南省地区生产总值的 59.2%，居中西部地区第一位，在我国 15 个城市群中综合实力位居第 7 位。2009 年，中原城市群承接省外产业转移项目数为 3343 个，占全省承接项目数的 71.1%，实际利用省外资金 1347.6 亿元，占全省实际利用省外资金额（2201.9 亿元）的 61.2%。其中，郑新许漯产业带引进省外资金 643.1 亿元，占全省实际利用省外资金额的 29.2%；郑汴洛城市工业走廊引进省外资金 592.3 亿元，占全省实际利用省外资金额的 26.9%。

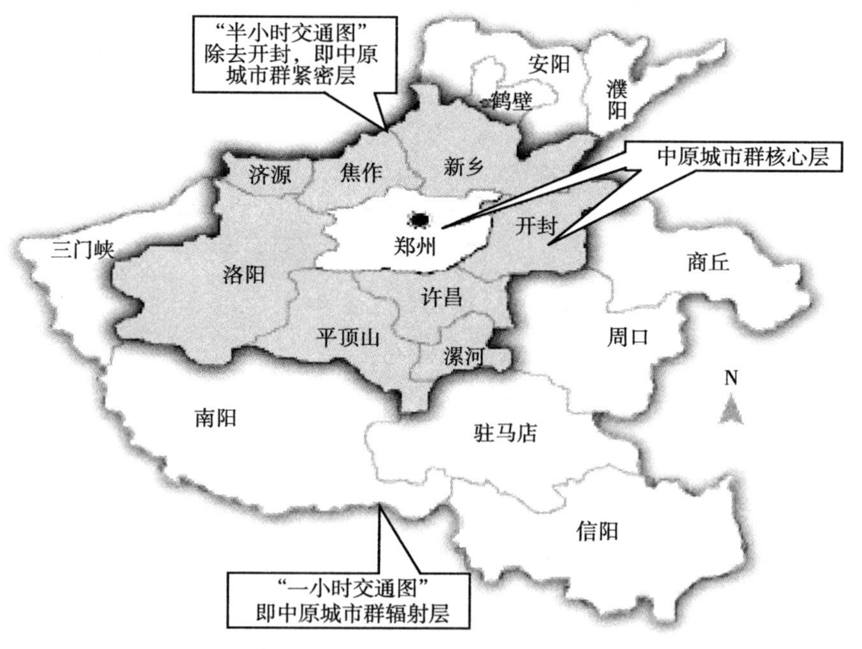

图 5－5　中原城市群

资料来源：引自人民网河南频道（http：//www.hnsc.com.cn）。

中原城市群2009年各市（地）引进省外资金、项目情况如表5－17所示。

表5－17　2009年中原城市群各市承接国内产业转移情况

城　市	实际引进省外资金(亿元)	承接国内产业转移项目数(个)	亿元以上项目(个)
郑州	261.3	587	97
洛阳	182.4	423	86
济源	121.7	322	31
焦作	178.8	307	55
新乡	110.2	311	28
开封	160.7	387	56
许昌	130.5	399	65
漯河	100.8	320	48
平顶山	98.5	287	14

三　承接产业转移存在的问题

1. 体制机制不健全

近年来，河南省积极承接来自东南沿海发达地区的产业转移，通过承接产业转移扩大就业，促进地区经济发展，但是总体上对产业转移的认识不够深入，仍停留在把承接当成增加财政收入的来源和地方政府的绩效考核指标，如何承接产业转移的研究不够，承接项目根植与区域产业的对接上仍缺乏总体规划，有些地区不结合当地实际情况盲目引进转移项目，导致省内各产业集聚区与产业园区承接产业相似或者雷同，引起内部恶性竞争，无法从整体上形成一整套优势产业链，阻碍产业的优化与升级。同时，个别地方政府不恰当的干预产业转移，违背区域实际和经济发展客观规律。例如，通过硬性规定阻碍价格低廉的生产要素进入本地市场，给转入企业带来心理和经济负担，提高其运营成本，最终“吓跑”企业。转出地层面，当地企业转出不可避免地造成利益损失，从而引起当地政府地方保护行为。这些体制与机制上的障碍都会阻碍河南省的产业承接进程。

2. 产业集聚区与工业园区建设用地紧张

在承接区域产业转移方面，河南省政府高度重视，规划兴建了一批产业集聚区和产业园区，取得了阶段性的胜利。但河南省是农业大省、人口大省，农业用地占全省可利用土地面积的36%，人均耕地面积和生活用地也十分紧张，人地矛盾突出。当前，平均一个产业园区的规划面积至少要在30平方公里左右，仅目前的180个产业集聚区的占地面积就接近10000平方公里，预计河南省未来一年的工业项目用地要达到12万亩，总投资4000亿元。按照产业集聚区与产业园区现有发展速度，要妥善处理好耕地面积和工业用地、建设用地的矛盾，保证河南省产量大省地位的同时保障工业化进程速度，土地问题便成为制约河南省产业承接的瓶颈。

3. 综合配套能力不足，本地企业参与程度不高

产业综合配套能力是指本地企业为某一产业提供的零部件供应、基础设施建设、融资、咨询服务等各种服务能力。目前，河南省拥有全国40多个工业大类中的39个，工业门类齐全但层次不高，对于转入产业，当地政府和企业也没有认识到参与的重要性，导致东部转移到河南的企业往往因为在当地寻找不到相关生产服务，或者当地企业所提供的产品达不到要求，进而转向其他市场，实质上是提高了落地企业的相关成本，也抵消了河南省在人力、资源、区位上的优势。

4. 承接产业类型单一，且经济效益水平低

近年来，河南省承接东部沿海发达地区转移来的项目多为加工贸易，即仅仅是在当地进行生产、组装、贴牌生产，之后返销回东部地区或国际市场。转出企业多半为劳动密集型和资源密集型中小型企业，大都是看重了河南省所拥有的自然资源和人力资源优势，这种依托廉价劳动力和资源的企业长期发展下去给河南省带来的经济效益将日益减少，如不进行优化升级会由于缺乏价值链高端的龙头企业而影响河南省经济发展。

5. 投资环境较差

投资环境分为软环境和硬环境，在硬环境上，河南省除拥有绝对的区位、交通、资源、地理环境优势外，在供水、供电、基础设施建设、电信、网络信息渠道建设和工业设施上都与东部地区甚至中西部一些省份有明显差距。在软环境上，河南省在专业人才培养、员工素质培训、政府管理水平与行政效率、地区开放程度和商流与物流效率等方面也存在诸多需要改进的地方。

第三节　中原经济区承接产业转移的匹配选择

一　产业承接类型识别与选择依据

1. 承接产业的类型

研究产业转移和承接理论应从产业演进的动态特征出发，根据产业转移及发展的约束要素、技术关联和产出结构等不同的维度划分类型。要素约束是研究现代经济增长和产业发展理论的基点。产品和产出价值由资源、能源等外生性要素以及劳动力、技术等内生性要素共同投入创造，不同的要素结合方式决定了产业发展的不同边界。产业技术关联决定了该产业的技术效率和绩效水平，既包括商品价值链上游、中游、下游各环节之间的特征，也包括产业结构中主导产业与配套产业间的互动关系。产出结构反映的是该产业最终产出与需求之间的匹配程度。由此，产业转移的内在动力机制可描述为：一定地理空间上产业形态的产品和产出能力是由资源、资本和技术能力等多要素共同决定；产业链条内的竞争表现下游产业对中间品的需求或最终市场对产出的需求，直接关系产业产能和价值实现；一旦某要素的供给出现明显变动，且一定时间内找不到其他要素的有效替代，产业主体则必然在生产过程或环节发生空间区位的移动，移动的方向和目的地则是寻找新区位的要素优势以抵消该要素所带来的不利影响，克服要素变化所带来的生产成本上升等问题。

依据产业演进过程中不同维度上的变动差异，可将产业转移分为五类（见图 5－6）：淘汰型转移、产能型转移、扩张型转移、配套型转移和延伸型转移。

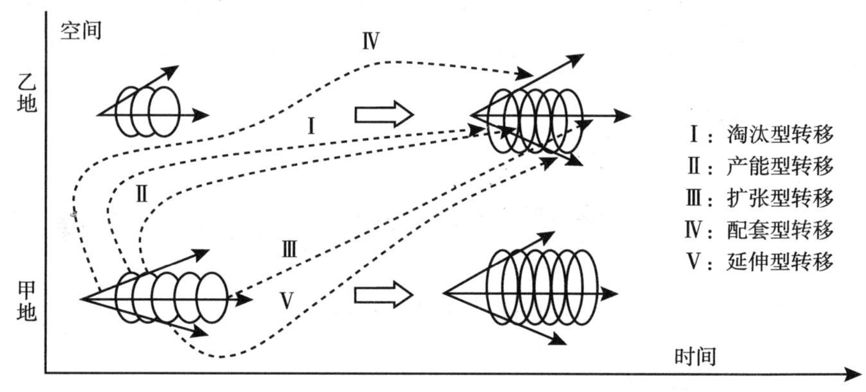

图 5－6　简化后的价值链产业转移类型

淘汰型转移指生产技术发展到一定阶段后，伴随企业的技术更新与改造使淘汰的生产设备向其他地区迁移，以此实现设备价值回收的最大化。因为分工协作较为复杂和技术设备的主导作用，这种转移形式在制造业中最为突出。例如，随着 1978 年市场的逐步开放，我国汽车制造业的设备生产线多是国外同行已经落后和濒临淘汰的。

产能型转移指产业受当地劳动力、土地生产要素供给、产业规制或产业周期等因素的制约，而不得不寻找满足其生产条件的空间。近年来，电解铝等“高耗能”产业向西部水电能源富集区的转移便属此类。

扩张型转移源于某种产品在目标市场上具有扩张前景，产业的投资会带来生产能力或利润的提高，目标是追求新市场和扩大市场力量。此类转移在存在有限市场销售半径的细分产业扩张体现更清晰。例如，水泥业中法国拉法基、德国海德堡以及世界啤酒巨头英博、AB、SAB对我国地方性企业的大规模并购。

配套型转移与主导产业转移相伴发生，主要是主导产业前、后向的配套产业，即伴随主导产业区位空间变动，与之协作配套的产业或生产环节也会追随至相应的生产区位。例如，随着英特尔芯片封装测试生产线在四川成都投产，中芯国际、友尼森和埃森哲等一批相关配套企业落户四川，完善了IC设计、制造和封装的产业链条。此外，配套型转移还出现在价值链上不同功能环节间，包括“买方驱动”和“生产商驱动”两种配套产业转移机制，沃尔玛、宜家和耐克等消费品和零售业中的巨人依靠品牌、市场网络优势和产品设计开发能力，在全球范围内选择生产制造的配套厂商，转移相关制造环节和产业则属于典型的“买方驱动”式配套型转移。后者典型案例是欧洲空中客车和美国波音公司利用核心技术优势和市场垄断地位，将飞机制造中零部件生产和工序外包转移到价值链低端无议价能力的其他地区。

延伸型转移主要发生于服务业领域，在基础设施、服务环境条件等因素上与目的地横向融合，形成更具规模和活力的生产性网络，兼具产品和服务的外延拓展和内涵调整。诸如最初随着制造业转移而进入内地市场的现代物流业、信息咨询业和金融服务业等产业，随着国内市场日渐开放和自我发展，服务对象和服务内容逐步扩大和延伸，成为相应地区的前沿性发展产业。

产业转移的五种不同类型的实现途径和产业形式有着较大的差别。淘汰型转移与地区产业结构的调整紧密相关，产业技术进步、主导产业变更和产业间升级都会引起技术、设备落后的密集型制造业的转移。产能型转移通常高度依赖于资源、能源、生态环境等因素，一旦某要素价格大幅上涨或供给衰竭，产业就会整体撤离。扩张型转移以区域之间梯度性市场需求和技术差距为前提，伴随制造、装配环节向研发设计、市场服务等高附加值环节扩展而发生。配套型转移是比较优势前提下，将零部件和次要生产环节分散到相对适宜地区，在世界或广泛区域范围内形成中间品生产体系。不同于偏重工业或制造业的转移类型，延伸型转移包括生产性和生活性服务业的转移两个方面。生产性服务业转移降低了制造业内部融资、物流、咨询、保险等中间环节的组织成本；消费性服务业转移则更新了消费内容和形式，挖掘百姓对生活服务品的消费潜力，促进当地需求结构的高级化，推进产业结构和就业结构的调整和优化。

2. 承接产业的选择

区分产业转移的类型并不意味着产业承接中完全拒绝淘汰型产业，或者过度推动、扶持配套型或延伸型产业转移。原因在于：第一，某些淘汰型转移产业的技术设备对于发达地区是落后的，但对于欠发达地区则是急需的甚至是先进的；产能型转移有益于提高资源、能源等要素的开发和应用水平，从而激活中部地区的生产潜力；扩张型或配套型产业承接能够填补产业结构中的空白，实现产业规模效应。第二，现实中配套型产业转移总是由主导性产业转移带动的，总是围绕主导性产业区位布局；延伸型产业转移的承接和发展通常受到承接地自身产业构成、市场容量和基础设施等方面的制约，对延伸型和配套性两种产业转移类型的承接不能仅依靠短期政策优惠或主观努力。同时，区域间的差异和市场容量的限制等客观因素决定了中部地区不能简单复制东部地区承接国际产业及外向型经济的经验。产业承接过程中着重考虑以下原则。

依靠自身富集的资源和能源，提高资源开采利用的技术效率及产成品质量，延伸、拓展基础制造业的价值链；依托市场容量和区域经济腹地，深化生产性服务业发展，拓展服务链和供应链；以低碳经济、循环经济、生态经济和体验经济为导向，扶持新能源、新材料等战略性新兴产业部门的发展，配置现代经济部门，提升产业的生产绩效。优化配置有形和无形的资本因素，充分挖掘和激活地区自然、人文资源和地理环境的巨大潜力，在产业承接过程中注重培育新兴产业，利用高科技改造传统产业，带动产业结构优化和升级，最终实现经济发展方式的根本性转变。[①]

结合产业转移的不同类型和区域特点界定产业承接方式的原则和途径。首先，产业承接上坚持“有所为”和“有所不为”的原则，积极引进有助于推动区域经济内生性发展的产业形态。坚决拒绝和摒弃不利于产业结构升级和经济内生式发展的产业类型，杜绝资源、能源粗放使用、危害环境和社会生活的淘汰型和产能型产业；重点引进和扶持关联效应大、能够推动要素和产业升级的扩张型或配套型产业转移类型；中原城市群的9个中心城市应进一步推动延伸型转移产业的承接力度和深度，形成金融、物流和信息咨询等服务业的区域性中心和增长极，拉动河南省产业调整和升级，走内生发展道路。其次，政府机构应完善产业承接、产业根植、产业发展的全程服务。重视产业承接类型的识别和选择，完善转移产业根植、成长和壮大的配套服务与建设；改变管理部门之间职能分立的弊端，制定政府招商引资和产业发展总体规划，形成利于产业承接、落地根植、健康发展和带动相关产业良性发展、循环的制度环境。再次，制定与实施产业发展规划和规制政策，以农业现代化、新型工业化、新型城镇化“三化”协调道路统领区域经济的中长期发展，将产业承接和产业升级作为推动产业结构优化的根本途径。最后，立足于丰富的人力资源，发挥科教作用，提升产业承接中的自主创新能力，推动匹配产业价值链环节的适用技术开发和应用，依靠技术创新升级改造承接的产能型和扩张型转移产业，推动转变产业承接方式。

① 郭元晞、常晓鸣：《产业转移类型与中西部地区产业承接方式转变》，《社会科学研究》2010年第4期，第33~37页。

二 河南省承接产业的选择

虽然河南省具有劳动力供给丰富、劳动力成本低廉、基础设施良好、能源供应充足等优势，仍有必要对承接的产业进行科学量化评估，以便做到合理选择、科学引入，避免盲目承接浪费社会资源。

1. 基于产业梯度系数的产业选择

本书通过产业梯度系数来说明重点行业的选择。产业梯度系数表示某地区产业所处于的层次，依次是高层次、中层次、低层次。产业集中因子和创新因子是影响产业梯度系数的两个因素。后者用取决于本地产业劳动者的技能、生产力转化能力和技术创新能力等与全国平均水平的比较，用比较劳动生产率表示；前者取决于本地产业对资源禀赋的利用程度，技术人员和专业设备的数量等与全国同行业的比较，用区位熵[①]表示，代表专业化生产程度。公式分别为：

$$\text{区位熵} = \frac{\text{本地某一产业增加值占本地 GDP 比重}}{\text{全国相应行业增加值占全国 GDP 比重}} \tag{5-1}$$

$$\text{比较劳动生产率} = \frac{\text{本地某一产业增加值占全国同行业增加值比重}}{\text{本地某一产业从业人员数量占全国同行业从业人员数量比重}} \tag{5-2}$$

$$\text{产业梯度系数} = \text{比较劳动生产率} \times \text{区位熵} \tag{5-3}$$

根据上述公式，结合 2008 年公布的数据和河南省以第二产业为主的承接方式，对河南省第二产业分行业与全国水平进行类比分析，分别计算相应分行业区位商、比较劳动生产率和产业梯度系数（见表 5－18 和图 5－7）。

---

① 分析区位分工优势常用区位熵（location quotient）表示。一般来说当 $LQ > 1$，表示本地某产业专业化程度超过全国平均水平；反之，则低于全国平均水平。

表 5 - 18 河南省 2008 年分行业区位商、比较劳动生产率、产业梯度系数

行　　业	区位熵	比较劳动生产率	产业梯度系数
石油和天然气开采业	0.8012	0.1847	0.14798164
非金属矿采选业	0.0587	1.2664	0.07433768
黑色金属矿采选业	0.1043	0.6727	0.07016261
有色金属矿采选业	0.0583	1.2428	0.07245524
煤炭采选业	0.8091	0.9316	0.75375756
食品加工业	1.3505	0.8543	1.15373215
饮料制造业	0.2628	0.5857	0.15392196
食品制造业	0.2878	0.7272	0.20928816
烟草加工工业	0.0705	0.4824	0.0340092
纺织业	1.4069	0.9264	1.3033521
皮革、毛皮、羽毛及其制品业	0.1708	2.3169	0.39572652
纺织服装、鞋、帽制造业	0.6364	0.9403	0.59840692
木材加工及木、竹、藤、棕、草制品业	0.1432	1.0065	0.1441308
家具制造业	0.1248	0.9876	0.12325248
造纸及纸制业	0.2499	0.9005	0.22503495
印刷业和记录媒介的复制	0.1099	1.0531	0.11573569
文教体育用品制造业	0.1159	1.6386	0.18991374
化学原料及化学制品制造业	0.7613	0.7723	0.58795199
石油加工及炼焦业	0.0775	1.6603	0.12867325
医药制造业	0.3641	0.5864	0.21350824
塑料制品业	0.2481	1.2771	0.31684851
橡胶制品业	0.1232	1.1177	0.13770064
化学纤维制造业	0.1578	0.4672	0.07372416
金属制品业	0.3119	1.2377	0.38603863
非金属矿物制品业	0.6479	1.1161	0.72312119
有色金属冶炼及压延加工业	0.1603	1.4103	0.22607109
黑色金属冶炼及压延加工业	0.6189	0.8033	0.49716237
专用设备制造业	0.4877	0.7797	0.38025969
普通机械制造业	0.7781	0.7893	0.61415433
电气机械及通信设备制造业	0.6432	0.9872	0.63496704
交通运输设备制造业	0.9449	0.6451	0.60955499
电子及通信设备制造业	0.9207	0.8258	0.76031406
仪器仪表及文化、办公用品机械制造业	0.2091	0.7335	0.15337485
工艺品及其他制造业	0.1338	1.6223	0.21706374
废弃资源和废旧材料回收加工业	0.0077	0.9602	0.00739354
水的生产和供应业	0.2027	0.3939	0.07984353
燃气生产和供应业	0.0541	0.4746	0.02567586
电力、蒸汽、热水的生产和供应业	0.6278	0.6962	0.43707436

资料来源：《中国工业经济年鉴 2009》。

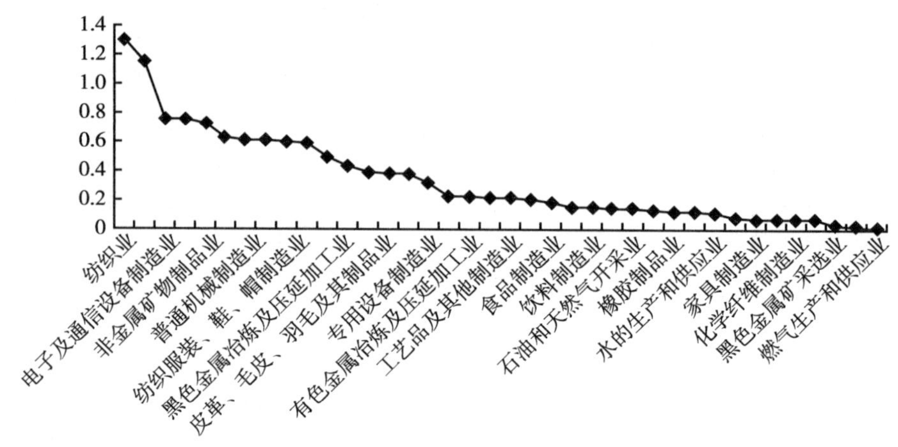

图 5－7　河南省分行业产业梯度系数

从中可以发现，河南省各产业梯度系数整体比较低，只有纺织业、食品加工业超过全国平均值，其他行业在全国同行业中处于比较劣势。河南省的相对优势行业主要集中于纺织服装、食品加工、电子及通信设备制造、装备制造、煤炭采选、金属与非金属制品业、化学原料与化学制品制造业等。

2. 选择承接产业的其他依据

当前，河南省的支柱产业如下：以畜产品、粮食加工、果品为主的食品加工业；煤炭、石油开采及延伸的化学工业；以铝产品制造为主的有色金属工业；以纺织、烟草、造纸为主的轻工业；以输变电及成套设备制造为主的机械工业。自 2009 年 9 月，河南省相继出台了展望“十二五”十大产业调整振兴规划，对装备制造业、汽车产业、有色金属产业、钢铁产业、化工产业、食品加工业、纺织业、轻工业、电子信息产业和生物产业等各类主导产业现状及面临的问题进行了详细分析论证，并确定了十大产业未来几年发展目标和推进方式。

2008 年，梅晓雯与雷欧通过 Weaver-Thomas 模型，运用区域发展理论和产业结构理论对河南省的战略产业进行了选优，认为河南省应该优先发展食品加工业、黑色及有色金属冶炼及加工业、电子设备及通信设备制造业、烟草制品业、电力生产业、交通设备制造业、非金属矿物制品业。[①] 此外，十七届五中全会审议通过了《中共中央关于制定国民经济和社会发展第十二个五年规划建议》，并在9月颁布了《战略性新兴产业发展“十二五”规划》。会议明确了节能环保、新兴信息产业、生物产业、新能源、新能源汽车、高端装备制造业和新材料七大战略性新兴产业作为中国新的经济增长点，国家将给予财政、政策方面的重点扶持。

综合以上国家、省产业政策及学者的相关研究，在产业承接选择上，河南省既要立足现实优势，以传统优势产业、支柱产业为导向，又要立足长远战略，发挥比较优势的同时，抓住国家产业发展动向，培育战略性新兴产业，创造新的经济增长点。因此，综合考虑，河南省应将纺织、食品、电子信息、化工、装备制造、设备制造、电力、有色金属（铝）冶炼与加工、汽车等作为重点承接行业（见表5－19）。

表5－19　河南省承接产业选择对比

选择方向	重点行业
由产业梯度系数得出的优势行业	纺织服装、食品加工、装备制造、煤炭采选、金属与非金属制品业、化学原料与化学制品制造业
河南省目前的五大支柱产业	果品、畜产品、粮食加工为主的食品加工业；以铝产品制造为主的有色金属工业；煤炭，石油开采及延伸的化学工业；以输变电及成套设备制造为主的机械工业；以纺织、烟草、造纸为主的轻工业
河南省“十二五”规划产业	装备制造业、汽车产业、有色金属产业、钢铁产业、化工产业、食品加工业、纺织业、轻工业、电子信息产业、生物产业
外资投向	铝产品加工、食品加工、建材、电力、机械制造、轻纺、房地产、批发零售

① 梅晓雯、雷欧：《中部崛起的战略产业选择》，《南昌航空大学学报》（社科版）2007年第4期，第33～36页。

续表

选择方向	重点行业
Weaver-Thomas 模型所得出的战略产业	食品加工业、黑色及有色金属冶炼及加工业、电子设备及通信设备制造业、烟草制品业、电力生产业、交通设备制造业、非金属矿物制品业
国家"十二五"新兴战略产业规划	节能环保、新兴信息产业、生物产业、高端装备制造、新能源、新材料、新能源汽车
从以上分类得出河南省对承接行业的选择	纺织、食品、化工、装备制造、设备制造、电力、有色金属(铝)冶炼与加工、汽车、电子信息

第六章
创建产业集聚区

——中原经济区产业升级的规模动力

产业集聚区重在“企业（项目）集中布局、产业集群发展、资源集约利用、功能集合构建”，需推动“集中”，突出“关联”，发展“集约”，功能“集合”。应正确理解产业集聚区的科学内涵，充分发挥其培育增长极、促进城镇化、推动自主创新、发展循环经济的功能。本章分析了中原经济区产业集聚区建设在推动工业化、城镇化中的重要作用，指出产业集聚区建设中存在的问题及关键点，依托当前河南省产业集聚区发展规划，提出构建以产业集聚为核心的“三园示范区”建设，促进“三化”协调。

第一节　中原经济区产业集聚区发展现状

一　产业集聚区建设的意义

河南省委、省政府明确提出，产业集聚区是河南构建现代产业、现代城镇与自主创新“三大体系”的载体，实质上是把产业集聚区作为推动河南实现工业化与城镇化、农业现代化的良性互动，实现科学发展的重要政策工具来使用。

作为推动发展的重要政策工具，产业集聚区建设是提高河南省工业化与城镇化水平、实现科学发展的空间载体。当前，河南省有2000万已实现了非农就业但尚未实现真正城镇化的人口。其主要原因在于：首先，农村工业的分散布局不利于就业人口的空间集中，而布局分散作为河南农村工业的一个重要空间特征，制约城镇化水平的提高。村村办工业、村村办企业，村与村、工业企业之间又存在空间差距，企业空间的不集中自然导致就业人口的不集中，这种按照传统农业社会形成的自然村落地域分布必然导致城镇化水平提高缓慢。其次，农村工业的分散布局将制约自身的发展，阻碍工业化进程的推进。而产业竞争优势的重要来源是空间集聚，集聚态是现代产业发展的基本形态。农村工业在各村的分散布局导致基础设施不完善，城镇化水平低，影响人力、财力、物力等一系列产业发展的重要因素集聚优势的形成，使得这些在农村分散布局的企业市场竞争力弱，发展稳定性差，平均寿命较短，企业素质低，可持续发展无从谈起。因此，产业的分散布局、人口的分散居住，影响城镇化水平的提高和消费与投资需求的扩大，制约工业化进程的推进，根本上制约河南经济社会发展。工业化带动城镇化，城镇化促进工业化，实现工业化、城镇化、农业现代化的有机结合，迫切需要产业集聚与人口集中，实现“三化”协调。因此，产业集聚区为工业化、城镇化、农业现代化间的协调搭建了空间载体。

1. 产业集聚区是企业空间集聚的载体

道路、水电气暖、通信等公共基础设施是企业生产、发展的基本条件，工业企业生产必然要求相应的道路、水电气暖、通信等公共基础设施配套。公共基础设施的完备性直接影响企业当前的生产经营成本，影响企业发展所能及的高度。但是，公共基础设施作为公共产品和准公共产品，其建设需要大规模的投资，占用一定量的土地面积。布局分散时，单个企业需要相对独立的投资，进行基础设施建设。但单个企业实力有限必然无力投资建设高水平的基础设施，且投资建成的基础设施具有专用性，利用率不高。相对分散的基础设施势必占用土地，造成土地的浪费。产业集聚区实现企业空间上集中布局、土地集约利用的同时，应提高基础设施建设水平和使用效率。

2. 产业集聚区是关联产业发展的载体

产业集聚区能够使同类、相关产业在空间上集中布局，形成规模优势和集聚优势，提升行业、产业和企业的市场竞争力。同类、相近或相关产业的空间集中，可以扩大产业规模，有利于企业获得原材料采购、产品销售等方面的规模经济。原因在于：首先，原材料采购规模的扩大可以提升议价过程中购买商的话语权，降低原材料采购价格，催生专业化采购服务，总体降低采购成本。其次，销售规模的扩大与市场份额的提高有助于形成本地化交易市场和专业化销售队伍，提升产业的市场知名度，降低销售成本。关联产业的集聚能够带动中间投入部门、形成专门化机械设备、带动相关辅助行业的发展，降低单个企业生产经营成本的同时提升产业的总体竞争力。此外，同类、关联产业的空间集中可以加强企业之间的联系，明确产业内部的分工，提高专业化水平，获取分工经济的好处。同时，促进知识、技术、信息在企业之间的流动，促进企业的交流与合作，培育行业熟练劳动力与技能型人才，提高企业的学习能力、技术水平与创新能力，提升产业的整体素质。所以，产业集聚区的建设可以促进相关产业的空间集中，形成集聚优势，提高企业市场竞争力，壮大产业的发展，提升企业与产业的整体素质。

3. 产业集聚区是人口集中的载体

城镇化是经济社会发展的必然趋势，是人民生活水平提高的重要标志，不改变当前人口在各个自然村落散居的空间状态，城镇化的目标则无法实现。那么，人口集中的关键点是什么？人口的空间集中以非农就业为前提，需要为广大农民创造就业机会，没有就业机会人口则无法集中，即使集中了也只是居住地的空间转移。非农就业机会的创造依靠工业化与城镇化。

农村工业的分散布局是河南省城镇化落后于工业化的重要原因，产业集聚区可以带动关联产业发展，扩大产业规模，势必会增加非农就业机会，同时产业的空间集中必然带来就业的空间集中，就业人口的集中必然实现生活与居住地点集中。通过产业集聚区的发展实现人口的居住方式由分散向集中转变，实现工业化与城镇化的互动发展。相反，企业的发展壮大需要充足的劳动力，劳动力的供给水平制约企业生产能力的扩大。相对于丰富的劳动力总量，河南省大部分人口分散在广袤的自然村落中，劳动力供给能力有限，一些工业相对发达的地方已经出现了劳动力供给不足的问题。所以，工业发展、产业集聚与人口集中是相辅相成的，工业的发展与集中是人口集中的前提；人口集中是劳动力供给增加的前提。产业集聚区以产业集中带动人口集中，人口集中反向促进产业发展和集聚，最终实现产业集聚与人口集中的良性互动。

4. 产业集聚区是第三产业发展的载体

第三产业的发展不是空中楼阁，必须依托工业的发展、人口数量的增加与空间集中等客观经济基础。第二产业是第三产业的基础，第三产业作为生产、生活服务性行业，市场上必须有一定规模的消费人口，有相当规模的服务对象，从而构成有效的市场需求。产业集聚区作为工业集聚和人口集中的载体，必然会带来相应的市场需求，从而成为第三产业发展的基础与动力，由此，产业集聚区建设有助于带动第三产业的发展。另外，第三产业是工业发展的有益补充，工业发展到一定程度后则需要第三产业为其提供支撑，否则会出现成本上升与竞争力下降的状况。原因在于：工业的发展与规模扩大会不断增加劳动力数量，尤其是不断增加高素质的管理与技术人员的需求。如果区域内第三产业发展不足，则不能为劳动者提供便利的生活条件，劳动者生活成本的上升最终会转嫁到企业的生产成本上。更关键的是，服务业的滞后会影响企业吸引高素质管理与技术人才，使高素质人才外流，所以，第三产业滞后会形成企业技术升级和管理转型的人才“瓶颈”，长远看影响企业与产业的发展。综上所述，工业发展、人口集中与第三产业发展之间是相互促进、相互制约、相辅相成的关系，三者在一定空间范围内的相对集中会形成良性互动关系，而产业集聚区恰恰能够为三者的互动、结合提供空间载体。

5. 产业集聚区是城镇化水平提高的载体

城镇化与工业化密切相关，城镇化水平的提高必须以工业化为基础。城镇是经济活动在空间集中所形成的，离开工业化等实体经济的支撑，则城市无法存在。工业的发展与空间集聚促进人口的集中和第三产业的发展，形成城镇化的基础，也是城镇发展的活力所在。相反，城镇化的推进会转变人民的生活方式，扩大消费，为工业和第三产业提供更完备的基础设施和充足的市场需求。产业集聚区则是工业化、城镇化良性互动的载体，产业集聚区建设通过促进产业、人口的空间集中，带动第三产业发展，从而带动城镇化水平的提高，最终实现工业化、城镇化相互促进、协调发展。

综上所述，产业集聚区是产业空间集中与关联发展的载体，也是人口集中、第三产业发展与城镇化水平提高的载体。产业集聚区是河南经济社会转型的关键环节，是实现传统农业社会向现代工业社会转型的关键阶段和空间载体。所以，在河南省工业化、城镇化、农业现代化同步推进的关键时期，省委、省政府提出以产业集聚区为载体，构建现代产业、现代城镇和自主创新“三大体系”，尊重了经济社会发展的客观规律，体现了科学发展观的要求，是实现中原崛起、加快河南经济社会转型的重大战略部署，有着深刻的时代背景和现实意义。①

二 河南产业集聚区现状

在省委、省政府的大力推动下，河南产业集聚园区得到了长足发展，取得了很大成效。在食品加工、机械制造、工艺陶瓷、冶金、纺织服装、化工医药、煤炭、汽车配件等许多行业形成了特色产业集群。如漯河食品加工产业、长垣起重机械产业等，都具有较强的竞争力。在此基础上，2008 年 12 月，河南对全省 312 个产业集聚区进行了规范整合，初步确认了 175 个集聚区的空间布局（见表 6－1）。

表 6－1 河南省产业集聚区的分布、占地面积及主导产业

所在地	集聚区名称	主导产业	规划环评面积（平方公里）
郑州	郑州高新技术产业集聚区（含郑州高新技术产业开发区）	电子信息、光机电一体化、生物医药、新能源	60.3
	郑州经济产业集聚区（含郑州经济技术开发区）	汽车及零部件、装备制造、电子信息铝加工	55.63
	郑州航空港区	食品饮料、仓储物流、生物医药、印刷包装	138
	郑州市白沙产业集聚区	电子信息、新材料、生物医药	29.4
	郑州市官渡产业集聚区	现代商贸、科技研发、创新产业、旅游服务、现代制造、农副产品加工、现代农业示范产业	36.5
	郑州市金岱工业园区	一类工业为主、二类工业为辅	11.42
	郑州国际物流中心园区	金融、服务、物流及咨询	370
	郑州上街装备制造产业集聚区	装备制造业	6.3
	巩义市豫联产业集聚区	铝电联营及铝的精深加工业	12.1

① 宋伟：《河南产业集聚区发展问题探析》，《产业与科技论坛》2010 年第 3 期，第 56～61 页。

续表

所在地	集聚区名称	主导产业	规划环评面积（平方公里）
郑州	巩义市产业集聚区（回郭镇铝加工产业园区）	铝加工	13.3
	河南省新港产业集聚区总体发展规划	电子工业和粮油储运与加工	12.8
	新密市产业集聚区（曲梁服装工业园）	服装	7.6
	登封市产业集聚区（汽车零部件工业园）	铝品加工制造业和装备制造业	9.7
	荥阳市产业集聚区（豫龙工业园区）	现代装备制造业	10
	郑州马寨工业园区	食品加工和食品机械制造	
安阳	安阳高新技术产业集聚区（含安阳高新技术产业园区）	以先进装备制造业、电子信息（含光伏产业）为主导，以物流业为补充	23.88
	林州市产业集聚区	装备制造、汽车零部件加工	33.68
	安阳县产业集聚区	钢铁和焦化产业为主导，以焦化深加工、装备制造、新型建材等产业为支撑	19.53
	滑县产业集聚区	农副食品加工、服装加工为主，辅助产业为光伏高科、机械制造、物流商贸	15
	汤阴县产业集聚区	现代食品产业、医药产业、商贸物流产业和城市服务业	17.2
	内黄县产业集聚区	农副产品加工、机械制造	11
	安阳市产业集聚区	钢铁加工和机械制造为主导，现代物流业为辅助	17.4
	安阳市新东区产业集聚区	现代服务业、现代商贸	7
	安阳市纺织产业集聚区	纺织、服装及纺织轻型装备制造业	9.2

续表

所在地	集聚区名称	主导产业	规划环评面积（平方公里）
开封	汴西新区	食品、机械、汽车零部件	121
	开封精细化工产业集聚区	光伏、精细化工	15.3
	开封经济技术产业集聚区（含开封经济技术开发区黄龙园区）	食品	14.23
	兰考县产业集聚区	机械、食品	14.5
	杞县产业集聚区	农副产品加工、棉纺织服装业	19
	通许县产业集聚区	机电和纺织业	9.4
	尉氏县产业集聚区	纺织业、农副产品加工	7.5、18.8
	开封市边村产业集聚区	重工业	7.93
洛阳	洛阳高新技术产业集聚区（含洛阳国家高新技术产业开发区）	硅电子材料产业、新材料产业	25.3
	洛阳工业产业集聚区（含洛阳工业园区）	先进装备制造业、食品工业、有色金属及新材料产业	20.8
	洛阳经济技术产业集聚区（含洛阳经济开发区）	商贸和物流业	12.9
	洛阳市伊洛产业集聚区	装备制造业和新材料产业	50.1
	洛阳市洛龙科技园区	先进装备制造、硅光电光伏、新材料	21.9
	洛阳市洛新产业集聚区	石油化工产业、化纤纺织产业、精细化工以及新能源和化学新材料产业	13.3
	洛阳市先进制造业集聚区	专用设备制造业、电器机械及器材制造业（重型机械及装配加工）、新兴技术产业、现代服务业	14.9
	洛宁县产业集聚区	轻工制造、农副产品深加工	7.5
	宜阳县产业集聚区	铸造和机械加工为主的重型装备配套产业、硅材料生产产业、精细化工产业和相应的配套产业	12
	新安县产业集聚区	能源铝产业、铝精深加工产业和以镁合金、钛合金等为主的新材料产业	17.8
	栾川县产业集聚区	钼钨深加工产业为主导	5.7

续表

所在地	集聚区名称	主导产业	规划环评面积（平方公里）
洛阳	孟津县华阳产业集聚区	电力能源、化工、光伏材料和机械制造	8.5
	汝阳县产业集聚区	新型建材、特种钢材、煤化工	8.9
	嵩县产业集聚区	饭坡产业园规划以黄金、萤石等本地矿产品精深加工为主导产业，田湖产业园规划以矿山机械设备制造、农产品加工设备制造、旅游商品生产为主导产业	7.7
	伊川县产业集聚区	铝的精深加工产业和服务产业	6
	偃师市产业集聚区	三轮摩托车产业	7.2
平顶山	舞钢市产业集聚区	高新技术为先导，以钢铁产业为主，机械制造、纺织服装为辅	10.9
	汝州市工业集聚区	冶金、铸造、建材产业和煤化工	17.9869
	宝丰县产业集聚区	轻纺、现代制造、物流	7.2
	鲁山县产业集聚区	冶金、建材、轻工和仓储物流	5.79
	郏县产业集聚区	机械制造、医药、物流业	13
	平顶山市石龙产业集聚区	精细化工（煤化工）	5.1
	平顶山高新技术产业集聚区（含平顶山高新技术产业园区）	机电装备、新材料制造	27.38
	叶县产业集聚区规划	盐化工下游产业、农产品加工和摩托车装备制造业	9.79
	平顶山化工产业集聚区	化工	15.88
	平顶山新城区产业集聚区	节能环保新材料的研发制造业，现代服务业为辅	15.65
鹤壁市	浚县产业集聚区	食品、生物医药	9
	金山产业集聚区	镁产业、汽车零部件、光机电	12.4
	鹤壁市鹤淇产业集聚区	光伏产业、先进制造业、食品产业等	25
	鹤壁市宝山循环经济产业集聚区	煤盐化工、金属镁等有色金属、建材等产业	17
	新乡市高新技术产业集聚区（含新乡市高新技术开发区）	电子电器、生物新医药	29.9

续表

所在地	集聚区名称	主导产业	规划环评面积（平方公里）
鹤壁市	新乡工业产业集聚区（含新乡工业园区，小店）	汽车及装备制造、食品加工、环保产业	22.8
	新乡经济技术产业集聚区（含新乡经济开发区）	振动机械工业园以振动机械为先导；龙泉工业园以精细化工、医药、电子、电器为主；小冀工业园以高附加值、低污染一类工业为主	20
新乡	长垣县产业集聚区（含长垣起重工业园区）	起重机械及配件业、防腐、汽车及零部件业	28
	新乡桥北新区	科技中试、现代物流、现代农业	17.6
	国家（新乡）化学与物理电源产业集聚区规划	电源及其延伸产品制造业	7.4
	新乡市新东产业集聚区	现代物流服务业、特色装备制造业	9.4
	原阳县产业集聚区	建设现代化工业新城为目标，规划以发展汽车零部件加工、农副产品深加工	10.5
	获嘉县产业集聚区	煤化工、农机及汽车配件制造	7.95
	封丘县产业集聚区	食品加工业、纺织服装业和生物医药制造业	5.6
	卫辉市产业集聚区	交通运输设备制造业为主，同时发展新型建材、光伏产业	5.8
	延津县产业集聚区	食品加工	5.18
	辉县市产业集聚区	机械装备、汽车及零部件	12.37
焦作	武陟县产业集聚区	食品、造纸、纸制品、装备	16.42
	焦作经济技术产业集聚区（含焦作经济开发区）	装备制造、生物科技、新能源新材料	26.3
	沁阳市沁北产业集聚区	能源化工、有色金属及加工	15.8
	孟州市产业集聚区	汽车零配件为主的机械制造业基地、服装皮革加工业基地、医药化工业基地	11.7
	修武县产业集聚区	食品加工、装备制造业、纺织业	5.56
	博爱县产业集聚区	汽车零部件、装备制造、食品加工	11

续表

所在地	集聚区名称	主导产业	规划环评面积（平方公里）
焦作	焦作循环经济产业集聚区	新能源新材料、装备制造、生物科技	10.67
	温县产业集聚区	汽车零配件、医药、食品、制鞋、农副产品深加工	8.69
	焦作工业产业集聚区（包括万方工业区和焦作西部工业区）	西部工业区：化工、机械制造、汽车零部件，万方工业区：铝工业、医药化工	51.8
濮阳市	濮阳经济技术产业集聚区（含濮阳经济开发区）	化工、装备制造和高新技术产业	18
	濮阳市产业集聚区（含濮阳工业园区）	化工业（包括石油天然气化工、煤化工、盐化工、精细化工）和装备制造业	35.95
	濮阳市濮东产业集聚区	机械装备制造、现代物流业	12.57
	南乐县产业集聚区	食品加工业	6.5
	清丰县产业集聚区	食品加工、家具制造	9.38
	台前县产业集聚区	羽绒及其制品加工	12
	濮阳县产业集聚区	电光源、医用新材料产业为主导，配套发展生活居住、金融商贸、现代物流等现代服务业	7.8
	范县产业集聚区	电光源、医用新材料产业为主导，配套发展生活居住、金融商贸、现代物流等现代服务业	11
许昌市	中原电气谷核心区	电力装备制造	13.9
	长葛市产业集聚区	食品加工、商贸物流、机械制造	14
	鄢陵县产业集聚区	纺织、食品加工	7.34
	河南省（魏都）民营科技园区	轻纺、汽贸物流、机械加工	19
	许昌尚集产业集聚区	发制品、汽车零部件制造、轻纺	8.6
	许昌经济技术产业集聚区（含许昌经济开发区）	发制品、机电装备、烟草机械制造	16
	禹州市经济技术开发区	装备制造、食品加工、医药加工	20
	襄城县产业集聚区	服装制鞋业、一次性卫生用品制造、机电设备制造	13

续表

所在地	集聚区名称	主导产业	规划环评面积（平方公里）
漯河市	漯河经济技术产业集聚区（含漯河经济开发区）	食品加工	24.2
	漯河沙澧产业集聚区	现代商贸物流、冶金阀门和精品纺织	12.59
	漯河东城产业集聚区	机械制造、包装材料、生物医药	4.05
	临颍县产业集聚区	食品加工、服装纺织	16.56
	舞阳县产业集聚区	盐化工	3.23
	漯河松江产业集聚区	食品工业、配套新特包装为依托，以仓储物流为支撑，集生产、生活、物流、科技研发为一体的现代化产业集聚区	8.6
三门峡	义马市煤化工产业集聚区	煤化工及其下游产品	12.48
	灵宝市产业集聚区（含豫灵镇）	以金、铜、铅、锌等有色金属采掘、冶炼和精深加工及硫铁化工	13.83
	陕县产业集聚区	煤化工、盐化工、精细化工	9.88
	卢氏县产业集聚区	金属加工、农副产品加工	3.95
	渑池县产业集聚区	煤化工、铝冶炼及深加工	18.77
	三门峡经济技术产业集聚区（含三门峡经济开发区）	装备制造、医药	10.85
	三门峡产业集聚区	铝精加工、照明、装备	31.73
	西峡县产业集聚区	中药制药、汽车配件、钢铁及冶金辅助材料	
商丘市	夏邑县产业集聚区	纺织服装、装备制造、农副产品加工	10.4
	宁陵县产业集聚区	农副产品加工业、家居产品制造业和金属制品加工	9.7
	睢县产业集聚区	纸制品加工、农副产品加工、特钢产品加工	8.86
	商丘市睢阳产业集聚区	纺织服装、化工	10.54
	永城市产业集聚区	煤化工、铝精深加工和装备制造业	19.04
	豫东综合物流集聚区		10

续表

所在地	集聚区名称	主导产业	规划环评面积（平方公里）
商丘市	商丘经济技术产业集聚区（含商丘市经济开发区）	机电装备制造业、新能源产业、新材料产业	26.86
	梁园产业集聚区	铝材循环加工、农副产品精深加工产业为主导，物流仓储、汽车商贸、医药医械产业为辅助	13.6
	柘城县工业集聚区	轻工业为主，机械制造高新技术产业、农副产品加工、医药制品为特色，服装加工、新材料和物流等为辅助	13.96
	民权县产业集聚区	食品加工业、纺织服装业和五金电子业	10.4
周口市	郸城县产业集聚区	食品加工、医药制造	11.34
	西华县产业集聚区	食品加工	4.6
	周口市川汇产业集聚区	机械制造业、高技术产业	6.5
	商水县产业集聚区	纺织工业	8
	周口经济技术产业集聚区（含周口经济开发区）	农副产品深加工、医药化工、机械制造	34
	鹿邑产业集聚区	尾毛深加工产业、物流业	8.48
	项城市产业集聚区	农副产品精深加工和纺织服装	12.72
	沈丘县产业集聚区	聚酯网、农副产品加工、机械制造业	10.3
	扶沟县产业集聚区	纺织、机械和食品	8.7
	淮阳县产业集聚区	食品加工和塑料加工	10
	太康县产业集聚区	通用制造业、生物医药	8.5
驻马店	驻马店市产业集聚区	煤化工和医药产业	24
	驻马店市装备产业集聚区	机械装备制造、农副产品加工	21
	驻马店经济技术产业集聚区（含经济开发区）	农副产品加工和机械制造	17.82
	上蔡县产业集聚区	轻工、化工、粮食加工	11.11
	正阳县产业集聚区	食品加工、轻纺服装、化工、铸造	11
	新蔡县产业集聚区	农副产品深加工、机械电子制造	11.09
	汝南县产业集聚区	食品加工、装备制造业、纺织业	11.1

续表

所在地	集聚区名称	主导产业	规划环评面积（平方公里）
驻马店	遂平县产业集聚区	食品加工、农副产品	10
	西平县产业集聚区	机械制造业、以电力设备制造为重点，培育食品机械制造业	11.08
	平舆县产业集聚区	重点发展食品工业医药化工工业，辅助发展建筑防水、毛纺绣品，兼顾仓储物流、商港	8.17
	泌阳县产业集聚区	农副食品加工业、石材加工业	12.8
	确山县产业集聚区	建筑材料业、机械电子业	11.6
南阳市	西峡县产业集聚区	中药制药、汽车配件、钢铁及冶金辅助材料	20.2
	社旗县产业集聚区	食品、纺织服装、高新技术产业	12.35
	南召县产业集聚区	柞蚕加工产业和辛夷加工产业	6.83
	邓州市生态产业集聚区	棉纺、食品加工、林板纸一体化	15
	南阳新能源产业集聚区	生物能源、光电光伏、新能源装备	23.81
	新野县产业集聚区	棉纺织	13
	唐河县产业集聚区	机电电子、农副产品加工、新能源	15
	镇平县产业集聚区	针纺织产业、机械电子制造业	16.4
	内乡县产业集聚区	汽车零部件加工、机械加工、食品加工、冶金建材、造纸印刷为一体	11
	方城县产业集聚区	新能源、农副产品加工	13.68
	南阳高新技术产业集聚区（含南阳高新技术产业园区）	机电装备、超硬材料	15.68
	桐柏县产业集聚区	新型化学材料制造业、机械加工、农副产品加工业	7.9
	淅川县产业集聚区	新材料和化学工业、新能源、医药和机械制造	16.7
	南阳光电产业集聚区	光电、仓储、物流	30

续表

所在地	集聚区名称	主导产业	规划环评面积（平方公里）
信阳市	信阳金牛物流产业集聚区	仓储物流业及配套的食品加工业、高新技术产业	9.86
	信阳市平桥产业集聚区	机械装备和新型建材	11.4
	息县产业集聚区	农副产品加工业和相关制造业、商贸物流产业和服务业	9
	潢川县产业集聚区	食品加工	10.6
	潢川经济技术产业集聚区（含潢川经济开发区）	仓储物流业、食品加工、建材业	12.9
	淮滨县产业集聚区	轻工纺织为主，副食品加工为特色	7.9
	商城县产业集聚区	农副产品加工	9
	新县产业集聚区	医药制造业、农副产品加工业	9
	固始县史河湾产业集聚区	竹木加工、食品加工	4.4
	固始县产业集聚区	特色食品加工、轻纺	14.5
	信阳市产业集聚区（信阳工业城）	机电类产品加工为主的装备制造业	37.7
	罗山县产业集聚区	化工和轻工机械	8.5
	信阳明港产业集聚区	冶金下游产品、建材、机械产业、物流房地产	8.68
	上天梯非金属矿精深加工产业集聚区	非金属矿产品的深加工业；以保温砂浆为主的保温建材产业	9.6
	光山县官渡河产业集聚区	羽绒服装加工和以茶业为主的农副产品深加工	9.3
济源市	济源市高新技术产业集聚区	电子电器、新材料	3.99
	济源市玉川产业集聚区	新能源、能源和有色金属深加工	11.58
	济源市虎岭产业集聚区	煤化工、装备制造业	8.1

从数量分布看，这些产业集聚区在河南省内各个城市分布较为均匀，数量基本上与各个城市所辖县（市、区）的数量成比例（见表6－2）。

表 6－2　河南省产业集聚区分布表

地　区	集聚区数量	所辖县(市、区)数量	地　区	集聚区数量	所辖县(市、区)数量
洛阳	17	15	安阳	9	9
信阳	15	10	开封	8	10
郑州	14	12	濮阳	8	6
新乡	13	11	许昌	8	6
南阳	13	13	焦作	7	10
驻马店	12	10	三门峡	7	6
商丘	11	9	漯河	5	5
周口	11	10	鹤壁	4	6
平顶山	10	10	济源	3	1

资料来源：参见夏南凯《产业集聚区的理论与实践》，河南全省产业集聚区建设工作会议材料（郑州），2009 年 6 月 22 日。

从类型分布看，高新技术产业集聚区有 8 个，主要分布在郑州、洛阳、南阳、新乡、安阳等地区，具有明确定位的产业园区有 23 个，其余均为综合型集聚区，占总数的 82% 以上。从级别分布看，这些产业集聚区多以现有各级开发区或各县（市、区）自身的城市工业区为基础，是在现有工业园区的基础上形成的。其中，以国家级开发区为依托的有 4 个，均集中在郑州和洛阳两市；以省级开发区为依托的有 22 个，在各城市均有分布；其余的 85% 以上是市级或县级开发区。①

三　产业集聚区建设存在的问题

与长三角、珠三角、京津冀等发达地区相比，河南省的产业集聚区建设存在发展水平的现实差距，但更重要的是体制落后。市场经济体制的不完备严重制约了生产要素和产品的自由流动，直接影

① 张少雄：《河南省产业集聚区发展研究》，《价值工程》2009 年第 5 期，第 27～28 页。

响集群效应的发挥和市场效率的提高。

1. 国有经济比重较高，制约集聚区内生产要素的合理流动和重新组合

专用设备制造业和非金属矿物制品业是河南的优势产业，围绕这些产业形成的产业集聚区大多由政府通过行政手段、资助形成，依托的是国家资源，国有企业处于主导地位。传统体制导致企业发展的活力、动力不足，对市场经济的适应能力差，生产要素的流动不畅，重新组合阻力较大。形式上集聚区内集中着为数较多的企业，但专业化分工程度相对较低，难以形成规模效应。从这个角度看，不能称其为实际意义上的产业集聚，充其量只能为企业集中区。

2. 集聚区内企业的规模较小，关联程度不高

地方政府通常重点扶持规模较大的企业，而众多规模较小的中小企业却得不到相关支持。由于研发经费和技术力量有限，缺乏自主创新的物质技术手段和高新技术资源，制约了大批中小企业的技术进步和产业升级。与发达地区相比，河南省中小企业发展缓慢，产业集群缺乏活力。此外，因为产业集聚区并非自发集聚起来，大多是在政府引导、支持下建立并发展起来的，导致关联企业较少，缺乏产业链角度的整体设计与科学规划、合理引导，无法发挥产业集群的外部经济、规模经济和范围经济优势，产业聚集效应没有充分体现与发挥。

3. 龙头产业带动力不强

发展较好的产业集聚区一般都有一至两个明显的主导产业，产业关联性较高，带动力较强，能够形成较强的竞争优势。产业集聚区内各企业根据分工，从事产业链中最具竞争力、最具优势的环节，从而加强区域内的整个产业的竞争力。而河南省大部分集聚区的主导产业仍处于起步阶段，如尉氏县的龙头企业带动型产业集群虽然初步形成，但总体上，龙头企业较少，不足以形成整个产业集群的带动力；周口市川汇区产业集聚区内仅仅确立了一两个龙头企业，且其产业规模不大，集中度不高，难以形成较强的市场竞争力，不能带动关联企业的发展。

4. 重复建设现象严重，缺乏统一规划和有效合作

目前，河南省城市及产业发展缺乏整体规划和专项规划，城市规划中非一体化倾向普遍存在，造成各城市产业投资方面存在严重的重复建设现象。部分地方政府和企业缺乏认识和把握新形势下产业发展的规律，对产业集聚概念的认识不够深刻。部分地区在进行产业规划中盲目追求“大而全”，在一个县市相对狭小的区域内，均衡发展三次产业，发展一系列热门产业。中心城市与周边城市之间、周边各城市之间缺乏有效沟通、合理分工与有效协作，导致各自为政、恶性竞争，招商过程中存在倾销性行为。现有体制中还存在着制约要素自由流动的障碍和壁垒。

5. 产业创新不足，整体竞争力较弱

河南省产业发展的层次不高，企业缺乏核心竞争力。一方面，中小企业专业化生产的优势不突出，产业、产品结构不尽合理；另一方面，大企业的研发的能力不强，一味模仿，缺乏自主品牌，产品质量和售后服务有欠缺。从河南省产业集聚区整体发展规划来看，尚未形成合理的产业分工体系，产业结构趋同，自主创新不足，企业的规模经济及城市集聚经济尚有相当大的提升空间。

6. 集聚区内基础设施不健全，服务体系待完善

部分产业集聚区内基础设施建设跟不上经济发展的步伐，由于产业集聚区内基础设施欠缺造成企业不愿进驻集聚区。另外，产业集聚区内金融、营销、广告宣传、法律等服务体系也有待完善，资产评估、法律咨询、物流配送、物业管理等基本的第三方组织服务体系没有到位，给集聚区内的企业带来诸多不便，大大削弱了产业集聚区的吸引力，影响产业聚集效应和集群内产业竞争力的提高。[①]

四 产业集聚区建设的关键点

1. 产业视角

理论上，产业集聚区建设有助于河南省工业化、城镇化的相互促进、协调发展。但是，如果规划不当，可能会出现产业集聚区规划建设后，没有相关产业进驻，从而不能形成集聚优势，达不到预期的效果，甚至可能成为新一轮的“圈占土地”。因此，产业问题是产业集聚区建设、发展最基本、最重要的问题。

（1）产业选择问题。应根据比较优势原则选择产业。结合河南的现实情况，应大力倡导、优先发展劳动密集型产业，适度发展资本、技术密集型产业。

首先，不能笼统地把劳动密集型产业定位为低端、低附加值产业，而忽视它甚至看不起它。高技术、高附加值产业是国民经济的重要组成部分，但比重有限，其发展、壮大需要具备先决条件，不能盲目跟风，当前，河南省大多数的县市还不具备相应的条件。此外，作为资本密集、技术密集、劳动节约型的高技术、高附加值产业，其发展需要具备较高的技术水平、大量的资本投资，且就业吸纳量十分有限。在全国的经济体系中，河南恰恰是资本相对不足、劳动力相对充足的省份，河南的禀赋资源更适合劳动密集型产业的发展。并不是说河南不能发展高技术、高附加值产业，而是应该选择性地在郑州、洛阳等基础条件较好、经济发展较好的城市优先发展，且不可盲目地在大范围发展高技术、高附加值产业。

其次，劳动密集型产业有助于解决河南的就业问题，促进产业

---

① 曹万林：《河南省产业集聚区发展探析》，《商业经济》2010 年第 9 期，第 45 ~46 页。

结构优化升级。据统计，目前需要进行非农就业的河南农村富余劳动力达2000万，但仅仅依靠大项目、大企业来创造就业机会是不够的，还要靠中小企业，特别是劳动密集型企业。如果只瞄准大项目、高附加值产业，而轻视、忽略中小企业与劳动密集型产业的发展，到头来很可能是竹篮打水一场空，丢了小的，也失了大的。相反，通过不断壮大劳动密集型产业解决好2000万农村富余劳动力的非农就业问题，则自然推动了河南的工业化进程。实践证明，东部发达地区的工业化也始于劳动密集型产业，劳动密集型产业三十年的发展积累了充足的资本、技术、企业家队伍和管理人才，从而使得东部发达地区具备了产业升级、经济转型所需的条件，能够发展高技术、高附加值的资本密集型产业。东部发达地区30年来所走的道路正是河南所要借鉴的，不能跨越。河南应遵循比较优势原则，以劳动密集型产业的发展积累资本、技术、人才，之后，逐步实现劳动密集向资本密集型、技术密集型产业的转型与升级。目前，资源类产业占据河南省产业结构的主导地位，数量也占据相当比例，非金属矿物制品、农副产品加工、煤炭开采和洗选、黑色金属冶炼及压延、有色金属冶炼及压延、电力和热力生产供应等六个产业位列河南工业增加值前6位，除了农副产品加工业外，其他5个产业均是资源型的，资源型产业增加值占河南全部工业增加值比重的34.92%。更为严重的是，5大资源型产业中的几乎全部依赖于不可再生资源，严重依赖不可再生资源的发展模式不具可持续性。实践也表明，地区经济的长期、可持续发展不能仅靠资源型产业，资源的枯竭必然导致资源型产业的不可持续。因此，河南应大力发展、逐步加大劳动密集型制造业在整个工业中的比重，降低对资源型产业的依赖，保持河南经济社会长期持续发展。应当前经济社会发展现实状况的需要，完成从资源依赖到劳动力依赖的产业升级。

最后，劳动密集型产业市场广泛。虽然国际金融危机使得劳动密集型产品的出口萎缩，但萎缩只是暂时的，劳动密集型产业依然具有相当的潜力，劳动密集型产品市场不会消失，只是劳动密集型产品产地会变化。受地价上升、劳动力成本上升等因素的影响，东部发达地区发展劳动密集型产业的优势正在逐步丧失，蕴藏着产业转移的新机遇。东部地区的劳动密集型产业需要向资本密集、技术密集升级，将战场转移至内地。东部地区劳动密集型产业失去优势的同时恰恰是河南劳动力丰富的人口大省的机会。河南省应该抓住机遇，通过产业集聚区平台建设承接东部地区劳动密集行业的产业链乃至产业集群。

（2）产业来源。产业来源是产业集聚区起步的关键。没有产业何谈集聚，更谈不上产业集聚区。集聚区内产业产生的途径有两种：一种是“外生”型，即招商引资而来的外来企业的进驻；另一种是“内生”型的，即本地企业的成长。这两种类型的产业各有其优缺点。外生型企业具有规模大、起点高的特点，对地方GDP和财政收入的贡献较大，但难以形成产业链条，后期发展的持续性与稳定性较差。此外，外生植入型企业投资规模大、技术含量高的特点使得本地企业模仿难，对本地创业活动带动作用有限。而且，招商引进来企业很多是市场、原材料两头在外的状态，甚至有的技术与管理团队也在外，属于三头或者四头在外，与本地企业联系不强，本地也较难由此衍生出相关的配套企业。因此，外生型企业不易根植本地，形成产业链条。相比而言，内生型企业也有其优缺点，内生型企业一般起点较低，规模较小，需要经历一个较长甚至漫长的过程，成效慢，对地方GDP与财政收入的贡献相对较小。同东部发达地区相比，河南作为相对落后省份仍然呈现明显的传统农业社会特征，市场需求、基础设施、人力、财力、物力均无优势，创业资本、创业型人才尤为缺乏。因此，本地的内生型企业需要经过相当长的时间才有发展壮大的可能。但内生型产业具有较强的本地根植性，稳定性与持续性好于外生型企业，易于形成本地的产业链条、产业集群。此外，本地创办的企业具有较强的示范作用，取得的成功很容易被周围的人所模仿。这样就会增加创业的信心，带动创业，通过连锁和示范效应促进该产业在当地不断发展壮大，形成完善的产业链条。此外，内生型企业中的相当一部分起步于家庭作坊，自发性强，对外部条件的要求低，生存性强。而且，本地的内生型企业和产业发展到一定程度后，有利于提升本地的知名度、熟练劳动力素质等，优化产业氛围，形成招商引资的优势，形成本地产业与外来产业升级与壮大的良性循环。因此，应当鼓励初始规模小、技术简单、产品简单等内生型产业发展，使之生根发芽，开花结果。使其成功的创业活动形成模仿效应，不断提升规模与档次，最终形成一个较大的产业。这种小企业丛生的工业化模式有利于工业化在较大空间范围内全面铺开，形成整个区域的工业化氛围，造就成千上万的本地企业与企业家，支撑地方经济长久持续发展，同时能够在短时间内吸纳农业劳动者到非农产业中就业，提升整个居民的收入水平，促进经济社会的整体发展。

总之，产业集聚区的产业来源上要两手打算，兼顾现在与未来。一方面，要加大招商引资的力度，采用链式招商、集团招商的方式，积极利用产业区域转移的机会，承接东部地区劳动密集型产业的链条式、集群式转移；另一方面，注重本地企业的成长。虽然本地的小规模创业活动较慢，对财政收入与 GDP 的贡献有限，但其长远效果不可忽视，要积极鼓励、支持其发展。针对内生型企业政策、基础设施要求不高的特点，在不违反国家法律、不造成严重环境污染的条件下，给以它们自由发展的空间。把产业集聚区内外生型企业、内生型企业的发展统一起来。

2. 集聚问题

（1）规划问题。如前文所述，产业集聚区建设能够促进工业化、城镇化良性互动、协调发展，促进河南省从传统农业社会向现代工业社会转型。决定了其建设绝不是一朝一夕所能完成的，是长期工程。产业集聚区的规划就应该立足于长远，确定经济社会发展和生产力的空间布局，强调产业集聚区产业功能和居住服务功能，规划好工业化和城镇化的发展空间。产业集聚区的规划工作中将长远规划与短期规划相结合，明确当前、中期、远期的任务和实施路径，根据实际情况分步、分期实施，要根据产业发展的实际需要逐步落实、提高土地使用效率，成熟一块建成一块，由点到面逐步延伸，防止土地资源的浪费，注重功能配套，充分发挥建成区的效能。当前，河南部分县市工业基础薄弱，经济社会发展相对滞后，其产业集聚区暂时无法承担工业发展、产业集聚、人口集中、第三产业发展、城镇化水平提高等多元化功能，但仍需要立足战略高度对产业集聚区建设进行长远规划。充分发挥地方经济社会发展的优势积累和因果效应，从工业发展起步，形成产业集聚，带动人口集中、第三产业发展、城镇化水平，最终形成综合竞争优势。只有将总体、长期规划与短期规划相结合，根据经济社会发展的实际情况有步骤、分阶段地有序推进，才能防止资源浪费，避免其他不必要的损失，少走弯路，积累优势，实现持续发展。当然，要维护产业集聚区建设过程中规划的权威性和严肃性。规划一经确定，不得随意变更。必须按照规划有序推进，分步实施。

（2）提高土地利用效率。提高土地利用效率，应注重以下几方面。第一，真正树立集约用地的思想，严把规划关。各级领导、生产企业、工作人员在产业集聚区建设中，都必须充分认识河南省省情，摒弃贪大求多的惯性思维，珍惜宝贵的土地资源。河南省人多地少，土地资源异常紧张，但现实中仍然存在浪费土地的现象，产业集聚区规划区内建超大马路、超大广场现象时有发生；部分企业占地要求较高，但厂区非生产用地比重很大，宽打窄用。因此，产业集聚区规划设计之初，就要树立正确的指导思想，根据实际需要确定产业集聚区整体规模，科学规划企业用地、项目用地、交通道路占地、生活及公共设施用地、园区用地，预留发展用地又避免贪大求快，防止园区建成无企业、厂房建好无项目、交通建好无货运，道路建好无客流等资源浪费现象。第二，盘活闲置状态的存量土地。对于建立在原开发区或者工业园区基础上的产业集聚区，应利用园区内存在的、趋于停产倒闭的老企业资源，重新利用土地征而不用或者没有充分利用的新企业用地。加快经营困难而无法继续生产的老企业的破产重组和改制工作，利用闲置的土地建设新项目或重组企业，腾地换企，盘活闲置土地。充分挖掘土地征而不用或者没有充分利用的新企业土地的潜力，将闲置土地用于开发新项目、发展新企业。地方政府应该给予盘活利用、内部挖潜、优化土地占用项目的优惠政策。第三，进行宅基地置换和整理，改造农村“空心村”，增加建设土地供给。理论上讲，工业化与城镇化能够更加集约利用土地，应该增加耕地而不是减少耕地。原因在于土地的产出率，1 亩地如果用于农业生产，可能连一个人都养活不了，但如果用于建工厂，可以解决 10 ~ 100 个人的就业和生活。同样，占地半亩的农村宅基地，只有 3 ~ 5 人居住，而城市半亩地承载 20 人甚至更多人居住。现实却是，随着工业化与城镇化推进，耕地减少，其根本原因就是数以亿计在城市工作和生活的农民工，增加工业与城市用地需求的同时却没有及时腾退耕地和宅基地的需求，导致工业化与城镇化的土地集约效应无法体现。另外，很多在农村有住宅的农民工每年长达 10 ~ 11 个月时间都不在家居住，有的甚至几年都不回家。这些常年空置的住宅，造成许多“空心村”，土地浪费严重。针对这种情况，可以通过“空心村”整治，整理宅基地和村庄土地，实现土地的有效利用，推进已经实现非农就业的农民工城镇化。这就需要在充分尊重农民意愿、严格程序和条件下创新宅基地流转模式，参考我国其他地区的成功经验，允许已经进城或有意愿进入城镇就业的农户以流转、抵押、出租、入股和买卖等形式处置其宅基地，以换取购买城镇住房、自主创业、社会保障的部分资金，实现永久性转移。整理出的宅基地可以复垦为耕地，也可以置换为城镇建设用地。

第二节　“三化”协调条件下产业集聚区建设的新模式

一　“三化”协调的机理、障碍及目标

1. 城镇化、新型工业化、农业现代化协调互动机理

城镇化指农村人口不断向城镇转移、集聚，从而使城镇人口规模与地域规模不断扩大，城镇数量不断增加的社会性、自然性过程。农业现代化是转变传统的依靠经验和手工工具的小农农业耕作方式，代之以现代适用性科学技术、现代农业机械装备、现代管理理念和方法、以规模化经营为基础的现代农业的过程。工业化是指以机器大生产代替手工作坊生产，经济形态由传统农业为主向工业为主，相应就业结构由农业为主向非农产业为主转变的历史过程。“三化”协调指工业化、城镇化、农业现代化“三化”之间形成互相促进、协同发展的良性互动状态，是相对于当前三者间的矛盾、问题、制约而言的。

（1）以城镇化为主线加快农业现代化和工业化。城镇化的过程不断转移农村剩余劳动力，必然导致农村人口比例合理地减少，而农村人口的合理减少是实现土地集中经营、农业规模化、机械

化、产业化的前提，有利于提高劳动生产率，促进农业现代化。城镇化向中原经济区或跨区域性地为工业输出劳动力，为工业生产提供了人力资源保证，同时使各种生产要素由无序、分散状态向规模、集聚态转变，产生区域经济发展的支撑点，为工业、服务业发展提供空间载体和外部环境，支撑新型工业化。同时，城镇化产生市场需求，农村人口向城镇人口转变的过程是形成现实消费需求的过程，经济地理上的集聚和需求层次上的提升，不断刺激产业结构的发展变化，促进工业化。城镇化进程中城镇居民及新进城成员的生活方式会为原农村区域非城镇居民形成一种“示范效应”，非城镇居民产生“追赶效应”，两种效应共同作用一方面加速城镇化自组织、自进化过程，另一方面则带动了工业、服务业的发展。

（2）以新型工业化为突破口带动城镇化和农业现代化。通过发展壮大优势主导产业，积极培育战略性新兴产业，加快推动产业集聚，促进产业结构的优化升级，提高产业关联度，为中原经济区城镇化提供夯实的产业载体。加快发展工业化配套的生产性服务业，兼顾技术密集型和劳动密集型产业发展，发挥河南省人力资源优势，大规模吸纳农村富余劳动力，带动城镇化。通过新型工业化为农业现代化提供农业机械、财力保障等硬件支撑以及农业技术、农业信息化、农业管理等软件支撑，促进农产品加工、运输销售业等产业链条的拓展，带动农业现代化。

（3）以农业现代化为保障推进工业化和城镇化稳步发展。通过加快农业现代化，为城市居民提供更多的高质量食品保障，稳步提升粮食产量，确保粮食安全；为工业发展提供更高品质的原材料，保障了工业发展的基础；通过农业现代化，提高农业的市场化水平，延伸农业产业链条，有效拓展工业、服务业向更高级化发展的空间，从而加快工业化进程；通过农业现代化提高农业生产效率，缩减农业人口，为城市第二、第三产业发展提供劳动力保障；

最终通过农业现代化，缩小城乡差距，为中原经济区工业化和城镇化发展提供稳定环境条件和社会基础。

2. 中原经济区“三化”协调发展的现状及目标

当前，中原经济区发展中还存在着“三化”非协调发展的种种问题及阻碍“三化”协调发展的制度性障碍。

（1）“三化”非协调发展表现。第一，城乡收入差距持续扩大，农村发展落后于城市，农业现代化与工业化、城市化之间不协调。近年来，党和政府采取了“多予、少取、放活”以及农业税减免等多种政策措施，农民收入也有了较大提高，河南省农村居民家庭人均纯收入由1990年的526.95元，提高到2009年的4806.95元，但与城镇居民收入相比，农民收入仍处于较低的水平，且城乡居民收入差距逐年拉大，1990年河南省城乡收入比为2.4∶1，1995年扩大为2.68∶1，2000年扩大为2.82∶1，2005年扩大为3.02∶1，2009年持续高位运行，达到2.99∶1，河南省城乡人均收入比远远高于大多数国家1.5∶1的水平。第二，城镇化水平低，滞后于工业化。2009年河南省工业总产值27708.15亿元，仅次于江苏、山东、广东、浙江、辽宁，居全国第六位，但河南省的城镇化水平远低于全国平均水平，2009年城镇人口比重37.7%，位居东中部最后，仅高于西部地区贵州、云南、西藏、甘肃4个省份，与全国平均水平46.59%相差近10个百分点。河南省城镇化严重滞后于工业化发展要求的现状，成为“三化”协调发展的主要症结所在。第三，农村剩余劳动力转移压力巨大，工业化未能有效支撑城镇化。河南省人多地少，农村劳动力富足，2009年人均耕地面积0.08公顷（约1.2亩），部分地方在0.04公顷以下（约0.6亩），随着农业技术的运用和机械化操作，农村剩余劳动力人数则更多。据河南省农业厅统计，2009年河南省农村富余劳动力3200万人，转移输出2155万人，尚有1045万人待转移输出，加上每年新增的

100 万人，农村转移劳动力压力巨大，工业化发展未能有效吸纳、承载城镇化人口。第四，农业现代化水平低，阻碍城市化、工业化进程。一方面，表现在农产品加工工业发展落后，河南省农产品加工业产值占农业增加值的比例仅为0.9∶1，与发达国家 3.5∶1 的比例相差甚远。农业产业链条短，产业关联度低，农产品深加工发展滞后，导致产业附加值低，比较收益差。另一方面，农业组织化程度低，全省参与产业化组织农民 600 万户，占农村总户数的 30%，尚有超过 2/3 的农户仍然独立于产业化组织外，从事着小农作业高成本、低收入的生产方式，与全国 2010 年 40% 以上农户参与农业产业化经营这一比例①，尚有一定差距。第五，城镇、产业集聚度低，制约"三化"总体协调。当前，河南省农村产业化模式仍以分散化的小规模经营为主，这种格局难以产生规模效益和集聚效应，直接影响了劳动力非农转移和城镇化、工业化进程。

（2）"三化"协调的制度性障碍。城市化、工业化、农业现代化的过程是一个经济社会空间的转化与聚合过程，其核心是劳动力、土地、技术等要素的流动与集聚，但现有的制度成为"三化"协调的主要障碍。

首先，城乡二元户籍制度及社保制度使得城镇化难以与农业现代化协调。自 20 世纪 50 年代末延续至今的户籍制度，把居民人为地划分为"农业户口"和"非农业户口"，改革开放后，我国户籍制度进行了相应调整，但未触及"二元化"割裂的根本。户籍制度及其附加在教育、养老、保险、医疗、住房等基本公共服务上的差异，使得当前农村劳动力转移进入城市，却不能享受城市居民的待遇，处于所谓"半城镇化"状态，难以发挥城镇化对农业现代

① 《我国 1.07 亿农户参与农业产业化经营》，新华网，http：//news.xinhuanet.com/2010-12/20/c_ 12900449.htm，2010-12-20。

化的带动作用。其次，土地制度阻碍农业现代化与城市化的进程。土地资源的配置与利用是城乡关系、工农关系协调的基础。我国农村土地所有权和使用权的分离，所有权归属不明确，使用权流动性差。现行的产权制度，一方面使得农业用地转为城镇非农建设用地的增值收益未能有效补偿农户、改善农业农村建设；另一方面使得农民很难转让、放弃自己所拥有的土地使用权，造成离乡不离土的局面，农业现代化经营受阻。最后，就业制度在城乡居民间的差异性不利于工业化和城镇化的协调。在相当长的时间里，农村劳动力享受不到与城镇职工相同的职业技能培训，农村劳动力就业的一些限制和规定造成就业准入上的不平等。此外，在劳动保障方面，也不能完全享受与城镇职工相同的待遇，出现同工不同酬现象，同时享受的就业服务也不充分。

（3）中原经济区“三化”协调发展的内涵及目标。“三化”协调就是要在正确认识、理顺新兴工业化、城镇化、农业现代化三者关系的基础上，将中原经济区城市与农村、工业与农业发展中出现的粮食安全与工业化推进、城镇化扩张与土地集约利用、农村劳动力转移与农业现代化等问题综合联系，统筹解决，以实现“三化”诸要素、进程的良性互动，协同发展。结合中原经济区实际，以国务院文件为指导原则，“三化”的协调发展应实现以下分目标及总体目标。

农业现代化：严守耕地红线，稳定播种面积，着力提高单产，挖掘秋粮增产潜力，建成全国重要的高产稳产商品粮生产基地，到2020年粮食生产能力稳定达到1300亿斤；向农业深度和广度进军，提高农业比较效益，建成全国优质安全畜产品生产基地，全国重要的油料和果蔬花卉生产基地，创建农业产业化示范基地，培育知名品牌，推进农产品精深加工，发展多种形式的适度规模经营，持续实现农民增收。

新兴工业化：以产业转移为外源动力，以产业创新为内源动力，以产业集聚为规模动力，以产业竞争力提升为目标，以现代产业体系的构建为路径，做大做强高成长性的汽车、电子信息、装备制造、食品、轻工、新型建材等产业，改造提升具有传统优势的化工、有色、钢铁、纺织产业，形成优势主导产业群；以重大科技项目为依托，推动生物医药、生物育种、新材料、新能源、新能源汽车、电动汽车、高端装备、节能环保产业发展，培育战略性新兴产业；发展信息服务、科技服务、创意设计、会展、电子商务、物流、文化、旅游、金融等现代服务业。

城镇化：加快郑汴一体化进程，形成中原经济区城市化核心圈层，提高城市首位度；发挥中原城市群开封、洛阳、平顶山、新乡、焦作、许昌、漯河、济源等紧密圈层以及其他地级市的集聚、带动效应，加速城市化；增强县域发展活力，发挥中小城市、小城镇对转移人口的吸纳作用，城镇企业集聚度达到合理标准。

总体目标：到2020年，粮食生产优势地位稳固提升，基本实现农业现代化；产业结构持续优化，进入工业化中期；城镇化质量和水平稳固提升；工业化、城镇化达到全国平均水平。

二　构建以产业集聚为核心的三园示范区[①]

城镇化、新兴工业化、农业现代化互动的关键是要素的流动与集聚，要素流动与集聚的核心是能动的劳动力要素，结合中原经济区城镇化、农业现代化、工业化发展现状，其核心要素应该是农村劳动力的转移、培训、就业。解决了农村劳动力的转移与就业则同步推进了城镇化，降低了农业人口比例，有利于农业规模化、产业

① 本小节已以学术论文形式公开发表。参见许正中、杨玉珍《中国城市化平稳快速演进的路径探索——创业园、安居园、培训园“三园互动”机制研究》，《城市问题》2011年第1期。

化、现代化，则保证了工业化的人力需求。基于此，提出促进中原经济区农村劳动力非农化转移、推进工业化、城镇化、农业现代化的路径与实践载体，即尝试在城市扩张区、城镇结合区和基础条件好的农村构建创业园、安居园、培训园三位一体的“三园”示范区，采取相应措施，促进人口集中、土地集约、产业集聚，实现“三化”互动。

1. 三园示范区的内涵及其与“三化”的关系

三园示范区是指在城市扩张区、城乡结合区和基础条件好的乡镇、农村尝试构建创业园、培训园、安居园的“三园”，并通过制度安排和政策导向作用，使物流、人流、资金流、信息流、价值流在三园之间流动，构建三园之间的有机融通路径。创业园旨在催化创业与集聚产业，其劳动力要素包括大学生、转移农民、进城农民工，其中大学生掌握理论知识或拥有创意，部分转移农民拥有技能，谋生能力较强，可以通过创办创业园，把大学生的创意和转移农民的技能孵化为新兴产业集群，逐步把城郊或城镇的招商引资场所也集中到创业园附近，形成城市的产业集聚区，推动工业化进程。创业园为新创企业成长与发展营造优良环境，实行“政府管理，市场运作”的方法进行开发、建设和管理，提供一流的公共服务平台、资金平台、信息平台，发挥产业催化功能、创业示范功能和聚集功能。培训园旨在提升中原经济区劳动力素质，发挥人力资源在城市化、工业化进程中的优势。在培训园建设高质量的示范性学校以满足园区内下一代的教育需求，创办中高等职业学校以提升转移农民、农民工的创业、职业技能。充分动员政府、市场和企业的力量，通过不同途径、不同方式，建立转移农民输出培训、当地就业培训、创业培训体系。安居园建设旨在实现规模居住，实现土地的集约利用。借鉴嘉兴的“两分两换”、苏州的“三置换、三集中”、成都的“双放弃、三保障”实践模式，将安居工程的建设与农村宅基地的整理、农业耕地的保护结合起来。在转移农民入住的同时与其签订放弃农村宅基地的继承权或农地承包权，为农业的规模化经营、生产方式的转变、土地集约利用提供可能。一方面，保证转移农民有房可居，保障城市化的稳定有序推进；另一方面，进行土地整理，为农业现代化提供前提。

2. 三园互动模式建立的理论基点和现实基础

创业园、培训园、安居园的建设有其理论基础和现实判断：以创业园优化失业治理，解决就业问题；安居园实现土地集约，提高土地利用率；培训园助推农民向市民转化，匹配产业升级，解决产业结构摩擦性失业。

（1）以创业园优化失业治理。从纵向看，我国的就业政策经历了三次重大改变。改革开放以前，我国长期实行的是高度集中的计划经济体制，与之相适应形成和实施以指令性计划为基础，城乡隔绝并对城镇劳动力统包统配的办法来安排就业。改革开放以后，在整个经济体制改革的背景下，我国的就业制度和就业政策也出现了一次重大的转变。1980 年提出“在国家统筹规划和指导下，实行劳动部门介绍就业、自愿组织起来就业和自谋职业相结合”，即“三结合”的就业方针。随着市场经济的发展和劳动力市场的完善，1998 年前后，我国的就业方针又一次出现了重大转变，即从“三结合”的就业方针转到劳动者自主择业、市场调节就业、政府促进就业的方针。21 世纪，面对全球规模经济向创业型经济的转型，党的十七大提出实施扩大就业，促进以创业带动就业的战略。2008 年，全球金融危机波及我国实体经济，面对外向型企业大量倒闭、农民工返乡潮的到来，以及大学生就业等问题，创业带动就业更加被提上日程，成为缓解就业压力的主要路径。

从失业治理的方法上看，自 1995 年起在全国各地普遍实施的再就业工程以来，总体上成效并不理想，社会再就业率仍然较低、下岗失业职工的存量仍然较大，就业形势依然严峻。究其原因，主要是失业治理的重点存在偏差。主要从强调劳动力储备制度，转变就业观念、开展职业培训、完善劳动力市场体系、健全社会保障制度等供给层面入手。需求层面主要着重分析如何利用宏观经济政策的调整来扩大就业，真正以企业再创业、个人创业来增加劳动力需求的研究和政策建议明显不足，且认识较晚。从目前学者的研究看，周天勇较早提出了大力发展和扶持中小企业，认为中小企业就业容量大，是吸纳就业的主要载体。胡鞍钢也认为，小企业有着创造就业机会的巨大潜力，包括直接创造就业岗位和间接扩大就业需求。本书提出创业园的建设是基于需求方考虑，以创业扩大就业需求，有利于失业治理模式的优化。

（2）以安居园实现土地集约。随着我国城市建设和城市用地的扩张，有关专家担心 18 亿亩耕地红线难以保持。实质上，由于空间集聚、要素集中等性质，城市比农村更能节约土地，城市规模越大，其土地利用程度越高。经调研发现，超大城市、大城市、中小城市、小城镇、农村的土地集约利用程度逐级递减，且递减程度渐增，相应的人口承载能力、经济发展规模、多元复合功能也渐趋减弱。相关数据表明，小城镇人均用地需要 450～550 平方米，而大中城市人均用地为 60～100 平方米，特大城市低于 60 平方米。经对河南省等中部农村地区的调研发现，农村人均占用的土地是特大城市人均用地的 15～20 倍。人口密集的中部地区已是这般，何况人口相对稀少的东北和西部地区。

此外，在“乡土情结、门地、风水观念”的驱动下，农村宅基地占地盲目求大和无序扩张更加剧了土地的减少，表现为部分举家转为城市居民的农村劳动力，或者进城打工已在城市有稳定居所的劳动力，其农村宅基地闲置，形成农村地区的“空心村”或“烂心村”。例如，经调研发现河南省安阳县白壁镇某自然村有 12

户民宅，现只有3户有人居住，且均为老人，青壮年多举家进城或搬迁，但仍保留着宅基地。即使是北京市延庆县空置的宅基地占地也达80亩。据课题组进行的《宅基地换城里房》问卷调查发现，80%的调查者认为，一套90～120平方米的城里住房就可以满足居住的基本要求。当前，中等城市和建制镇住房建设成本最多在2000元左右，因此，安居园建设结合宅基地的置换与腾退，将有利于实现土地的集约利用。

（3）以培训园匹配产业升级。据有关调查资料显示，我国农村劳动力中，接受过短期培训的只占20%，接受过初级职业技术教育或培训的只占3.4%，接受过中等职业技术教育的只占0.13%，而没有接受过技术培训的竟高达76.4%。广大农民只有在掌握较高的文化知识和劳动技能，成为某些专业领域的熟练劳动力，在城市中具备赖以生存、发展的基本能力和技能后，才能成为真正意义上的城市市民。培训将历史性地承担起提高人口素质和劳动实用技能的功能。

此外，据统计，人的一生大概平均需要转换5～7种职业。产业升级与替代造成的结构性失业会在一定程度上增加人们职业转换的频率和人数，增加社会失业率，从而造成社会资源利用的不效率，增加社会运行成本。因此，为因产业升级或产业摩擦带来的职业消失，致使结构性失业的人提供技能培训，促进其职业转换，匹配产业升级，解决产业结构摩擦。

3. 三园互动的内涵、要素及途经研究

作为推进城市化，担负着破解就业压力、促进产业升级、保持社会平稳运行等多种使命的三园应是一个具有复合功能的实体区域，覆盖大学生、转移农民、各级各类教师、中介服务人员、区域管理组织等多元主体。

（1）三园互动的内涵。“三园互动”机制是指在推进城市化进程中尝试构建创业园、培训园、安居园的“三园”，并通过制度安排和政策导向作用，使物流、人流、资金流、信息流、价值流在三园之间流动，架构起三园之间的有机融通路径。创业园旨在催化创业与集聚产业。大学生掌握理论知识或拥有创意，部分转移农民拥有技能，谋生能力较强，可以通过创办创业园，把大学生的创意和转移农民的技能孵化为新兴产业集群，逐步把城郊或城镇的招商引资场所也集中到创业园附近，形成城市的产业集聚区。为创业园新创企业成长与发展的营造优良环境，实行“政府管理，市场运作”的方法进行开发、建设和管理，提供一流的公共服务平台、资金平台、信息平台，发挥产业催化功能、创业示范功能和聚集功能。培训园旨在提升劳动力素质。在培训园建设高质量的示范性学校以满足园区内下一代的教育需求，创办中高等职业学校以提升转移农民的创业、职业技能。充分动员政府、市场和企业的力量，通过不同途径、不同方式，建立转移农民输出培训、当地就业培训、创业培训体系。安居园建设旨在实现规模居住。将安居工程的建设与农村宅基地的整理、农业耕地的保护结合起来。在转移农民入住的同时与其签订放弃农村宅基地的继承权和农地承包权，为农业的规模化经营、生产方式的转变、土地集约提供可能。

（2）三园互动的程度与互动要素。创业园、安居园、培训园之间的互动按程度可以划分为初级互动（开始互动，彼此开始相互影响，如以行政手段要求入住农民参与培训，而后加入新创企业，否则不提供安居房）、中级互动（双方的互动程度逐渐增加，相互促进共同发展，如市场行为下人才、资金、技术、信息等生产要素在三园之间的流动与转移等）和高级互动（互动程度愈来愈强烈，互动时间长且互动相当频繁，包括许多不同种类的互动活动或事件，相互之间的影响力很大，创业与培训相辅相成）。创业园、安居园、培训园按要素可分为知识智力互动、资源互动、科学技术互动、资本互动、信息互动、人才劳动力互动、服务互动、政策互动、经营管理互动等。从空间上讲，三园可以集中也可以分散建立。例如，可考虑将创业园建在开发区，培训园建在大学群或学校集聚区，安居园建在城市郊区，因此，按空间分为就地互动、内外互动、异地互动（针对跨区域生产建设）。

（3）互动途经。互动途经具体表现为三个层面。首先，政策制度互动。可采取用农村宅基地置换安居房的政策，转移农民凡其直系亲属在农村拥有空置宅基地的，必须先腾退才能享受安居房；安居房入住与技能培训证书捆绑，转移农民必须取得技能培训证书后才能享受安居房；采取安居贷款，通过政府授信贷款，促进培养创业意识。其次，交互创业。据统计，一个大学生创业可带动12～16人就业。一方面，大学生实现了创业，可很好地带动技能培训后的农民就业，不断形成联动，解决就业问题。在初期为了鼓励大学生创业带动转移农民就业，可要求园区内新创企业在招收一定数量经培训的农民后，就可享受一定程度的税收减免。另一方面，为保证创业成功率，技能型农民创业须聘请1～2位已创业成功的人作为顾问。以此形成大学生、转移农民之间的交互影响与学习，不断衍生新创企业，提升技能。最后，应采取混合安置途径，融合有利于稳定，群体性孤立易导致动乱。据《宅基地换城里房》调研组问卷调查统计，进城后，72%的农民会听从村委会安排，可以与其他人混居。由此，混合安置以避免本村人居住一起引起不必要的扰动，也便于统一管理，具有可行性。

4. 三园互动系统工程建设

三园互动既是一种机制，也是一个系统运行过程，通过建立和完善政策支持系统、制度保障系统、环境服务系统、文化导向系统等为不同群体营造良好的创业、就业环境。

（1）政策支持系统建设。第一，完善税收、土地优惠政策。

如对大学生、农民的创业投资项目，可使其参照享受引进外资的优惠条件。第二，完善投资激励政策。通过担保、信贷等途径引导转移农民的资金投向城市创业和城市建设，允许有资金的农民承建城市基础设施建设、兴办各类商业网点或开发住宅小区。第三，完善劳务流动促进政策。取消对企业使用转移农民的行政审批，取消对转移农民进城务工就业、经商的限制政策，建立城乡统一的劳动力市场，实现城乡劳动力双向流动。第四，完善贡献奖励政策。建立转移大学生、农民贡献奖，对年生产值或年缴税收达到一定数额或解决一定数量劳动力就业的大学生或转移农民给予物质和名誉奖励；为返乡创业、就业或进城打工、居住的农民解决子女上学问题，使其子女在县城享受与当地居民子女同等的就学待遇，以解除后顾之忧。第五，要完善科技创新鼓励政策。地方政府要建立农民科技创新奖，鼓励转移农民进行自主创新。

（2）制度保障系统建设。一要改革户籍制度。简化农民进城落户的审批手续，取消不合理收费，降低农民进城的门槛。对有固定住所、稳定的职业或生活来源的人员及与其共同生活的直系亲属，均应根据本人意愿办理城市常住户口。二要完善社会保障制度。创造条件加快建立和规范适合农民外出务工就业的社会保险管理办法，对迁入城镇的农民，要统一将其纳入城镇医疗、工伤、就业等社会保障制度体系。三要探索土地流转制度改革。在继续落实农村家庭承包经营的基本政策和稳定土地承包关系的前提下，按照“依法、自愿、有偿”的原则，支持和鼓励外出农民转让承包地使用权。为适应农民进城发展的需要，探索农村宅基地与城镇土地置换的改革，通过对土地的整理提高土地利用率。

（3）环境服务系统建设。第一，构建服务于转移农民创业的行政服务中心，使创业人员进一个“门”便可在法律规定的时间内办好所有手续。第二，构建转移农民权益保护体系和环境，由政府牵头、司法部门及共青团和妇联相互配合，成立“维护转移农民合法权益合议法庭”、“转移农民维权法律援助中心”等，依法帮助其维护自身合法权益。第三，建立健全劳动力市场，建立资源共享、信息互通、城乡对接的劳务供需信息平台，引导农村劳动力有序流动、降低劳务输出成本、加快发展劳务中介组织，引导和鼓励各种经济成分创办劳务输出、输入服务型企业或其他经济组织。

（4）文化导向系统建设。所谓培育文化导向系统，就是要在文化导向上倡导、宣传三个理念。其一是新市民主体论。农民是城市发展的主体之一，农民工是现代城市经济发展的新生产力、新动力和新的创造者。如果说联产承包责任制改革使农民成为承包土地的主体、激发了农民的积极性和创造性，那么，建立创业园平台则为确立农民在城市化进程中的主体地位创造了条件，为激发农民创业打开了大门、奠定了基础，尤其增强了农民的自信，使农民在自尊、自爱、自发和解放自我、发展自我的过程中实现向新市民的转变。其二是新城市建设论。农民的主体性，不仅决定了农民在城市化发展中的新地位，同时也赋予了城市扩张的新内涵，即“新的城市农民建，农民建城转市民”的新城市化内涵和新城市化发展道路。其三是新行政服务论。以建设服务型政府作为政府改革的方向，以社会普遍服务体系全面推进政府功能和组织结构的流程创新。[①]

① 许正中、杨玉珍：《中国城市化平稳快速演进的路径探索——创业园、安居园、培训园“三园互动”机制研究》，《城市问题》2011 年第 1 期。

第七章 产业创新平台

——中原经济区产业升级的路径

产业创新平台（MOP）是指为创新、生产、商务活动提供支持性服务的载体，包括科技研发、产品设计、工程技术、信息服务、工业装备服务、现代物流服务、仓储运输服务、会计服务、广告服务、管理咨询服务、营销服务、市场调查服务、企业金融服务、保险服务、法律服务、人力资源配置、会展、教育培训服务等门类。伴随中原经济区承接产业转移的步伐和产业集聚区的建设，以及产业分工演进的深化，针对产业价值链和产业组织网络进行相关服务具有充分性和必须性，本章创新性地提出以产业创新平台建设，作为中原经济区产业升级的路径，分析了产业创新平台的含义、框架、属性、功能、机制，进一步阐述了中原经济区产业创新平台构成与相关评价指标。①

第一节 产业创新平台的架构与运行机制

一 产业创新平台的含义

平台（Platform）是一种现实或虚拟空间，该空间可以导致或

① 本章产业创新平台的思想由国家行政学院、天津大学兼职教授许正中先生提出，经天津大学高常水、杨玉珍等人梳理、完善，特向许正中、高常水等致谢。

促成双方或多方之间的交流，是一种新兴产业组织形式。20 世纪初，平台作为一个工程概念，是从汽车实现大批量、流水线作业时开始出现的，亨利·福特为提高汽车的舒适性、易使用性、耐用性而在公司内外使用的技术，采用了平台的概念组成说明汽车的各子系统。Meyer 和 Utterback（1993）首次明确提出了产品平台的概念，认为产品平台是一组产品共享的设计与零部件的集合，这组产品是共享一个共同的产品平台，但具有不同的性能与特征，以满足不同用户需求的一系列产品，即产品族。Roberson 和 Urich（1998）认为，产品平台是一个产品系列共享的资产集合，这些资产包括零部件、工艺、知识、人员及联系。实质上，新产品是企业技术和知识在物质上的实现，因而产品平台的研究必然涉及技术平台和知识平台。技术知识平台既是产品平台在技术层面的延伸，又是产品平台的重要支撑；同时，技术知识平台还必须与非技术知识系统相联系，这就需要一个外延更加宽泛的概念——创新平台来概括。创新的有形过程是“生产要素重组”或“物质资源配置”，但更加重要的是无形过程，即“知识获取、流动、整合、创造、贮存和利用”的过程，知识既是技术创新最重要的资源投入，也是最重要的产出。

产业创新平台是指为创新、生产、商务活动提供支持性服务的载体，包括科技研发、产品设计、工程技术、信息服务、工业装备服务、现代物流服务、仓储运输服务、会计服务、广告服务、管理咨询服务、营销服务、市场调查服务、企业金融服务、保险服务、法律服务、人力资源配置、会展、教育培训服务等门类。随着产业系统分工演进的深化，在产业系统中衍生出对整个产业价值链和产业组织网络起绝对引领和控制作用的产业子系统，它们是整个产业系统的灵魂，构成了整个产业系统网络的价值中枢。

产业创新平台是现代社会生产组织方式中分工细化和深化发展

到成熟阶段的结果。分工的细化和深化直接催化了产业创新平台的发展，随着社会生产组织方式分工的细化和深化，生产者之间所交换的中间产品种类和规模必然急剧扩大，因此各种交易成本直线上升，这体现在从事产业创新平台的经济机构和相应的政府部门迅速增长。因此，现代产业创新平台无疑是高知识密集、高智力密集的载体。正因为如此，产业创新平台具有以下三个方面的特征。

1. 对现代产业体系的支撑性

首先，产业创新平台为现代制造业提供有力的支撑。制造业的国际营销网络和生产网络的形成，就是聚集营销人才进行研发产品、产品运输与储存、广告、保险、会计和法律服务等开发市场的过程，在这一过程的每一环节都伴生服务需求。制造业越发达，产业创新平台就越发达；制造业越落后，产业创新平台也越落后。其次，现代制造企业的生产与服务功能日益融合，制造业部门的功能也日趋服务化。制造业高度发展呈现服务化的新趋向，主要表现为：该制造业部门的核心产品是为了提供某种服务而生产的。最后，金融、物流等现代服务业与制造业紧密结合。金融、物流等现代服务业与制造业紧密结合构成了产业集聚的服务支持体系，推动了产业集聚的健康发展，并将在提升产业竞争力方面发挥更大的作用。

2. 与社会生产系统的产业高度关联性

产业创新平台的服务方式呈现虚拟化、网络化的趋势。信息技术的发展使 MOP 的虚拟化、网络化成为可能，这种服务方式也日益凸显其优越性，促进企业智能化水平明显提高。在一个虚拟化的框架之中，高效地整合或疏散传统上认为的内力和外力资源，并让这些相关联的结构性要素发挥市场价值，充分体现企业的现有优势，即产业创新平台贯穿于生产、流通、分配、消费等社会再生产环节之中。随着经济的发展，企业的金融、信息、会计、法律、技术开发、产品营销等，逐渐从企业内部分离出来，在社会上成为独立的为生产性服务的机构。这些生产性服务机构在产业创新平台集中起来，产业创新平台通过这些服务机构来为工商业服务。

3. 人力资本与知识资本的传送载体

作为人力资本与知识资本传送载体是产业创新平台的一个重要特性。人力资本和知识资本进入社会生产过程绝大部分是通过高技术人力以及科学与技术知识的主要使用者的那些厂商。产业创新平台的发展不仅影响了区域的经济结构和空间结构，而且促进了区域功能的转型与优化，促进了区域经济的可持续发展。产业创新平台促进信息共享、技术创新与产业集聚，并形成新的经济增长点，引导区域经济发展与空间结构优化。产业创新平台不仅能吸引更多的高技能人员的流入，而且也为产业创新平台的进一步发展提供了人才资源。

知识成为最具战略性的资源，MOP 作为新经济时代最重要的产业组织形式，仅仅在最近几年才得到国外学者的重视，包括产业创新平台的概念、意义、层次、机制、功能特点及其构建。从现有文献资料来看，产业创新平台这个“黑箱”一直没有被打开。企业是技术创新的主体，又是区域或产业乃至国家层面创新的微观基础，因此，探讨产业创新平台问题具有重要的理论意义与实践价值。

二　产业创新平台的框架

产业创新平台的主体可以分为四个层次：公共决策模块、支撑平台模块、创新要素模块、产业环境模块。中国产业创新平台框架如图 7－1 所示。

公共决策模块通过引导、激励、保护和协调等方式影响着企业创新的整个过程。首先，在产业创新平台形成中起到积极的引导作用，公共决策模块对引导创新网络中基础科技部门产生决定性的作

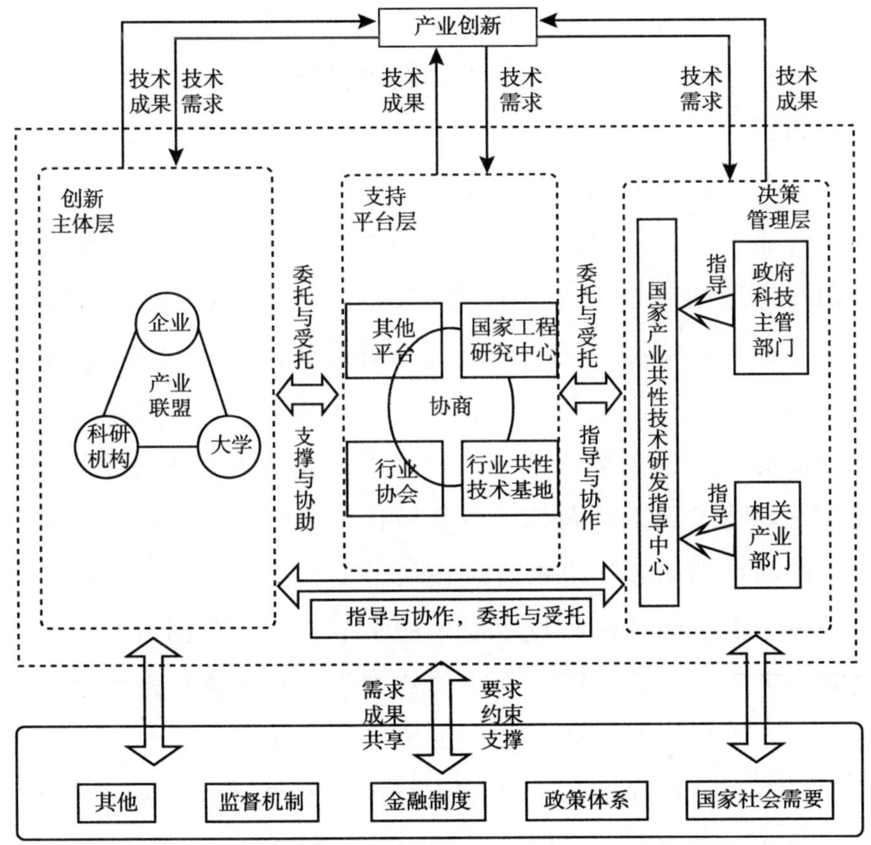

图 7－1　产业创新平台体系框架

用。其次，公共决策模块在产业政策、区域产业安排上起到指引作用，同时影响创业中心、科技孵化器等的发展，它既影响区域产业创新平台的类型，又会影响产业创新平台运行。最后，公共决策模块引导支撑平台模块与创新要素模块。

支撑平台模块的组织包括创业中心、科技孵化器、国家工程研究中心等在中国现行体制中已有或曾经存在过的机构，以及其他平台和行业协会。它们根据公共决策模块的任务或项目，以及市场的实际状况培育产业，并把研究成果产业化。第一，具有穿针引线功能，在创新要素间起到铺路架桥，降低交易成本和实现协同创新功能。第二，具有协调重组功能，促进创新扩散与技术合作。第三，具有咨询服务功能，为企业技术创新提供策划、知识、营销、财务等管理知识。

创新要素模块的组织包括企业、科研机构、大学及其组成的共性技术产业联盟。其中，企业尤其是创新要素层的主要力量，它们进行创新活动同时在某个行业占据统治地位。以企业的需求为核心，汇集各方的资源共同完成技术创新活动，而由于企业在平台中的主导地位，产业化才存在可能。大学和科研院所作为产业创新平台中的重要成员，在平台中的作用逐渐凸显，从单纯地传播知识、研究开发新技术成果转向技术成果转让、中试、产业化、创业以及管理咨询和培训服务。决策管理模块、支撑平台模块和创新要素模块通过技术需求的挖掘和技术成果的扩散，在产业创新的过程中彼此之间产生委托关系。同时，决策管理模块与支撑平台模块、创新主体存在着指导与合作的关系，支撑平台模块内部存在着协作的关系，支撑平台模块和创新主体模块存在着支撑与协助的关系。

产业环境模块包括国家社会需求、法律体系、政策体系、金融机构、监督机构等共同构成了产业创新平台，它们也是产业创新平台的重要组成部分。例如，产业创新平台中金融机构对技术创新起着资金支持的作用，并且随着产业环境模块的完善，这些制度和机制还可能为企业管理、经营等提供指导。

产业创新平台中各主体之间、各主体与环境之间的交互联系是产业创新平台的基础，将之组织起来的具体模式直接影响着产业创新平台的效率。因此，研究产业创新平台的运行机理和运行模式有着重要的意义。①

① Lucas, R. E., "On the Mechanism of Economic Development", *Journal of Monetary Economics*, 1988, 22 (7): 24-29.

三　产业创新平台的属性

1. 平台是政策激励体系

政府遵循产业发展的经济规律，通过建立适合先导产业集群以财政支助、税收激励、人力资源开发、融资机制等为主要内容的一系列政策，影响产业网络的发展与演进，提升平台绩效，为平台资源的富集创造环境、投入诱发性的力量、科学引导需求、适时调整政策，建设功能完善的基础设施、提供廉洁高效的政府服务、开辟融资畅通的投资渠道。为平台发展提供必要的引导和良好的环境，一方面，通过改善交通、通信、能源、网络等基础设施来营造产业网络发展的硬环境；另一方面，建设良好的市场环境、政策环境、制度环境、人才环境、文化氛围等软环境，健全信用机制，降低平台行为主体的交易成本，增强社会资本积累能力。

2. 平台是生产性服务体系

构建有效的产业创新平台运行机制，应根据区域先导产业集群发展的实际情况，建设产业创新平台，充分发挥区域的人才、资源优势，制定切合实际的政策、规划。按照现代企业制度原则建立产业创新平台内部的管理模式，融入现代管理理论，解决产业创新平台的动力机制和激励机制；加大资金投入力度，吸收风险资本，不断提升服务质量和层次，推动企业以最快的速度成长。这是产业创新平台功能有效发挥的保证，也是理顺政府和产业创新平台关系的基础。要完善产业创新平台市场化运作机制，最重要的一点是产业创新平台投资和建设主体要多元化，鼓励各种力量参与，并在制度上保障他们的合法利益，使得产业创新平台真正进入市场；产业创新平台由具有企业管理经验的管理者经营。健全产业创新平台内部激励和监督机制，应积极创造条件吸引和留住人才。

3. 平台是开放型网络体系

构建开放型的产业创新平台，为先导产业集群营造一个宽松、和谐的发展环境。通过正式与非正式沟通渠道树立优秀的企业品牌形象，建立起相互的高度信任和合作规范，促进企业技术创新的价值实现。中介服务功能要多元化、整体化，加强资信评估、资金担保等中介机构的力量，提供从技术评估、技术选择、技术交易、投资评估、投资担保到项目管理的整个过程服务。通过与企业、科研机构、国家重点实验室建立稳定的合作网络，向创业企业提供研发活动所需设备和技术，这将大大降低技术创新风险，极大提高技术创新的有效性，缩短项目的开发周期，同时还有利于促进企业自主创新能力的提升。

4. 平台是创新创业文化体系

产业创新平台弘扬鼓励冒险、勇于创业、宽容失败的企业家精神。弘扬成败论英雄的价值判断标准，激发创新精神和创业致富的欲望，提倡通过创业实现人生价值。培育坚韧不拔、思想活跃的创新文化，鼓励不甘失败、不畏艰险、勇于尝试的创新精神，形成崇尚创新的良好风气。提倡“冒险求变，勇于竞争”的进取精神，开创从前没有的事业。增强竞争与合作意识，树立重视协作、合作共赢的协同意识，尊重科学、重视技术、公平竞争、注重合作。促进文化的开放和包容，形成海纳百川的开放胸怀，倡导开放思维与流动意识，实现从静态封闭向动态开放转变，使产业创新平台成为创新创业要素网络沟通交流的平台，促进资源合理配置与创业活动顺利实现。

四　产业创新平台的功能

1. 资源集成功能

资源是企业生存和发展所不可缺少的，一定的社会经济环境，包括企业外部和内部的环境为企业提供了丰富的可选择资源，如原材料、配件、设备、技术、人力、资本以及运输工具、仓库和销售渠道等。产业创新平台是企业及社会组织之间的跨边界的资源整合过程所形成的以各种经济性连接为纽带的分工协作系统。从组织资源的角度来看，产业创新平台汇集了企业的资源，要利用和整合这些资源，达到组织和网络的目标。产业创新平台资源集成就是将平台中不同的伙伴组织的有形和无形的资源进行整合，加以协调利用，使资源在这个产业创新平台中合理配置、物尽其用，获得资源利用的协同效应（见图 7 -2）。

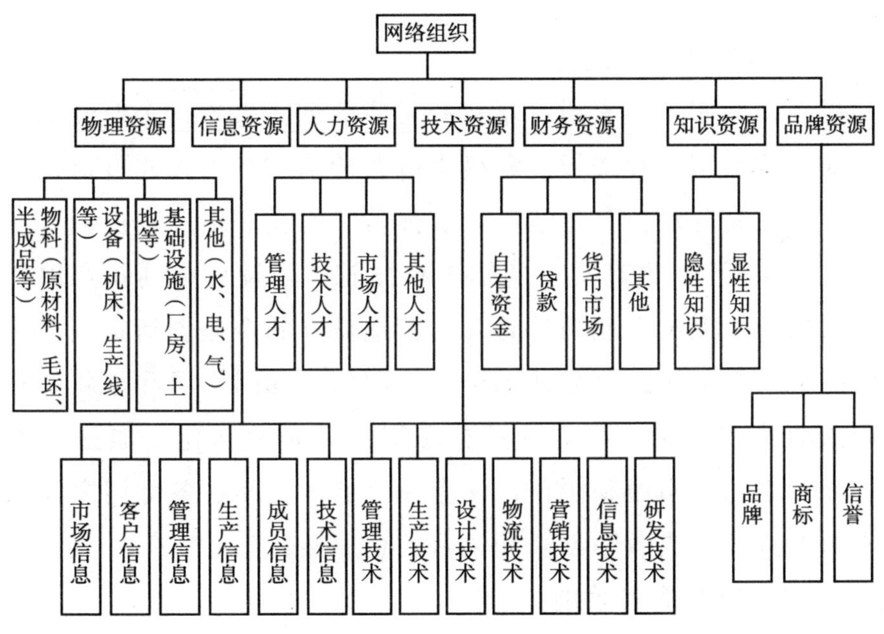

图 7 -2 资源集成功能

2. 共性技术共享功能

产业共性技术共享是指不同技术开发者之间、不同技术使用者之间，以及技术开发与技术使用者之间可以按照一定的规则，通过资源整合实现产业共性技术知识生产和扩散最大化的过程，也就是使产业共性技术知识能够以更快的速度，更小的风险，更低的成本生产出来，并且迅速地扩散，从而提高整个产业、国家或地区社会经济的技术水平和技术能力。由于产业共性技术共享涉及许多主体，技术共享过程存在各种关系，因而需要建立一套完善的共享机制来平衡各方利益。产业共性技术共享的核心是在技术开发投入者、技术开发实施者和技术利用者之间建立一种合理的利益分配关系。在产业共性技术共享过程中，各方的投资力度和技术基础、相关主体的地理分布和行业分布、技术属性，以及技术分配的相关制度安排等，都直接或间接地影响着产业创新平台的效率。

3. 人力资本培训功能

提高企业职工的素质，培育高素质的创新人才，企业要加强企业内部人才的培养和选拔，积极采取各种措施，为人才创造良好的工作环境，充分发挥其才能。要加强员工的在职培训，提倡终身学习和“干中学”，提高员工的知识和技能，造就具有创新意识和创新能力的员工完善企业内部管理，营造良好的企业创新氛围。建立有效网络组织结构，充分调动个人、团队、部门学习和创新的积极性和主动性。建立独特的、具有凝聚力的企业文化，加强员工之间、部门之间的沟通和协作，使企业个群体之间、各部门之间融为有机的整体，形成激励创新和学习的企业文化。

4. 知识产权服务功能

随着中国经济的蓬勃发展，中国市场成为几乎所有国际巨头的商家必争之地。与此同时，中国企业不断发展壮大，从国外公司手里抢占的市场份额越来越多。当技术和市场手段无法阻挡中国势力的扩张，知识产权必将成为国外公司手中的利器。企业之间的商业竞争，演变成双方知识产权之间的较量。近年来，中国企业的知识产权意识虽然有了前所未有的提高，每年的专利申请量节节攀升，但是知识产权的创造、管理和运营各环节的人才仍然缺乏，对竞争对手缺少必要的分析和研究，专业基础数据库还有待建立，都成为制约产业发展的软肋。产业创新平台整合国内知识产权相关资源，建立集成电路重点领域专利数据库，打造专利检索系统，开展集成电路重点领域和关键技术的专利分析及专利动态监测，为集成电路企业产品创新研发提供有力的知识产权服务，为政府决策提供知识产权分析支撑。

5. 融资与推广服务功能

构建开放型的产业创新平台（MOP），营造一个宽松、和谐的发展环境。通过正式与非正式沟通渠道树立优秀的企业品牌形象，建立起相互的高度信任和合作规范，促进企业技术创新的价值实现。中介服务功能要多元化、整体化，加强资信评估、资金担保等中介机构的力量，提供融资担保、交易担保、投资策划、投资管理等金融服务；提供从技术评估、技术选择、技术交易、投资评估、投资担保到项目管理的整个过程服务。通过与企业、科研机构、国家重点实验室建立稳定的合作网络，向创业企业提供研发活动所需设备和技术；提高技术创新的有效性，缩短项目的开发周期，将有利于促进企业自主创新能力的提升。

五　产业创新平台的机制

1. 共享与开放机制

平台以“破解公共难题、方便公共研究、提供公共服务”为运行总则，面向海内外引进有实力的创新服务机构、管理人员和工程师，建立科技创新服务公司，实行资源共享，共同进行技术研究和产品开发，转化科研成果，创造经济、社会效益。平台拥有的设备设施平台等科技资源，允许其他单位的科技人员合理有偿使用。

2. 合作协调机制

建立平台内部的合作协调机制，平台各项事务，实施民主讨论，对平台的战略目标、管理体制、运行机制、人事制度和财务制度的制定提出科学合理的决策依据，确保平台建设的实效性、实用性，提升平台服务纺织产业的核心能力。平台的服务对象是企业，平台要加强创新行为主体和各要素之间的互动，推进产、学、研合作，促进知识流动，降低创新风险，减少创新成本。

3. 激励机制

平台将实行全员聘任制和下聘一级的人事制度，各创新服务机构应按需设岗，按岗聘任，根据运行和发展需要，聘请一定数量精干的固定管理人员和业务骨干，其他人员主要根据承担的创新服务任务进行招聘。在人事安排上分为固定人员和流动人员两部分，岗位分管理岗、技术岗和后勤岗三类，均实行聘用合同制分类管理，平台各服务中心负责人对固定人员在平台内的岗位聘任拥有决定权。平台有偿收益的分配通过多种激励机制配合实现，如采取政策激励、产权激励等。对重大的原创性技术发明实行重奖制，并保护发明人的合法权益。

4. 绩效评估机制

逐步建立平台的预算绩效评价体系，着力提升投入绩效、努力形成科技投入绩效优势，研究和建立科技投入绩效评估制度，提高科技投入使用的正确性和有效性，切实提高平台管理水平，确保科技事业健康发展。完善科技发展规划和配套措施，建立平台投入的统筹协调机制，对预算实行协调管理。

具体来说，平台建立长效的绩效评估机制，平台管理办公室组织实施。根据平台发展所处的阶段，采取定性和定量相结合方法、设计多层指标体系、构建评估模型。评估内容包括目标完成情况、建设运行情况、经费使用、服务能力、科技人员和创新成果等，并实行优胜劣汰制，对工作不力的单位及时淘汰，对脱颖而出的科研企业及时吸纳。

5. 投入机制

产业创新平台目标是为企业技术创新提供全面服务，依靠各级政府的指导和支持，贯彻政府促进区域产业技术创新的意图，其作用体现于提高区域行业技术创新水平和社会生产力，很明显，平台的工作有很强的社会公益性，是“不以盈利为目的”的，这与企业“以追求利润最大化为目的”有本质区别。所以，平台的发展一定要依靠政府的支持。同时，又绝不能单纯依赖政府，而应围绕区域纺织业创新服务主体的工作目标，利用政府的支持和社会力量的参与，在最大限度地为企业提供优质服务、促进企业健康发展的同时，获取一定的经济收益，实现从依赖“政府输血”到具备“自我造血”功能的良性发展。但是，平台的收益必须建立在增进客户盈利水平的基础上，因此，“降低企业创新成本，替客户创造利润”是平台的一个重要运行模式。平台运行费用的来源主要由政府和企业的技术研究项目经费、各类技术服务收入、会员企业年费以及成果转让收入等组成。平台各个时期运行费用的来源及比例如图 7－3 所示。

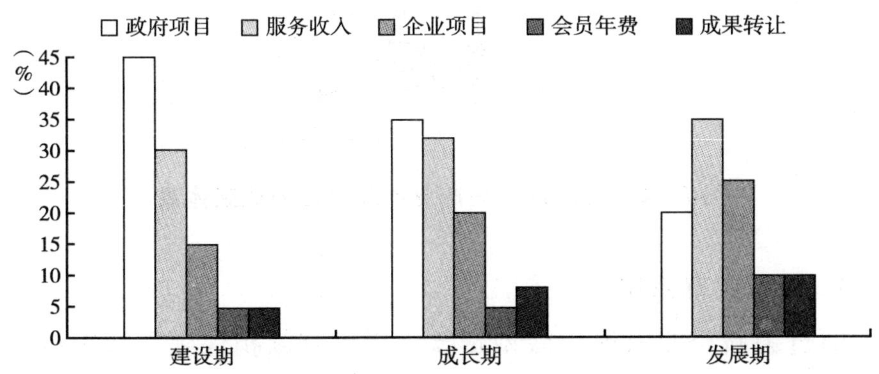

图 7－3　平台各个时期运行费用的来源及比例

第二节　中原经济区产业创新平台的建设

一　产业创新平台系统构成

产业创新平台的运行是一项复杂的系统工程，在合作研发、政府政策支持、规模化融资服务、开放型的市场关系、信息共享等方面培育新的创新创业资源，形成广泛合作、共同进步的良性循环。其运行模型如图 7－4 所示。

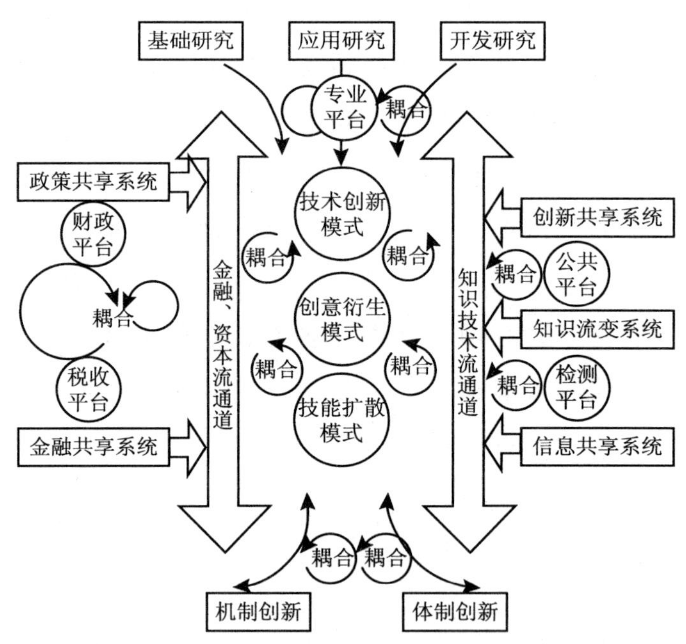

图 7－4　战略性新兴产业创新平台的框架体系

1. 金融共享系统

通过为新企业家提供微型贷款、提供贷款担保项目激励投资于新企业和早期企业的天使投资和风险资本等，并为技术创业者提供种子资本基金，以应对市场失灵，为新企业和早期企业提供最为紧缺的融资资源。同时，政府可向创业者提供融资渠道等资源的信息通道，以减少创业融资方面的信息不对称。

2. 信息共享系统

弥补创业者在创业知识和经营管理经验方面的不足。创业培训内容涉及企业管理、市场营销、外经外贸、财务税务等方面。从实际出发，对与创业有关的问题进行探讨和分析，帮助企业总结成功经验、分析失败教训。同时，针对初创企业的特点，对资金融通、发展战略等热点问题提出解决方案，寻找最佳路径，降低创业门槛，使其掌握政策，熟悉有关法规，懂得营销策略，提高创业者和各类专业人员的能力和素质。鼓励各种咨询公司、信息公司、技术交易公司进入产业创新平台（MOP），为企业提供基础设备和公共服务，提高企业自主创新能力，促进科技成果的产业化。其中包括公共技术开发系统、技术支持系统、技术转让系统。由科学数据共享、科技文献服务、仪器设施共用、资源条件保障、试验基地协作、专业技术服务、行业检测服务、技术转移服务等构成，其功能是向全社会开放大型科技仪器、设备和公共实验室，为各种产业研发提供科学数据、科技文献、设计、检测、测试、标准化等专业技术服务。

3. 政策共享系统

包括财税政策、产业政策、金融政策及政策性资金支持等，也包括中小企业促进法、知识产权保护、私有财产的保护、反垄断、市场准入以及支持中小企业技术创新的法律法规、规范资本市场的法律法规等法律规范体系的构建。

4. 创新共享系统

制定体现具有公平、开放、自由与包容三大精神的行为规范并严格推行，对期望出现的创业行为进行奖励，奖励可以是物质的，也可以是精神上的。通过明确的奖励可以促使更多我们期望中的行为出现，并最终形成我们期望的习惯。树立成功典范并广泛宣传，培养创新文化和氛围，激发人们对创业的兴趣。

5. 知识流变系统

从技能知识源的扩散，进行技术评估、技术选择、技术交易、投资评估、投资担保到项目管理的整个过程，中介服务体系起到了桥梁作用。应加快技能创新中介服务的社会化和产业化进程，加强职业技能教育与产业创新的融合。形成创意速成效应，从需求的创意化到创意的概念化，从概念的工程化到工程的实物化，从实物的产品化到产品的商业化，这样一个发展流程会出现一个创意衍生过程。只有知识创意和商业、贸易、政策文化融合，资源优势与投资、融资机制相结合，才能使新的商业模式出现良性的发展。

二　产业创新平台的评价

合理选择评价指标，建立评价指标体系，对于公平、有效地评价产业创新平台的财政投入效率，制定科学决策有着重要的意义。

1. 投入产出评价指标的多元化

对产业创新平台进行评估是政府履行其职能的过程，进行科学财力分配与取得实际绩效的考量，有利于提高政府资源配置的效率性和政府资源运用的有效性。传统的单一财政支出口径指标的平台评估系统不能满足现代公共财政的要求。

在对产业创新平台（MOP）评价过程中，应建立反映多元目标的价值标准体系，即“经济”、“效率”和“效益”的“3E”标准体系，取代传统的、单一的“产出取向”的价值评价体系。“经济”表示投入成本的最小化程度，即在维持特定水平的投入时，尽可能降低成本。“效率”表示在既定的投入水平下使产出水平最大化。“效益”表示产出最终对实现组织目标的影响程度，包括产出的质量、期望得到的社会效益、公众的满意程度等。经济、效率和效益三者之间彼此相互关联、缺一不可。

既要考虑质量、消费者满意等效益因素，又要追求节约、效率，才能做到全面、公正、科学的评价。因此，"3E"标准要求组织有效地获取和使用资源，以实现项目的目标要求，用这种多元价值的标准体系来取代传统模式下的单一财务和预算指标，可以更好地体现管理责任。

2. 产业创新平台支出效率的定量指标分析

基于DEA方法分析的是投入对产业创新平台支出的相对效率，应从效率的角度出发，加强产业创新平台责任，有效激励产业创新平台完善其内部管理、根据评价结果迅速识别并解决问题，加强对产业创新平台的投入和运营管理。

表7－1显示了产业创新平台（软件产业基地）静态效率评价指标。

表7－1　产业创新平台资源配置效率测度指标体系

指标层次	具体指标	说　明
投入指标	现有占地面积	投入的土地、建筑资源
	现有孵化面积	
	年末基地总员工数	投入的人力资源
	博士学位人数	
	年末软件从业人数	
	软件研发支出	投入的财力资源
产出指标	总收入	科技活动经济效益指标
	软件收入	
	出口创汇额	
	利税总额	

对产业创新平台（软件产业基地）投入进行科学评价，首先是财政科研资金使用公平性、激励性的前提，是财政科研管理的重要内容；其次，可以为提高产业创新平台运营管理水平提供支持。

DEA 方法已经被广泛运用于效率评价，产业创新平台投入效率评价的指标体系主要包括投入和产出，主要利用基于最优前沿面的 DEA 模型和基于最劣前沿面的 DEA 模型对产业创新平台的效率进行排序，得出不同项目的相对效率和有效性，供政府管理部门进行评判。

（1）投入指标。

首先，科技活动投入的人力资源要素指标。主要包括从事科技活动的总员工数、博士学位人数、软件从业人数的全时当量。在实际中人力资源的劳动投入量较为精确的计量单位应是劳动者在劳动中的有效利用时间，可以以此来衡量劳动的投入量。根据科技活动的特征及我国统计指标的特点，本书选取基地人员总数、博士学位人数和软件从业人员全时当量三项指标来衡量，以从整体上反映产业创新平台（软件产业基地）科技活动和研发活动的人力资源投入。

其次，科技活动财政资金投入指标。关于“核高基”的资金投入指标，本书选取了软件研发支出总额作为投入指标。本书认为，软件研发支出总额能真实地体现产业创新平台活动经费的实际投入与使用状况。

（2）产出指标。

关于产业创新平台（软件产业基地）的产出指标，主要选取总收入、软件收入、出口创汇额、利税总额 4 个经济指标。产业创新平台作为前沿科学和先导技术相融合的产业，其发展具有以下特征：高度的创新性，以当代科技最新成就为基础；高度的集成性，科学与技术相互融合，“科技链”与“产业链”融为一体，体现了基础研究、应用研究、开发研究和商业化生产的融合；高度的渗透性，广泛渗透到各个部门，带来巨大的经济和社会效益，最终推动社会进步。因此，以经济价值作为产出指标具有重要的现实意义。

第八章
中原经济区产业优化升级的三维协同分析

中原经济区产业优化升级是一个系统工程，需要将规范分析与实证研究相结合，引入数理统计、多元回归、评价、预测、建模等分析方法，从实践和数据出发，找出产业升级的应对之策。本章通过构建现代产业体系的多维指标体系，分别基于状态维、速度维、动力维三个层面对中原经济区的产业体系进行分析和评价，给出推动和促进产业升级的助力及路径。其中，状态维主要基于静态的结构及关联反映产业体系的总体发展规模、发展水平、内部结构的合理度；速度维主要基于动态序列变化反映不同产业的培育、成长速度、结构优化速度；动力维主要测度促进和制约产业升级的各种力，反映产业升级的要素、方向及潜力。

第一节　现代产业体系的多维评价指标体系构建

为了全面合理的评估中原经济区产业发展的总体水平和发展速度，找出推动产业升级的动力要素，以下分别从状态维、速度维及动力维三个不同的维度对现代产业的体系的评价指标进行设计。

一　评价指标体系设立的原则

基于中原经济区产业的发展目标及功能定位，评价指标体系的设立应科学建立，且建立时应遵循客观性、综合性、动态性、一致性、可行性和简明性的原则。

1. 客观性原则

统计的价值在于准确反映客观事物的发展现状，因此指标的设立必须具有强烈的现实性。中原经济区产业评价指标体系必须从产业发展的现实状况出发，特别是根据面临的主要问题出发，构建评价指标体系。

2. 综合性原则

产业发展程度评价指标体系，涉及的范围广、综合性强，指标的设置应弥补传统产业统计体系的不足和空缺，将考虑环境因素的可持续发展指标及和各产业协调发展的“三化”协调指标涵盖进去。

3. 动态性原则

产业评价指标体系，应体现静态与动态的统一，具有时间和空间变化的敏感性；指标体系的构建应当能够反映一般并突出重点；指标选择能够与时俱进，把现代产业体系的升级看作一个逐步实现的过程进行考察，把产业升级的进程放在特定的发展阶段和发展环境中做出科学评价。

4. 可行性原则

指标的选择应该易于数据的采集和应用，具有可操作性；指标应具有统一性和可比性，即同一指标的含义、口径范围、计算方法等要始终保持一致，应尽可能用相对数、比例数、指数和平均数进行比较。

5. 简明性原则

现代产业体系涉及面较宽，对其进行评价需从多角度出发，因此应从各个层面、多个维度构建指标体系，但在指标的选择和设定过程中必须避免含义相近或相关性较强的变量重复出现，以达到既简明又全面的目标。

二 状态维指标评价体系

现代产业体系是一个涵盖诸多经济部门、包括各类多样化行业的混合产业群，只用一两项经济数据的简单类比难以概括和评估整个产业体系的发展全貌，必须建立科学、全面的指标评价体系，对中原经济区目前的产业发展状态进行综合评价。

关于现代产业体系发展状态评价的方法，目前通常局限于产业的经济指标方面，主要包括总体规模、结构状态和生产效率几个方面，虽然这些指标和评价方法可以反映当前产业发展的程度，尤其是对国民经济发展和地区经济发展方面的贡献，但是否可以做到可持续发展、是否可以做到“三化”[①] 协调却有待商榷。

一方面，考虑到当前越来越多的资源、能源超限耗费，越来越严重的环境污染，已经引起国际上对产业发展功过是非的讨论，而产业发展应将可持续性作为目标之一，所以现代产业体系的评价指标中应该将环境、能源因素考虑进去；另一方面，中原经济区（主要指河南省）作为人口大省、粮食和农业生产基地及新兴工业经济区，解决好工业化、城镇化和农业现代化协调发展问题是最重要的战略目标，如何积极探索不以牺牲农业和粮食、生态和环境为代价的“三化”协调发展的路子，是中原经济区建设的核心任务，因此，对中原经济区产业发展进行评价，“三化”协调指标必须建立且不容忽视。

综合以上分析可知，对中原经济区现代产业发展状态进行评

① 本书指工业化、城镇化和农业现代化。

价，应分别从产业发展总体水平、产业发展结构状态和产业生产效率、可持续发展、“三化”协调五个方面建立指标进行系统性考察。

1. 产业总体发展水平指标

产业总体发展水平指标主要是反映现代产业的整体发展状况的总量指标，通过这类指标可以度量当前整个产业体系对国民经济的贡献，反映中原经济区当前产业的整体实力。本书设定以下几个指标作为该类指标的代表。

$$L_1 = \text{产业增加值(亿元)}$$

各产业增加值之和，即生产总值，该指标主要对一个区域内的整体经济情况进行度量，意指在一定时期内（一个季度或一年），一个国家或地区的所有产业、所有行业所生产出的全部最终产品和劳务的价值，是衡量国家或地区产业总体发展状况的最佳指标，是经济总量、经济规模和经营成果的反映。

$$L_2 = \text{产业利润总额(亿元)}$$

利润总额，是企业的营业收入扣除成本消耗及营业税后的剩余，即通常所说的盈利。各产业利润总额，指各产业中所有单位的总体利润之和，由于利润总额是衡量企业经营业绩的重要经济指标，因此该指标此处是为了度量整个产业发展业绩和盈利空间。

$$L_3 = \text{产业税收总额(亿元)}$$

税收总额，是企业向国家和相关部门缴纳的各项税金及其附加之和。各产业的税收总额，指各产业中所有单位缴纳的总体税金之和，由于税收总额是衡量企业经营负担和政府财政收入的重要经济指标，因此该指标此处是为了度量整个产业发展所需承担的税赋以及给政府财政所作的贡献。

$$L_4 = \text{产业就业人数(万人)}$$

就业人数，是指从事某行业的劳动人口数量。各产业的就业人数，指各产业中所有就业劳动人口之和，该指标主要为了度量产业整体所能承载的就业规模。

$$L_5 = \text{人均 GDP(元 / 人)}$$

人均 GDP，指人均生产总值，在发展经济学中常作为衡量经济发展状况的指标，是人们了解和把握一个国家或地区的宏观经济运行状况的有效工具，该指标此处主要为了度量区域内的经济发展水平。

2. 产业结构发展状态指标

$$L_6 = \text{三次产业增加值占 GDP 的比重}$$

三次产业增加值分别占 GDP 的比重，指第一、第二、第三产业分别占 GDP 的比重。该指标主要是为了度量产业的分布状况及发展结构，是衡量产业升级的重要指标。

$$L_7 = \text{高技术产业产值占 GDP 的比重}$$

高技术产业，指用当代尖端技术（主要指信息技术、生物工程和新材料等领域）生产高技术产品的产业群，是研究开发投入高，研究开发人员比重大的产业，该产业占 GDP 的比重可以用来衡量高端产业的发展状况，是衡量产业升级的重要指标。

$$L_8 = \text{现代服务业产值占 GDP 的比重}$$

现代服务业，指在工业化较发达阶段产生的，主要依托电子信息等高技术和现代管理理念、经营方式和组织形式而发展起来的服务部门。据英国经济学家克拉克和美国经济学家库兹涅茨的研究成果，产业结构中现代服务业占的比重高，则意味着产业的整体发展进入高级阶段，因此该指标也是度量产业升级的重要指标。

$$L_9 = \text{非国有经济总产值占 GDP 的比重}$$

非国有经济总产值占 GDP 的比重，该指标主要衡量非国有经济的发展状况及其对国民经济总量增长的贡献，是衡量产业结构发展状态的重要指标。

3. 生产效率水平指标

$$L_{10} = \text{全员劳动生产率}$$

全员劳动生产率，指根据产品的价值量指标计算的平均每一个从业人员在单位时间内的产品生产量。该指标是考核产业生产技术水平、经营管理水平、职工技术熟练程度和劳动积极性的集中体现。

4. 可持续发展指标

$$L_{11} = \text{单位产值能源消费指数} = \frac{\text{能源消费总量}}{\text{工业总产值}} \times 100\%$$

一次能源供应总量与国内生产总值（GDP）的比率，是一个能源利用效率和节能降耗状况的指标。该指标说明一个国家经济活动中对能源的利用程度，反映经济结构和能源利用效率的变化。

$$\begin{aligned} L_{12} &= \text{“三废”综合利用产值占产业增加值的比重} \\ &= \frac{\text{“三废”综合利用产值}}{\text{工业增加值}} \times 100\% \end{aligned}$$

“三废”综合利用产品产值，指利用“三废”（废液、废气、废渣）作为主要原料生产的产品价值。“三废”综合利用产值占产业增加值的比重，该指标主要用来衡量产业资源重复利用的效率和效益。

$$L_{13} = \text{工业“三废”处理达标率} = \text{工业“三废”排放达标量} / \text{工业“三废”排放总量} \times 100\%$$

工业“三废”处理达标率，指城市（地区）工业“三废”排放达标量占其工业“三废”排放总量的百分比，是反映工业污染物处理水平的重要指标。

5.“三化”协调指标

$$L_{14} = 农业单位面积产值$$

农业单位面积产值，即每单位面积耕地所生产的农作物产量，是用以衡量农业发展水平的重要指标之一。

$$L_{15} = 耕地总面积$$

耕地总面积，指种植农作物的土地（包括熟地，新开发、复垦、整理地，休闲地）的总体面积之和。由于河南省是农业大省，农业的发展具有重要的战略地位，而耕地面积不下降是粮食生产的重要保证，因此该指标是衡量工业化、城镇化、农业现代化协调发展（即“三化”协调）的重要指标。

$$L_{16} = 城市化率$$

城市化率，指市镇人口占总人口（包括农业与非农业）的比率。该指标可用以衡量某一区域内的城镇化水平，是衡量工业化、城镇化、农业现代化协调发展（即“三化”协调）的重要指标。

$$L_{17} = 城乡收入比$$

城乡收入比，指城镇居民人均收入与农村居民人均纯收入之比。该指标可以反映农村人口与城镇人口收入差距，也是衡量“三化”协调的重要指标之一。

$$L_{18} = 各产业人均产值比$$

各产业人均产值比，指第一、第二、第三产业的单个从业人员平均每年的产值之比，该指标是衡量工业化、城镇化、农业现代化是否协调、平衡发展（即“三化”协调）的重要指标。

根据以上分析，本书建立现代产业状态维指标评价体系如表8－1所示。

表8－1　现代产业状态维指标评价体系

一级指标	二级指标	三级指标
状态指标	产业总体发展水平指标	产业增加值
		产业利润总额
		产业税收总额
		产业就业人数
		人均 GDP
	产业结构发展状态指标	三次产业增加值占 GDP 的比重
		现代服务业产值占 GDP 的比重
		高技术产业产值占 GDP 的比重
		非国有经济总产值占 GDP 比重
	生产效率水平指标	全员劳动生产率
	可持续发展指标	单位产值能源消费指数
		“三废”综合利用产值占工业增加值的比重
		工业“三废”处理达标率
	“三化”协调指标	农业单位面积产值
		耕地总面积
		城市化率
		城乡收入比
		各产业人均产值比

通过以上的指标体系的构建及不同层面指标的设计，不仅可以从整体上把握中原经济区产业体系的总量发展状态，而且可以反映目前的产业结构状态、技术效率情况、可持续发展能力及“三化”协调状况，是综合评价产业发展状态的指标体系。

三　速度维指标评价体系

发展速度指标是反映产业在一定时期内发展变化的方向和程度

的增量指标，通过这类指标可以评价产业发展及结构优化速度的快与慢。本书分别从总体发展速度和结构优化速度两个层面建立衡量产业发展速度的指标体系。

1. 产业总体发展速度指标

产业总体发展速度指标主要是反映现代产业的整体发展速度的指标，通过这类指标可以度量当前整个产业体系的发展速度。本书设定以下几个指标作为该类指标的代表。

$$S_1 = \text{产业增加值增长速度}$$

产业增加值增长速度，该指标主要对一个区域内的整体经济发展速度进行度量，是衡量国家或地区产业总体发展速度的最佳指标。

$$S_2 = \text{从业人员增加速度}$$

从业人员增加速度，该指标主要为了度量产业整体所能承载的就业规模的增加速度。

$$S_3 = \text{劳动生产率增长速度}$$

劳动生产率增长速度，是产业生产技术进步速度、经营管理水平提高速度等方面的重要度量指标。

$$S_4 = \text{人均 GDP 增长速度}$$

人均 GDP 增长速度，是用以衡量经济发展速度的重要指标，是人们了解和把握一个国家或地区的宏观经济运行速度的有效工具，该指标此处主要为了度量区域内的经济发展速度。

2. 产业结构优化速度指标

$$S_5 = \text{各产业产值占 GDP 比重的变化}$$

三次产业增加值分别占 GDP 比重的变化，主要是为了度量产业的结构变化速度，是衡量产业升级速度的重要指标。

S_6 = 现代服务业产值占工业总产值比重的变化

产业结构中现代服务业所占的比重的变化，可以衡量产业的优化升级进程，是度量产业升级速度的重要指标。

S_7 = 高技术产业产值占工业总产值比重的变化

产业结构中高技术产业所占的比重的变化，可以用来衡量高端产业的发展速度，是衡量产业升级速度的重要指标。

S_8 = 非国有经济产值占工业总产值比重的变化

非国有经济产值占工业总产值的比重的变化，主要衡量非国有经济的发展速度，是衡量产业结构变化速度的重要指标。

根据以上分析，本书建立现代产业速度维指标评价体系如表 8－2 所示。

表 8－2　现代产业速度维指标评价体系

一级指标	二级指标	三级指标
速度指标	产业总体发展速度指标	产业增加值增长速度
		从业人员增加速度
		劳动生产率增长速度
		人均 GDP 增长速度
	产业结构优化速度指标	各产业产值占 GDP 比重的变化
		主导产业市场集中度的变化
		现代服务业产值占工业总产值比重的变化
		非国有经济产值占工业总产值比重的变化率
		高技术产业产值占工业总产值比重的变化率
		各产业发展的超前系数

通过以上指标体系的构建及不同层面指标的设计，不仅可以从整体上把握中原经济区产业体系的发展速度，而且可以反映目前的产业结构发展方向，是综合评价产业发展速度的指标体系。

四　动力维指标评价体系

在前文中，我们曾提出一个区域产业优化升级的动力模型，在该模型中，我们认为促使产业升级的动力（包括压力）有五种，其中包括以下内容：其一，技术进步和产业转移的推动力，主要指的是发达地区产业外移，为承接转移的中西部地区提供产业升级的机会。其二，市场需求的拉动力，主要指中原经济区庞大的市场规模和居中的市场区位为产业升级提供了不可多得的本地化杠杆，市场规模是产业发展的基本前提，市场的扩张的方向和新生需求也拉动产业的升级。其三，国际竞争和区域竞争的外部压力，主要指中原经济区在承接产业转移方面面临与中部偏东省份的竞争，在产业升级方面面临与周边湖北湖南陕西等地区的竞争，这对中原经济区的产业升级而言，既是压力也是动力。其四，区域内部要素供给水平、技术创新能力与企业成长能力带来的内生动力，主要指知识学习、扩散吸收和自主创新这些影响区域产业升级的方向和速度的内生动力。其五，制度环境、市场效率与政策引导等内部摩擦力。制度和政策的引导、市场环境效率的提高对中原经济区产业优化升级有着重要的影响，以制度先行，创新驱动，改变单纯依靠人口红利的发展模式，以制度红利创造后发优势是促进产业升级的重要动力。

基于以上分析，我们将动力指标进一步细化为产业转移指标，市场需求与扩张指标，国际竞争与区域竞争指标，要素供给、技术创新与企业成长指标，制度环境与市场效率指标作为二级指标；分别选定对应各项二级指标的代表性指标作为三级指标。通过以上三层指标的设计，构建现代产业的三维评价体系，具体指标如下。

1. 产业转移指标

$$P_1 = \text{外商直接投资总额}$$

外商直接投资总额，是国外企业和经济组织或个人（包括华侨、港澳台胞以及中国在境外注册的企业）按中国有关政策、法规，用现汇、实物、技术等在中国境内开办外商独资企业、与中国境内的企业或经济组织共同举办中外合资经营企业、合作经营企业或合作开发资源的投资（包括外商投资收益的再投资）以及经政府有关部门批准的项目投资总额内，企业从境外借入的资金，是衡量某一区域承接国际间产业转移的重要指标。

2. 市场需求与扩张指标

$$P_2 = \text{人均消费水平}$$

人均消费水平，是指一定时期内（月、年）平均每人占有和享受的物质生活资料和服务的数量。它是一个国家或地区整个经济活动成果的最终体现，也是反映民众对市场需求的重要指标。

$$P_3 = \text{可支配收入总额}$$

可支配收入，是衡量一个国家最终所得收入的总量指标，通常情况下，可支配收入水平越高，市场需求越大，扩张速度越快，因此该指标是衡量市场需求与扩张潜力的重要指标。

3. 国际竞争与区域竞争指标

$$P_4 = \text{FDI 的增加速度} = \frac{\text{当期 FDI 总额} - \text{前一期 FDI 总额}}{\text{前一期 FDI 总额}} \times 100\%$$

FDI 的增加速度，该指标可以反映一个国家或区域内吸引外资的增长变化，一般而言，FDI 增长速度越快，说明该地方的经济发展潜力越大、竞争力越强，因此该指标是衡量国际间竞争的重要指标。

$$P_5 = \text{人均工资水平}$$

人均工资水平，主要指河南省的人均工资收入水平，该指标主要用以衡量河南省相对周边省份对劳动力的吸引力，是衡量区域竞争力的重要指标。

4. 要素供给、技术创新与企业成长指标

$$P_6 = \text{固定资产投资数额}$$

固定资产投资，是指对固定资产更新、改建、扩建、新建等经济活动进行的投资。固定资产投资数额是以货币表现的建造和购置固定资产活动的工作量，是反映固定资产投资规模、速度、比例关系和使用方向的综合性指标，也是衡量产业投入要素的主要指标之一。

$$P_7 = \text{受高等教育人数比率} = \frac{\text{受高等教育人数}}{\text{人口总数}} \times 100\%$$

受高等教育人数比率，反映了一个区域内民众受高等教育的普遍程度，是衡量一个地方人力资本要素供给的重要指标。

$$P_8 = \text{每万人拥有的铁路里程}$$

每万人拥有的铁路里程，该指标是衡量一个区域内基础设施和交通运输方面的重要指标，交通运输状况直接影响着物流，也是影响产业发展的重要因素。

$$P_9 = \text{R\&D 经费额}$$

R&D 经费额，该指标是反映对科学技术、研发等投入支持力度的重要指标，可以用以衡量对科技创新的重视程度。

5. 制度环境与市场效率指标

$$P_{10} = \text{政府财政支出占 GDP 的比重} = \frac{\text{政府财政支出总额}}{\text{GDP 总额}} \times 100\%$$

政府财政支出，指的是政府对经济建设、投资、科教文卫、社会保障等方面的支出水平，政府财政支出占 GDP 的比重，是衡量一个区域内制度环境建设的重要指标。

$$P_{11} = \text{产业税收总额占 GDP 的比重} = \frac{\text{产业税收总额}}{\text{GDP 总额}} \times 100\%$$

产业税收总额占 GDP 的比重，该指标是反映产业承担税负水平的重要指标，也是反映一个区域内市场环境质量的重要指标。

$$P_{12} = \text{非国有企业产值占 GDP 的比重} = \frac{\text{非国有企业产值}}{\text{GDP 总额}} \times 100\%$$

非国有企业产值占 GDP 的比重，可以反映一个区域内的市场效率，一个有效率的市场应该是允许多种所有制并存，共同竞争的充满活力的有效市场，而非国有企业产值占 GDP 的比重越高，则表明市场化程度越高，其效率也趋于高效，因此该指标是反映市场效率的重要指标。

根据以上分析，本书建立现代产业动力维指标评价体系如表 8-3 所示。

表 8-3　现代产业动力维指标评价体系

一级指标	二级指标	三级指标
动力指标	产业转移指标	外商直接投资总额
	市场需求与扩张指标	人均消费水平
		可支配收入总额
	国际竞争与区域竞争指标	FDI 的增加速度
		人均工资水平
	要素供给、技术创新与企业成长指标	固定资产投资数额
		受高等教育人数比率
		每万人拥有的铁路里程
		R&D 经费额
	制度环境与市场效率指标	政府财政支出占 GDP 的比重
		产业税收总额占 GDP 的比重
		非国有企业产值占 GDP 的比重

通过以上的指标体系的构建及不同层面指标的设计，可以对推动中原经济区产业升级的动力进行整体把握，衡量不同动力要素对分类产业的促进作用，为产业升级的政策制定提供具有针对性的参考意见。

第二节　状态维评判——基于结构整合层面

中原经济区作为国家层面重点开发区域，位于全国“两横三纵”城市化战略格局中陆桥通道横轴和京广通道纵轴的交会处，是涵盖河南全省及其周边地区的经济区域、是沿海地区发展的重要支撑、是中部崛起的重要基地，是继三大经济区（指“长三角”、“珠三角”、“京津冀”）之后，于2010年成立的第四个全国战略的经济开发区。中原经济区被定位为全国重要的高新技术产业、先进制造业和现代服务业基地、能源原材料基地、综合交通枢纽和物流中心，区域性的科技创新中心，是支撑全国经济发展的新的增长板块。同时，河南省作为经济大省、人口大省、农业生产大省、新兴工业大省，工业化、城镇化和农业现代化（简称“三化”）协调发展更是不容忽视的战略目标。

产业是经济发展的引擎，要实现区域经济发展的战略目标，构建结构合理、发展状态良好的产业体系是重中之重。那么河南省目前的产业究竟处于一个什么样的发展状态？其内部结构是否合理？其空间分布是何状态？不同产业、不同行业分别处于什么样的发展水平？这些都需要进行科学、合理的测度和评判，本节主要对此进行分析。

一　中原经济区产业发展的总体分析

以下根据前面的总体发展水平指标，通过统计数据（见表8－4）对中原经济区的产业总量发展进行分析。

表8－4　产业总量发展数据

单位：亿元，万人

	GDP总额	产业利润总额	产业税收总额	总就业人数	固定资产投资总额
2010年	23092.36	3302.22	1442.80	6041.56	16585.85

资料来源：《河南统计年鉴2011》。

河南省经过30多年的改革开放，经济实力已大大增强，产业发展逐渐步入快车道。2010年，全省实现国内生产总值23092.36亿元，全国生产总值为437042亿元，河南省占全国GDP的5.3%，综合经济实力仅次于广东、江苏、山东、浙江，在全国排第五位，全省人均GDP达24446元，比上年增长10.3%；全省产业利润总额为3302.22亿元，全国利润总额为53050亿元，河南占全国的比重达6.2%，仅次于广东、山东、江苏，居全国第四位；全省产业税收总额为1442.80亿元，全国产业税收总额为33656亿元，河南占全国的比重达4.83%，仅次于山东、江苏、广东、浙江、辽宁，居全国第六位；全省就业人数达6041.56万人，全省常住人口总数为9405万人，就业人口占常住人口的比率达64.24%；全省固定资产投资总额为16585.85亿元，其中城镇固定资产投资为13934.82亿元，占全国比重的5.8%，仅次于山东、江苏和辽宁，居全国第四位。

以上数据分析表明，河南省产业发展的总量水平已经位于全国前列。首先，无论是产业总产值、产业总利润还是产业总额，河南省的综合实力在国内都名列前茅。其次，从就业人数来看，河南省的就业吸纳能力逐步增强，劳动力就业规模逐步增加。最后，从固定资产投资看，河南省的投资仍然保持较快增长，由生产总值居全国第五位而固定资产投资总额居全国第四位可见，河南省对投资具有较强的吸引力，河南省的产业具有较大的发展潜力。

二　中原经济区产业结构发展分析

下面分别从三次产业分布结构、现代服务业分布结构、高技术产业分布结构、非国有经济分布结构四个层面对河南省的产业结构进行分析。

1. 三次产业的结构

由表8－5可以看出，河南省第一产业实现增加值3258.09亿元，相对上年增长率为4.5%，高于全国平均4.3%的增长率水平；第二产业实现增加值13226.38亿元，相对上年增长率为14.8%，高于全国平均12.2%的增长率水平；第三产业实现增加值6607.89亿元，相对上年增长率为11.4%，高于全国平均9.5%的增长率水平。三次产业占国民生产总值的比重分别为14.1%、57.2%、28.7%（见图8－1），三次产业对经济增长的贡献度分别为4.5%、68.5%、27.0%。

表8－5　河南省三次产业结构发展数据

	产业增加值(亿元)	产业增加值比重(%)	从业人数(万人)	从业人数比重(%)
第一产业	3258.09	14.1	2711.72	44.9
第二产业	13226.38	57.2	1753.37	29.0
第三产业	6607.89	28.7	1576.47	26.1

资料来源：《河南统计年鉴2011》。

由表8－5可以看出，河南省第一产业从业人数为2711.72万人，第二产业从业人数为1753.37万人，第三产业从业人数为1576.47万人。三次产业从业人数占从业人数的比重分别为44.9%、29.0%、26.1%（见图8－2）。

通过全国的三次产业结构数据，以及河南省三次产业的比重及

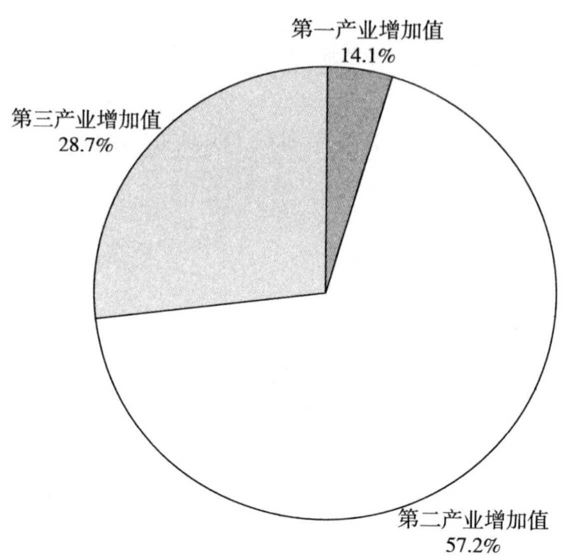

图 8-1　三次产业增加值分别占 GDP 的比重

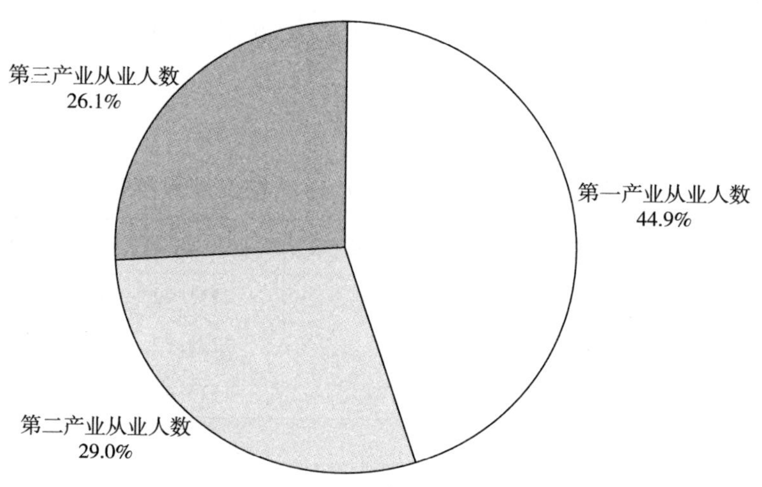

图 8-2　三次产业从业人数分别占总从业人数的比重

居全国的位次，将河南省的三次产业发展状况和全国平均状况对比，进行综合分析，详细数据见表 8-6。

综合表 8-5、表 8-6、图 8-1、图 8-2 可知，当前，河南省

表 8-6　全国三次产业结构发展数据

单位：亿元，%

	产业增加值	产业增加值比重	产业增长速度	河南占全国的比重	河南居全国的位次
第一产业	3258.09	9.27	4.30	8.0	2
第二产业	13226.38	50.35	12.20	6.0	5
第三产业	6607.89	40.38	9.50	3.7	9

资料来源：《河南统计年鉴 2011》。

三次产业中，从生产增加值看，第二产业仍然占有最大的比重，其对经济增长的贡献度也是最大的，其次是第三产业，其增长速度为 11.4%，高于全国平均水平，而第一产业的增加值在三次产业中所占比重最小。但与全国平均状况比较可以看出，河南省第一产业比重高于全国平均水平，第一产业总值居全国第二位，这也充分表明河南是农业大省的地位，第二产业比重略高于全国平均水平，而第三产业的比重大大低于全国平均水平。从就业人口来看，河南省目前从事第一产业的人口比重仍高达 44.90%，农业仍然承载着河南大量的就业人口规模，而农业现代化的进程必然导致第一产业的就业人口向第二、第三产业转移。由此可见，河南省第二、第三产业尤其是第三产业仍需大力发展，河南省的产业结构在保证农业生产不受影响的同时，应该在结构上尽快地调整和升级，增加第三产业的比重、加快第三产业的发展进程。

2. 现代服务业结构发展分析

现代服务业主要指依靠高新技术和现代管理方法、经营方式及组织形式发展起来的，主要为生产者提供中间投入的知识、技术、信息密集型服务部门，其核心是现代生产者服务，特别是高级生产者服务，如金融服务、商务服务、政务服务、信息技术与网络通信服务、教育培训服务、物流服务等。在统计口径上我们沿用“河南经济蓝皮书”——《2012 年河南经济形势分析与预测》的分类标准，将第三产业中交通运输仓储邮政业、批发和零售业、住宿和餐饮业三类传统服务业剔除，而将金融业、物流业、电子商务业等新兴服务业称为现代服务业。2010 年河南省现代服务业的发展数据如表 8－7 所示。

表 8－7 河南省现代服务业的发展数据

单位：亿元，%

	产业增加值	产业增长速度	占 GDP 的比重	占第三产业的比重
现代服务业	3835.86	10.7	16.61	58.04

资料来源：《河南统计年鉴 2011》。

由表 8－7 可以看出，2010 年，河南省现代服务业的产业增加值为 3835.86 亿元，比 2009 年增加 10.7%，低于整个第三产业的增加速度 11.4%。现代服务业占 GDP 的比重为 16.61%，占第三产业的比重为 58.04%。上述表明，河南省的现代服务业发展还较为滞后，第三产业中，传统服务业的规模比重高达 41.96%，因此，加快服务业转型，尽快促进现代服务业的发展迫在眉睫。

以下对现代服务业的发展结构进行分析，具体数据如表 8－8 所示。

由表 8－8 可以看出，目前在河南省现代服务业中，房地产业、金融业、教育、公共管理和社会组织占有较大比重，而从发展速度来看，金融业，科学研究、技术服务和地质勘探业，租赁和商务服务业，教育以及房地产业发展速度较快，特别是金融业，2009～2010 年发展速度高达 33.7%，这和河南省出台的一系列促进金融业发展、推动郑州区域性金融中心建设等政策措施的实施是分不开的。同时，可以看到，房地产业随着全省城镇化的进程和城镇建设

表 8 – 8　现代服务业结构发展数据

单位：亿元，%

	产业增加值	占现代服务业比重	增长速度
信息传输、计算机服务和软件业	263.23	6.86	5.7
金融业	697.68	18.19	33.7
房地产业	773.23	20.16	10.9
租赁和商务服务业	195.97	5.11	17.7
科学研究、技术服务和地质勘探业	148.32	3.87	21.7
水利、环境和公共设施管理业	61.06	1.5	0.2
居民服务和其他服务业	161.63	4.21	5.1
教　育	565.59	14.74	11.5
卫生、社会保障和社会福利业	242.64	6.33	6.3
文化体育和娱乐业	64.47	1.68	6.4
公共管理和社会组织	662.04	17.26	-0.8

资料来源：《河南统计年鉴 2011》。

的步伐的加快，于 2010 年也呈现持续稳定的发展态势，而租赁和商务服务业的发展也生机勃勃，2010 年实现增加值比上年增加 17.7%。科学研究、技术服务和地质勘探业以及教育业在河南省政府的大力支持和政策引导下，也呈现了较快的增长速度，2010 年实现增加值比上年增长分别为 21.7%、11.5%。

综合表 8 – 7、表 8 – 8 的发展数据，可以看出，河南省现代服务业由于基础薄弱，和全国特别是沿海经济发达地区相比仍然发展滞后，是省内的弱势产业，传统产业在省内所占比重仍然偏大，内部结构配置仍然较为落后，需要进一步加强金融业、物流业、电子商务、网络信息等新兴产业的发展。

3. 高技术产业结构发展分析

高技术是相对于一般传统技术而言的新兴尖端技术。第二次世界大战以来，由于现代科学技术高度分化和高度综合的发展特点，产生了以电子信息技术、生物技术、新材料技术、新能源技术和航天技术为代表的高技术群。以高技术产品开发和生产为主导的产业，叫高技术产业。本书对高技术产业的统计口径沿用 OECD 的分类标准。2010 年河南省高技术产业的发展数据如表 8 –9 所示。

表 8 –9 高技术产业发展数据

单位：亿元，%

	产业增加值	产业增长速度	占 GDP 的比重	占第二产业的比重
现代服务业	1723.53	40.84	7.46	13.03

资料来源：《河南统计年鉴 2011》。

由表 8 –9 可以看出，2010 年，河南省高技术产业的产业增加值为 1723.53 亿元，比 2009 年增加 40.84%，远高于整个第二产业的增加速度 12.2%。高科技产业占 GDP 的比重为 7.46%，占第二产业的比重为 13.03%，所占比重很低。上述表明，河南省的高科技产业虽然有了较快的发展，但总量水平仍然很低，加快传统工业向高技术产业转型刻不容缓。

以下对高技术产业的发展结构进行分析，具体数据如表 8 –10 所示。

表 8 –10 高技术产业结构发展数据

单位：亿元，%

	产业增加值	占第二产业比重	增长速度
化学原料及化学制品制造业	510.66	3.86	38.57
通用设备制造业	525.38	3.97	38.27
交通运输设备制造业	320.75	2.43	56.16
电气机械及器材制造业	258.47	1.95	41.22
通信设备、计算机及其他电子设备制造业	44.69	0.34	22.14
仪器仪表及文化、办公用机械制造业	63.59	0.48	26.67

资料来源：《河南统计年鉴 2011》。

4. 非国有经济结构发展分析

非国有经济是不同于社会主义公有制经济、与生产资料的私人占有相联系的经济形式。这种经济形式的存在，是中国生产力发展水平不平衡性决定的。非国有经济包括个体经济、私营经济、三资企业等。发展非国有经济在于拾遗补阙、有益补充、促进生产力的发展，而且是不同的或多元的产权主体实现真正的市场和市场经济的必由之路，要实现向市场经济的过渡，就必须突破单一的国有经济框架，在国有经济之外建立不同的产权主体，即通过发展非国有经济的道路向市场经济过渡。2010 年河南省非国有经济的发展数据如表 8－11 所示。

表 8－11　非国有经济发展数据

单位：亿元，%

	产业增加值	产业增长速度	占 GDP 的比重
非公有制经济	14031. 15	13. 9	60. 8

资料来源：《河南统计年鉴 2011》。

由表 8－11 可以看出，2010 年，河南省非公有制经济的产业增加值为 14031. 15 亿元，占 GDP 总量的 60. 8%，比 2009 年增加 13. 9%。上述数据表明，河南省非国有制经济产业所有制结构呈现多元化，市场产权主体呈现多样化。

以下对非国有经济的发展结构进行分析，具体数据如表 8－12 所示。

由表 8－12 可以看出，2010 年，河南省非公有制经济中第一产业的产业增加值为 1019. 24 亿元，占第一产业总产值的 31. 3%，相对于 2009 年下降 3. 5%；非公有制经济中第二产业的产业增加值为9790. 83亿元，占第二产业总产值的74. 0%，相对于2009年

表 8－12　非国有经济结构发展数据

单位：亿元，%

	产业增加值	占 GDP 比重	增长速度
第一产业	1019.24	31.30	－3.50
第二产业	9790.83	74.00	17.10
第三产业	3221.07	48.70	11.20

资料来源：《河南统计年鉴 2011》。

增长 17.1%；非公有制经济中第三产业的产业增加值为 3221.07 亿元，占第三产业总产值的 48.70%，相对于 2009 年增长 11.2%。由此可见，第一产业中，非公有制经济比例最低，且呈下降趋势，这和我国的土地非私有制政策是一致的；第三产业中非公有制经济比重接近 50%，且呈增长趋势；第二产业中非公有制经济比重最高，且增长速度也最快，达 17.1%。

三　中原经济区产业生产效率水平分析

生产效率的提高促使产业的发展及升级的核心动力，是衡量产业发展水平的重要指标。2010 年，河南省各产业的生产效率水平如表 8－13 所示。

表 8－13　全员劳动生产率数据

单位：元/人·年

	总体	第一产业	第二产业	第三产业
劳动生产率	38517	11898	77173	42822

资料来源：《河南统计年鉴 2011》。

由表 8－13 可知，2010 年，河南省各产业的全员劳动生产率为每人每年 38517 元。其中，第一产业全员劳动生产率为每人每年 11898 元，第二产业全员劳动生产率为每人每年 77173 元，第三产业全员劳动生产率为每人每年 42822 元。数据显示，河南省的劳动生产率水平仍然不高，这主要是由于第一产业的比重较大，拉低了整体的生产率水平，而第三产业特别是现代服务业的发展滞后也是影响生产率水平的重要因素，因此，农业现代化和加大现代服务业的比重都有利于提高生产率水平，促进产业的发展升级。

四 中原经济区产业可持续发展水平分析

我们分别从能源消费和环境保护两个方面对河南省的可持续发展状况进行分析，具体数据如表 8－14 和表 8－15 所示。

表 8－14 能源消费数据

单位：万吨标准煤，%

	能源消耗总量	单位产值能源消费指数	煤炭	石油	天然气	水电
河南省	21438	0.9283	84.3	9.0	3.0	3.7
全 国	296916	0.7401	76.5	9.8	4.3	9.4

资料来源：《河南统计年鉴 2011》和《中国统计年鉴 2011》。

由表 8－14 可以看出，2010 年，河南省能源消费总量为 21438 万吨标准煤，其单位产值能源消费指数为 0.9283，高于全国平均的单位能源消费指数（0.7401），这表明，河南省在能源利用效率方面仍然低于全国平均水平，有待进一步提高。而从能源消费结构看，河南的能源消费仍然以煤炭为主，煤炭的消费总量占能源消费总量的 84.3%，高于全国的平均水平（76.5%），而对水电等新能源的利用率偏低，仅占能源消费总量的 3.7%，远远低于全国的平均水平（9.4%）。通过上述数据分析，我们可以得出这样的结论，即河南省对能源的利用效率较低，因此提高能源利用效率，减少传统能源（如煤炭）消费，提高新能源（如水电、核电等）利用率势在必行。

表8－15的数据显示，河南省的“三废”综合利用产值占增加值的比重为0.00034，远低于全国的平均水平（0.0095）。在对工业“三废”的处理情况中，工业废水排放达标率为97.37%，工业SO_2排放达标率为96.80%，工业烟尘排放达标率为97.80%，工业粉尘排放达标率为96.60%，工业固体废物处置率为16.5%，河南省对工业废水、工业SO_2、工业粉尘的处理达标率均高于全国平均水平，而对工业烟尘的处理达标率略低于全国平均水平，对固体废物的处置和利用情况却远远不够，因此在对工业固体废物的利用和处理方面有待加强。

表8－15　环境保护发展数据

单位：%

	“三废”综合利用产值占增加值的比重	工业废水排放达标率	工业SO_2排放达标率	工业烟尘排放达标率	工业粉尘排放达标率	工业固体废物处置率
河南省	0.00034	97.37	96.80	97.80	96.60	16.5
全　国	0.0095	95.32	63.93	98.47	95.49	23.77

资料来源：根据《河南统计年鉴2011》和《中国统计年鉴2011》中数据进行计算、整理而得。

五　中原经济区“三化”协调水平分析

“三化”协调是中原经济区建设的核心战略目标，以下我们对衡量河南省“三化”协调的指标数据展开分析，具体数据如表8－16所示。

表8－16显示，2010年，河南省主要农作物中粮食、棉花和油料的播种面积分别为9740.17千公顷、467.30千公顷、1564.12千公顷，相对于2009年的播种面积年增长率为0.58%、－13.03%、

1.49%，总产量分别为5437.10万吨、44.72万吨、540.72万吨，相对于2009年的产量年增长率为0.89%、-13.58%、1.45%。2010年，粮食、棉花和油料的单位面积产值分别为5.6吨/公顷、1吨/公顷、3.6吨/公顷，粮食、棉花和油料的总产值居全国的位次分别为第1位、第5位、第1位。上述数据表明，河南省仍然处于中国农业大省的地位，农业发展在经济发展进程中的重要地位一直不曾被忽视。

表8-16　农业发展状况

	播种面积（千公顷）	产量（万吨）	播种面积增长率（%）	产量增长率（%）	单位产值（吨/公顷）	总量居全国的位次
粮食	9740.17	5437.10	0.58	0.89	5.6	1
棉花	467.30	44.72	-13.03	-13.58	1	5
油料	1564.12	540.72	1.49	1.45	3.6	1

资料来源：根据《河南统计年鉴2011》和《中国统计年鉴2011》中数据进行计算整理而得。

由表8-17可知，2010年，河南省的城市化率为38.80%，城镇人均收入和农村人均收入之比为2.9∶1，三次产业的人均产值分别为12014.85元/人、75434.05元/人、41915.74元/人，三次产业人均产值之比为1∶6.28∶3.49。上述数据表明，河南省城市化率在2010年得到了进一步的提高，城镇化进程加快，但是仍然处于低位，有待进一步扩大城镇化规模。就城乡收入比而言，城镇人口的人均收入水平是农村人口的2.9倍，该数据表明农村人口收入需要进一步提高，因此要尽快实现农业的现代化，并鼓励农民开辟其他创收渠道，以促使其收入得到提升。就三次产业的人均产值比而言，第一产业的人均产值最低，第二产业的人均产值最高，第三产业的人均产值居中，这表明，目前河南省的产业结构需要进一步升级，农业的现代化、城镇化和工业化进程需要进入快速发展的轨道，而现代服务业更是需要发展的重点。转变经济发展方式，引导农业人口向第二、第三产业转移，摒弃传统发展模式，尽快实现农业的现代化，发展高端技术智力密集型产业和现代服务业，是河南省尽快实现“三化”协调的必由之路。

表 8－17　“三化”协调状况

单位：元/人，%

	城市化率	城乡收入比	第一产业人均产值	第二产业人均产值	第三产业人均产值	三次产业人均产值比
河南	38.80	2.9∶1	12014.85	75434.05	41915.74	1∶6.28∶3.49

资料来源：根据《河南统计年鉴 2011》中数据计算、整理而得。

第三节　速度维评判——基于动态序列发展层面

一　中原经济区产业总体发展速度评析

中原经济区的产业发展速度如何，下面我们分别从产业增加值增长速度、产业人员增长速度、产业利润增长速度、产业税收增长速度、劳动生产率增长速度、人均 GDP 增长速度六个层面展开分析，相关数据如表8－18 所示。

由以上数据可得 2000～2010 年间产业增加值、从业人员、产业利润、产业税金、劳动生产率等各指标的增加趋势，如图 8－3 所示。

由图 8－3 可知，就总量而言，2000～2010 年各产业增加总值一直保持增长，从2000年的5052.99亿元到2010年的23092.36

表 8－18　产业总体发展数据

	产业增加值(亿元)	产业从业人员人数(万人)	产业利润总额(亿元)	产业税金总额(亿元)	全员劳动生产率(元/人·年)	人均 GDP(元/人)
2000 年	5052.99	5572	139.97	197.15	9377	5450
2001 年	5533.01	5517	141.62	—	9980	5959
2002 年	6035.48	5522	183.85	245.20	10935	6487
2003 年	6867.70	5536	208.00	292.14	12422	7376
2004 年	8553.80	5587	376.53	366.35	15381	9201
2005 年	10587.40	5662	643.39	534.40	18824	11346
2006 年	12362.79	5719	1141.80	767.30	21725	13172
2007 年	15012.46	5773	1941.51	941.87	26127	16012
2008 年	18018.53	5835	2287.78	1179.70	31045	19181
2009 年	19480.46	5949	2444.18	1212.50	33063	20597
2010 年	23092.36	6042	3302.22	1442.80	38517	24446

资料来源：参见 2001～2011 年《河南统计年鉴》。

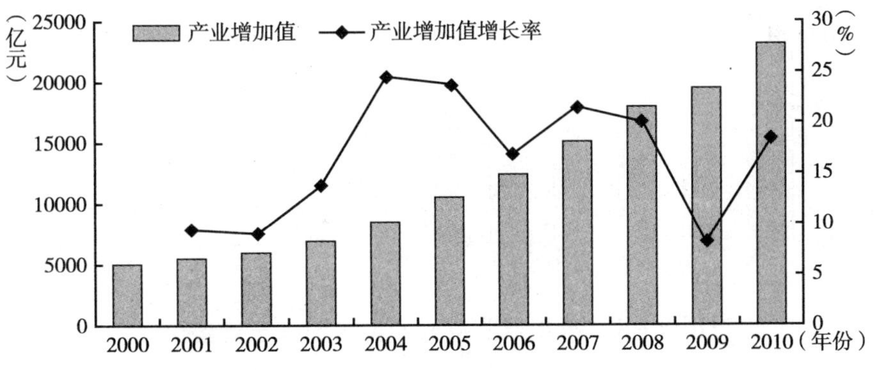

图 8－3　历年产业增加值增长趋势

亿元。就速度而言，历年产业增加值增长速度呈波动趋势，但总体而言保持着快速增长，增长值最低时为 2009 年的 8.1%，最高值为 2004 年的 24.6%，十年间年平均增长率为 16.5%；特别是 2001～2004 年，增长率逐年攀升；2005～2008 年，产业增加值的年增长率一直保持在 15% 以上。2009 年受金融危机的影响，经济增长放缓，年增长率首次跌至 10% 以下，至 2010 年，经济好转，年增长率为 18.5%，增速继续保持高位。以上数据表明，河南省的产业增加值一直保持着高速增长，整体看来，产业发展势头良好。

由图 8－4 可知，就总量而言，2000～2010 年各产业从业人员总数整体来说呈上升趋势，从 2000 年的 5572 万人到 2010 年的 6042 万人，十年间就业人员增加了 470 万人。就速度而言，历年从业人员增长速度呈波动趋势，但总体而言也呈上升趋势，除了 2001 年从业人员出现负增长，其他几年都保持稳步增长，平均年增速为 0.82%。以上数据表明，河南省的从业人员总数一直保持小幅稳步增长，其承载的就业规模、解决的就业人数也日益增大。

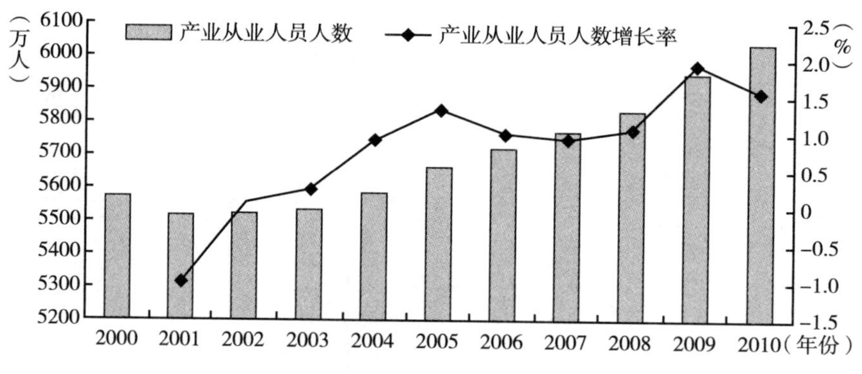

图 8－4　历年产业从业人员人数增长趋势

图 8－5 表明，就总量而言，2000～2010 年产业利润总额逐年攀升，从 2000 年的 139.97 亿元到 2010 年的 3302.22 亿元。就速度而言，历年产业利润保持高速增长，增长率呈波动趋势，2001～2003 年，利润增长速度较缓，年增长率在 30% 以下；2004～2007 年，利润增长高速运行，产业利润年增长率均高达 70% 以上；

2008 年、2009 年，受金融危机影响，利润增长率下降至 20% 以下，2009 年增长率仅为 6.8%，而 2010 年，经济复苏，产业利润增长率再度攀升，达 35.1%，十年间平均年增速为 40.3%。以上数据表明，河南省的产业利润一直保持高速增长，产业利润逐年增加，整体看来，产业的经营状况态势向好。

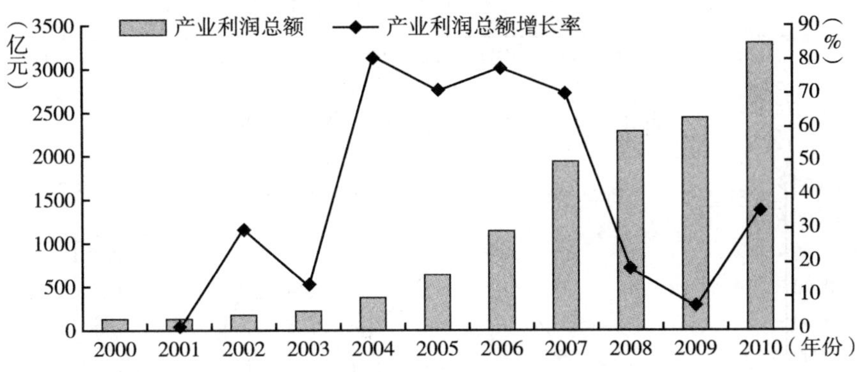

图 8－5　历年产业利润增长趋势

图 8－6 表明，就总量而言，2000～2010 年产业上缴的税金总额逐年增加，从 2000 年的 197.15 亿元到 2010 年的 1442.8 亿元。就速度而言，历年产业纳税呈波动趋势，2003～2008 年，纳税金额保持较快增速，年增长率在 20%～50% 之间；2009 年，受金融危机影响，产业利润增长率下降，产业纳税金额也随之下降，2009 年增长率仅为 2.7%；而 2010 年，经济复苏，纳税金额增长率再度攀升，为 18.9%，十年间平均年增速为 25.5%。以上数据表明，河南省的产业税金保持较快增长，纳税总额逐年增加。

图 8－7 表明，就总量而言，2000～2010 年全员劳动生产率逐年增加，从 2000 年的 9377 元/人·年到 2010 年的 38517 元/人·年。就速度而言，历年劳动生产率增长率呈波动趋势，2001～2004 年，劳动生产率增长率逐年提高；2005～2008 年，全员劳动生产率年增长率保持在 18%～24% 之间；2009 年，受金融危机影响，

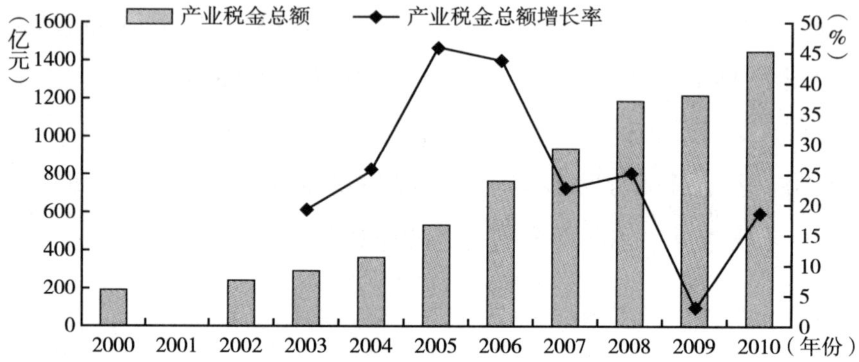

图 8－6 历年产业税金总额增长趋势

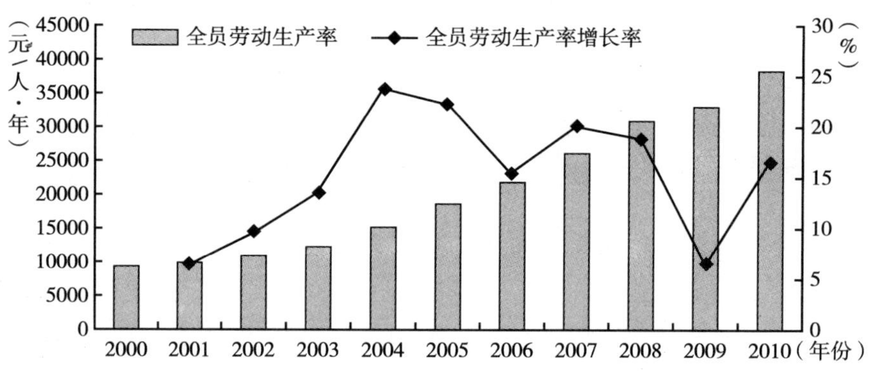

图 8－7 历年全员劳动生产率增长趋势

年增长率仅为 6.5%；而 2010 年，经济复苏，增长率再度攀升，为 16.5%，十年间平均年增速为 15.3%。以上数据表明，河南省的全员劳动生产率一直保持较快增长。

由图 8－8 可知，就总量而言，2000～2010 年间人均 GDP 一直保持稳步增长，从 2000 年的 5450 元/人到 2010 年的 24446 元/人。就速度而言，历年人均 GDP 增长速度呈波动趋势，但总体而言尚算平稳，除少数几年间，保持在 10%～20% 之间，增长值最低时为 2009 年的 7.4%，最高值为 2004 年的 24.7%，十年间年平均增长率为 16.3%。特别是 2001～2004 年，增长率逐年攀升；而

2005～2008 年，人均 GDP 年增长率一直保持在 15% 以上；2009 年受金融危机的影响，经济增长放缓，年增长率首次跌至 10% 以下；2010 年，经济好转，年增长率为 18.6%，增速继续保持高位。以上数据表明，河南省的人均 GDP 一直保持着高速增长，整体看来，经济发展势头良好。

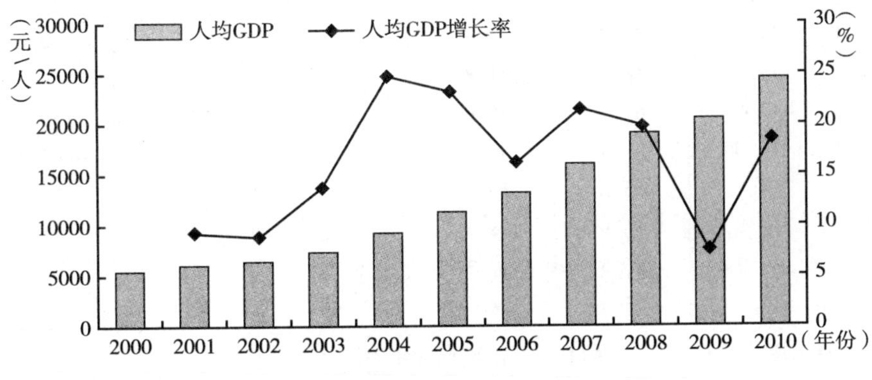

图 8－8　历年人均 GDP 增长趋势

二　中原经济区产业结构发展速度评析

前文分析表明，中原经济区的产业总体发展速度加快，虽然也有波动，但整体而言，呈现较好的发展态势，但产业间的结构发展呈现何种趋势有待进一步探讨。

以下分别从第一、第二、第三产业的结构发展状况，以及衡量产业升级的高技术产业、现代服务业及非国有经济的发展态势展开分析。首先，给出相应产业占 GDP 的比重在 2000～2010 年的变化，然后再考察各产业的发展速度和发展趋势，通过这两方面的考察对产业结构发展的速度进行评价。

由表 8－19 中的产业结构发展数据，可得历年各产业占 GDP 比重的变化趋势，如图 8－9 至图 8－12 所示。

表 8－19　产业结构发展数据

单位：%

	第一产业占GDP 比重	第二产业占GDP 比重	第三产业占GDP 比重	高技术产业占GDP 比重	现代服务业占GDP 比重	非国有经济占GDP 比重
2000 年	23.0	45.4	31.6	—	—	39.9
2001 年	22.3	45.4	32.3	—	—	40.8
2002 年	21.3	45.9	32.8	—	—	42.1
2003 年	17.5	48.2	34.3	—	—	43.6
2004 年	19.3	48.9	31.8	—	—	51.9
2005 年	17.9	52.1	30.0	—	15.5	59.4
2006 年	15.5	54.4	30.1	—	15.6	63.3
2007 年	14.8	55.2	30.0	—	15.9	67.3
2008 年	14.8	56.9	28.3	—	14.1	71.4
2009 年	14.2	56.5	29.3	6.28	16.9	74.4
2010 年	14.1	57.3	28.6	7.46	16.6	77.7

资料来源：参见 2001～2011 年《河南统计年鉴》。

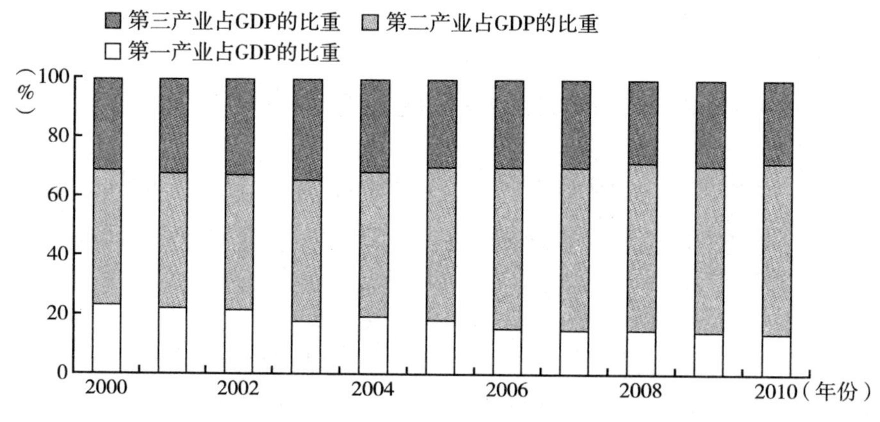

图 8－9　历年三次产业构成的变化

这表明：就变动趋势而言，2000～2010 年，第一产业的比重呈现逐渐下降的趋势，而第二产业的比重呈现逐渐上升的趋势，第三产业的比重先上升后下降又上升，呈现波动趋势。就总体比重而言，第二产业所占比重最高，从 2000 年的 45.4% 到 2010 年的

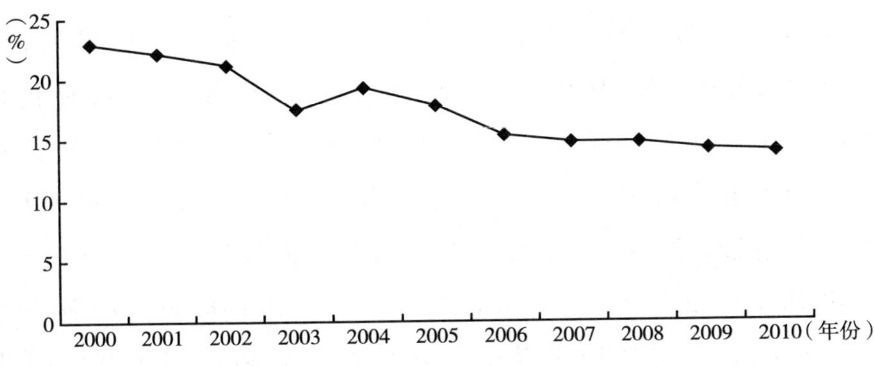

图 8-10　第一产业增加值占 GDP 比重的变化趋势

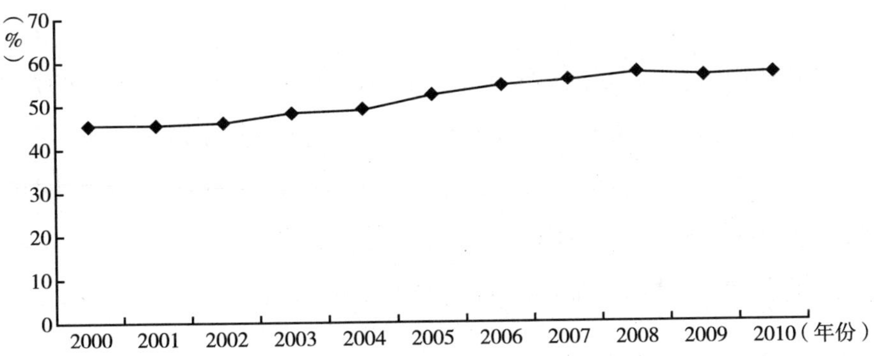

图 8-11　第二产业增加值占 GDP 比重的变化趋势

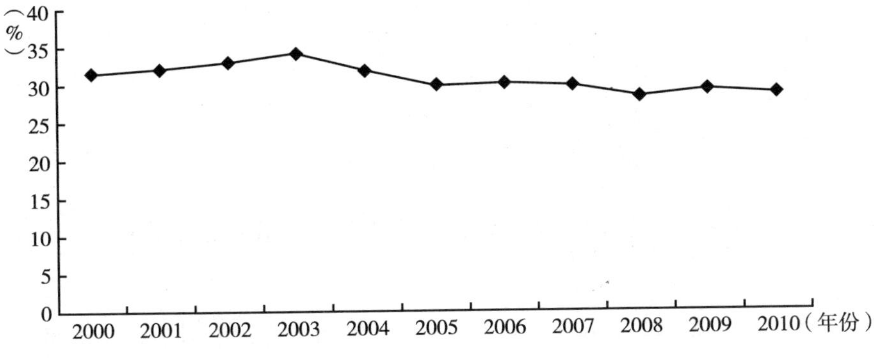

图 8-12　第三产业增加值占 GDP 比重的变化趋势

57.3%，第二产业占 GDP 的比重一直保持在高位，这表明河南省的产业结构仍然以第二产业为主。第一产业所占比重最低，从 2000 年的 23.0% 至 2010 年的 14.1%，第一产业比重逐渐下滑，但河南省作为农业大省，其第一产业的发展在国内仍然名列前茅。第三产业比重波动幅度不大，基本保持在 30% 左右，但近两年却呈现下滑趋势，2010 年为 28.6%。以上数据分析表明，河南省三次产业中，第二产业占有较大比重，产业发展仍以第二产业为主，而第三产业的发展却较为滞后，并且发展趋势不容乐观，因此，河南省的产业结构有待进一步调整，应进一步加强第三产业的发展。

图 8－13 表明，就趋势而言，排除 2008 年受金融危机的影响，2005～2010 年，现代服务业的比重基本呈现递增趋势，但年增幅较小，基本保持在 14%～17% 之间，所占比重较低，这表明河南省现代服务业的发展刚刚起步，需要加快发展步伐，增加支持力度，以促使产业结构向高端的现代服务业转型。

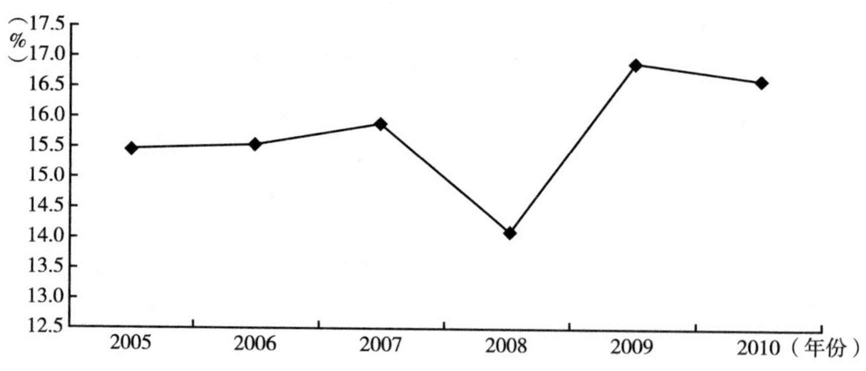

图 8－13　现代服务业增加值占 GDP 比重的变化趋势

图 8－14 表明，2000～2010 年，非国有经济得到了快速的发展，其历年增加值占 GDP 的比重逐年增加，保持较快增长，从

2000 年的 39.9% 至 2010 年的 77.7%，可见河南省的市场经济发展状况良好，产业发展呈现良好的竞争态势。

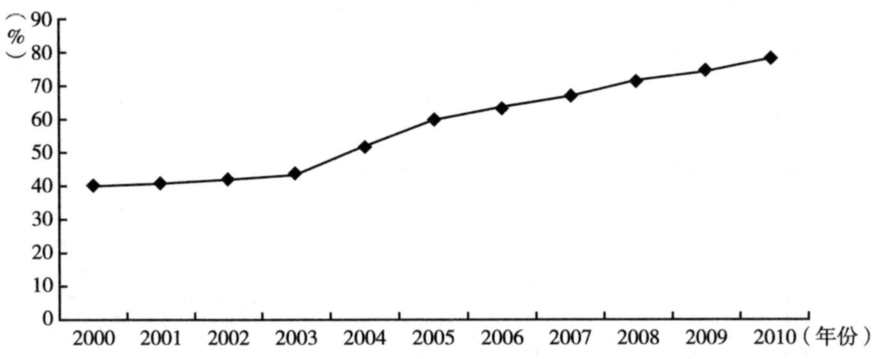

图 8－14　非国有经济增加值占 GDP 比重的变化趋势

为了进一步了解产业结构的发展趋势和速度，以下展开更深入的分析，表 8－20 给出了详细的分类产业发展数据。

表 8－20　分类产业发展数据

单位：亿元

年份	第一产业产值	第二产业产值	第三产业产值	高技术产业产值	现代服务业产值	非国有经济产值
2000	1161.58	2294.15	1597.26	—	—	461.59
2001	1234.34	2510.45	1788.22	—	—	518.47
2002	1288.36	2768.75	1978.37	—	—	602.75
2003	1198.70	3310.14	2358.86	—	—	763.98
2004	1649.29	4182.10	2722.40	—	—	1210.83
2005	1892.01	5514.14	3181.27	—	1637.00	1902.03
2006	1916.74	6724.61	3721.44	—	1921.81	2629.10
2007	2217.66	8282.83	4511.97	—	2386.08	3660.82
2008	2658.78	10259.99	5099.76	—	2542.41	5218.33
2009	2769.05	11010.50	5700.91	1223.71	3293.02	5778.38
2010	3258.09	13226.38	6607.89	1723.53	3835.86	7691.56

资料来源：参见 2001～2011 年《河南统计年鉴》。

由图 8－15 可知，就总量而言，除 2003 年和 2006 年外，其他各年第一产业增加值逐年增加，由 2000 年的 1161.58 亿元至 2010 年的 3258.09 亿元。就增长速度而言，除个别年份外，第一产业增长速度基本保持在 5%～20%之间，平均在 10%左右，可见河南省第一产业产值的增长速度依然可观，稳居农业大省的地位。

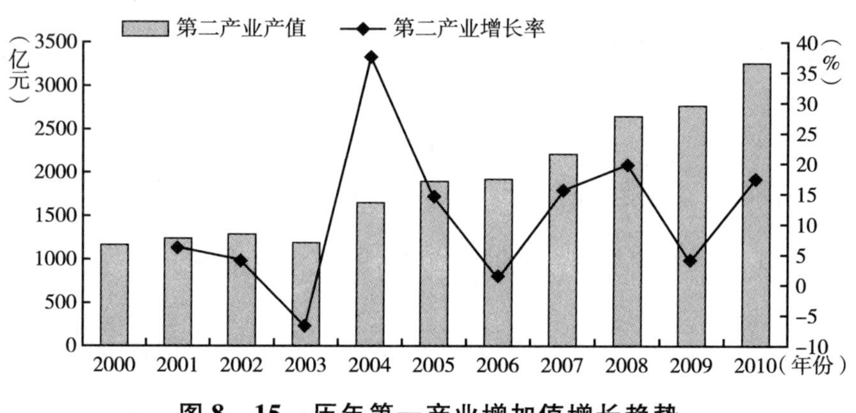

图 8－15　历年第一产业增加值增长趋势

由图 8－16 可知，就总量而言，2005～2010 年，第二产业增加值逐年增加，由 2005 年的 1637 亿元至 2010 年的 13226.38 亿元。就增长速度而言，除个别年份外，第二产业增长速度基本保持在 10%～35%之间，平均在 20%左右，可见河南省第二产业产值的增长速度较快，目前产业发展仍以第二产业为主。

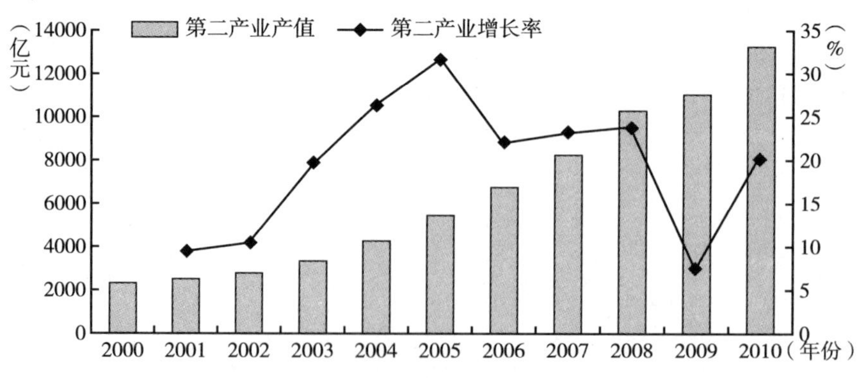

图 8－16　历年第二产业增加值增长趋势

由图 8－17 可知，就总量而言，2000～2010 年，第三产业增加值逐年增加，由 2000 年的 1597.26 亿元至 2010 年的 6607.89 亿元。就增长速度而言，除个别年份外，第三产业增长速度基本保持在 10%～25%之间，平均在 17%左右，可见河南省第三产业产值的增长速度较为稳定，增长速度低于第二产业而高于第一产业。

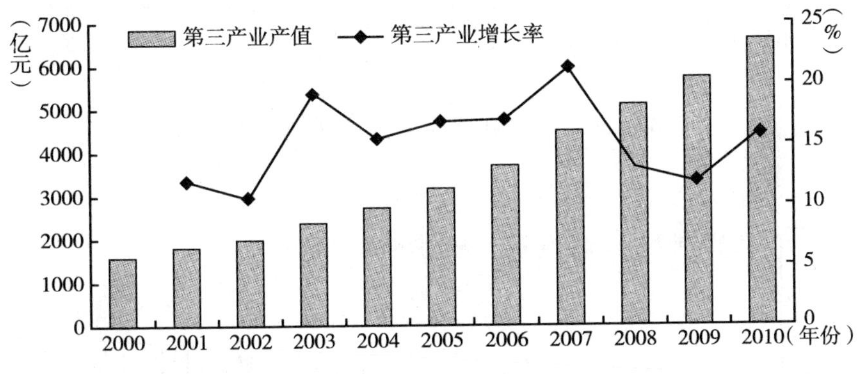

图 8－17　历年第三产业增加值增长趋势

由图 8－18 可知，就总量而言，2000～2010 年，现代服务业增加值逐年增加，由 2000 年的 1597.26 亿元至 2010 年的 3835.86 亿元。就增长速度而言，现代服务业增长速度基本保持在 5%～30%之间，平均在 18%左右，呈波动趋势，由于河南省现代服务业基础薄弱，因此，要想提升产业结构，仍需进一步加快现代服务业的发展速度。

由图 8－19 可知，就总量而言，2000～2010 年，非国有经济增加值逐年增加，由 2000 年的 461.59 亿元至 2010 年的 7691.56 亿元。就增长速度而言，非国有经济增长速度基本保持在 10%～60%之间，平均在 30%左右，个别年份年增长率高达 60%，呈波动趋势，可见河南省非国有经济的发展速度较快，市场呈现蓬勃的发展活力。

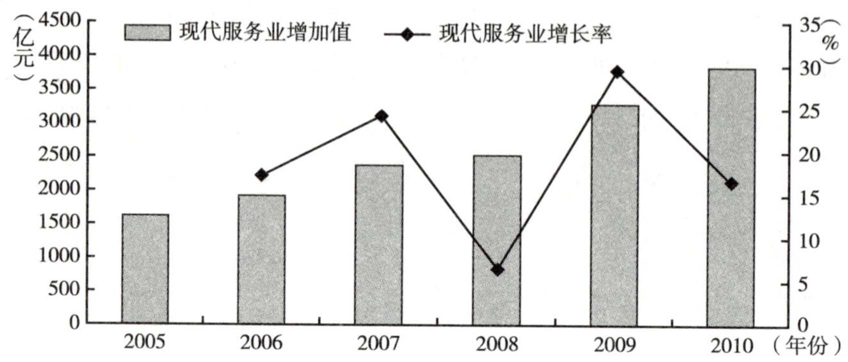

图 8－18　历年现代服务业增加值增长趋势

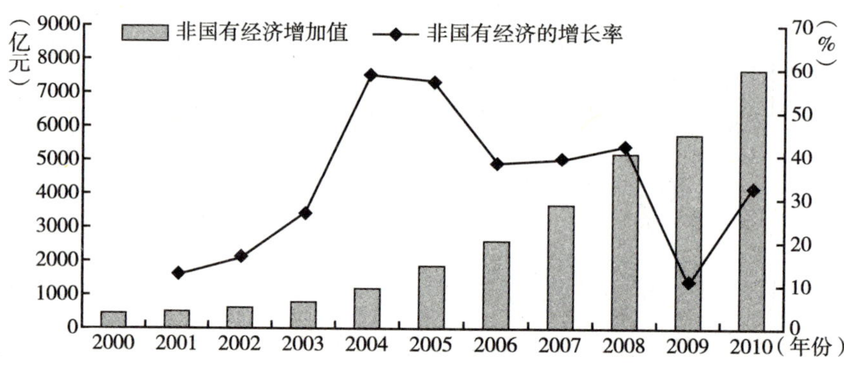

图 8－19　历年非国有经济增加值增长趋势

第四节　动力维评判——基于驱动与约束力层面

影响产业升级的驱动与约束因素繁复杂多，我们不可能一一考察，本节主要基于前文中所建立的指标体系，从产业转移、市场需求、区域竞争、要素供给和技术创新、制度环境和市场效率五个层面出发，分别考察这些因素对中原经济产业升级的驱动和约束力度，以期确定促使各产业升级的着力点。

一　产业转移对产业升级的影响评析

1. 实证分析方法的选择

通常情况下，考察两个时间序列变量间是否有因果关系有两种方法：一为格兰杰（Granger）因果检验；一为协整关系检验。其中，格兰杰因果检验适用于平稳序列，如果直接对非平稳的时间序列数据进行回归分析，会产生“伪回归”问题；而协整关系检验可用来判定具有非平稳序列间是否有长期的均衡关系。因此，本书首先对各变量的时间序列进行平稳性检验，然后根据平稳性检验的结果，选择实证分析方法。

2. 实证分析

本书选择的测度产业转移的指标是外商直接投资总额，而对产业升级的测度我们分别选取第一产业增加值、第二产业增加值、第三产业增加值作为数量化指标，数据的时间范围都是2000～2010年，数据的来源为历年的《河南统计年鉴》。

（1）相关性分析。散点图是常用的表现变量间有无数量关系的统计图，它通常用点的密集程度和趋势表示变量间的相互关系和变化趋势。在进行回归分析前，绘制合适的散点图考察变量间的相互关系及变化趋势是必需的。

选取2000～2010年外商投资总额 P_1（单位：万美元）、第一产业增加值 Y_1、第二产业增加值 Y_2、第三产业增加值 Y_3 的年度数据，运用SPSS18.0分别给出外商投资额与三次产业增加值间的散点图，如图8－20至图8－22所示。

由图8－20至图8－22可知，数据间具有如下特征，即随着外商投资额的增加，第一产业增加值、第二产业增加值、第三产业增加值亦呈现增长趋势，且外商投资额与三次产业增加值间的关系基本上呈线性关系。通过作散点图，可以初步判断外商投资额和三次

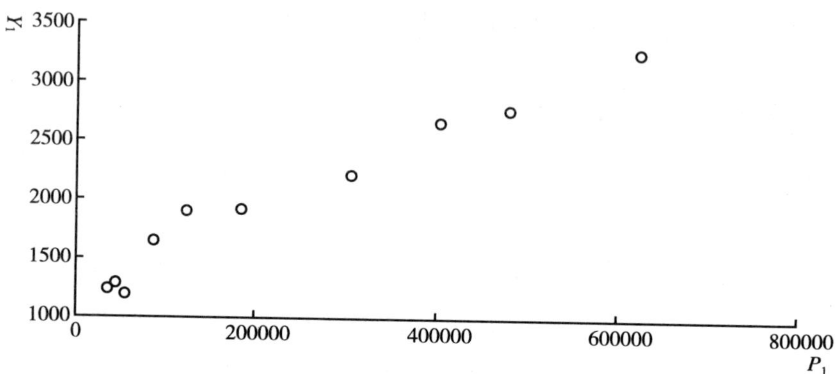

图 8－20　外商投资额与第一产业增加值间的散点图

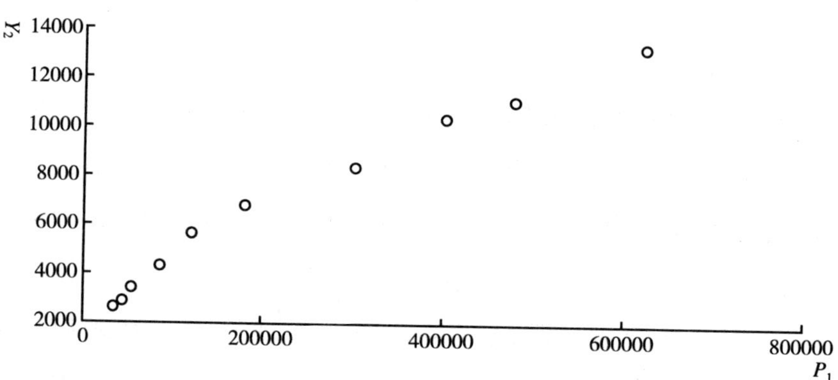

图 8－21　外商投资额与第二产业增加值间的散点图

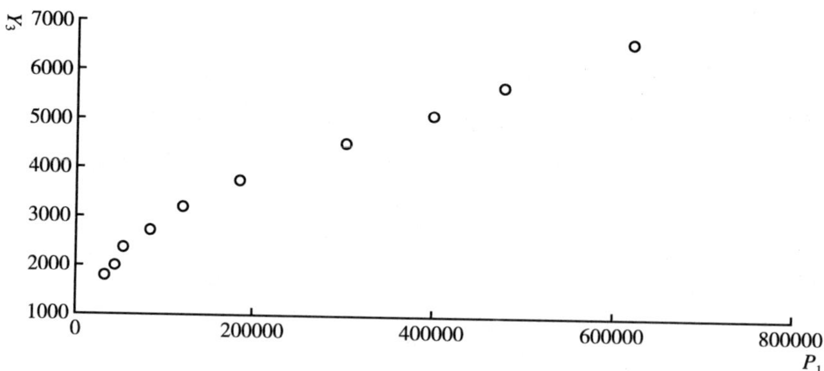

图 8－22　外商投资额与第三产业增加值间的散点图

产业增加值有正相关的关系，那么这种关系是否长期均衡？外商投资对三次产业产值究竟有多大的推动作用？这些还需要进一步进行分析。

（2）平稳性检验。以下首先对各变量的时间序列进行平稳性检验，以考察序列是否平稳，检验结果如表 8－21 所示。

表 8－21　ADF 检验结果

序　列	ADF 检验值	置信度(%)	临界值	结　论
Y_1 二阶差分	－7.0572	1	－5.2459	平　稳
		5	－3.5507	平　稳
		10	－2.9312	平　稳
Y_2 二阶差分	－5.8459	1	－6.6737	非平稳
		5	－4.5810	平　稳
		10	－3.7415	平　稳
Y_3 二阶差分	－3.279127	1	－5.2459	非平稳
		5	－3.5507	非平稳
		10	－2.9312	平　稳
P_1 二阶差分	－4.2987	1	－5.2459	非平稳
		5	－3.5507	平　稳
		10	－2.9312	平　稳

注：Y_1、Y_2、Y_3、P_1 的零阶、一阶差分在 10% 的置信水平下都没有通过平稳性检验，因此本表只列出二阶差分后的检验结果。

由表 8－21 的检验结果可知，Y_1 的二阶差分、Y_2 的二阶差分、Y_3 的二阶差分、P_1 的二阶差分分别在 1%、5%、10%、5% 的置信水平下通过了平稳检验，因此这三个序列都是非平稳的二阶单整序列。

由于 Y_1、Y_2、Y_3、P_1 都是非平稳序列，所以直接用格兰杰因果检验序列间是否存在因果关系，所得结论是不可信的，考虑四个序列都是同阶单整序列，因此可用协整分析方法考察 P_1 与 Y_1、Y_2、Y_3 之间的关系，即考察外商投资究竟对各产业产生什么样的影响。

（3）协整分析。建立计量模型如下：

$$Y_1 = C_{11} + \alpha_{11}P_1 + \beta_{11}T + \mu_{11}$$
$$Y_2 = C_{21} + \alpha_{21}P_1 + \beta_{21}T + \mu_{21}$$
$$Y_3 = C_{31} + \alpha_{31}P_1 + \beta_{31}T + \mu_{31}$$

关于协整关系的检验主要有两种方法：一是 Engle 和 Granger 于 1987 年提出的基于协整回归残差的 ADF 检验的 EG 两步法；二是 Johansen 与 Juselius 于 1990 年提出的基于向量自回归模型的多重协整检验方法，通常被称为 JJ 检验，主要用来进行多变量之间的协整检验过程。由于本书分析的是两变量间的关系，故采用第一种方法。使用 Eviews 5.0 软件，用 OLS 法对与上述方程进行协整回归，将标准化系数进行整理，得到以下回归结果：

$$\begin{aligned} Y_1 = {} & 1006.48 + 0.00201P_1 + 96.399T \\ & (9.0219) \quad (3.2616) \quad (2.5755) \\ & \hat{R}^2 = 0.9785 \quad F = 159.5310 \end{aligned} \tag{8-1}$$

$$\begin{aligned} Y_2 = {} & 1331.98 + 0.01030P_1 + 547.816T \\ & (5.4783) \quad (7.7236) \quad (5.9332) \\ & \hat{R}^2 = 0.9953 \quad F = 970.1147 \end{aligned} \tag{8-2}$$

$$\begin{aligned} Y_3 = {} & 1320.22 + 0.00416P_1 + 267.304T \\ & (34.3407)(18.4558) \quad (17.2454) \\ & \hat{R}^2 = 0.9993 \quad F = 6627.0510 \end{aligned} \tag{8-3}$$

那么上述回归关系是否存在长期稳定均衡呢？这需要对协整关系进行检验。根据公式 $e_t = Y_t - \hat{Y}_t$ 计算残差项 e_t，并对 e_t 序列进行平稳性检验，所得结果如表 8-22 所示。

由表 8-22 可知，用 ADF 方法检验回归方程残差是否平稳，检验结果表明，在 5% 的置信水平下，三个回归方程的残差项 e_t 都通过了平稳性检验，表明残差项为平稳的时间序列。这表明外商投

表 8-22　ADF 检验结果

序　列	ADF 检验值	置信度(%)	临界值	结　论
第一个方程的残差序列	-3.9534	1	-4.6405	非平稳
		5	-3.3350	平　稳
		10	-2.8269	平　稳
第二个方程的残差序列	-3.4596	1	-4.8875	非平稳
		5	-3.2239	平　稳
		10	-2.8640	平　稳
第三个方程的残差序列	-3.9658	1	-4.6405	非平稳
		5	-3.3350	平　稳
		10	-2.8169	平　稳

资额与三次产业增加值之间存在协整关系，即三个方程的回归结果表明的关系是长期稳定、均衡的。

由于通过了协整检验，下面我们对式（8-1）至式（8-3）的回归结果进行分析。

式（8-1）的回归结果表明，回归系数均在1%的置信水平下是显著的，回归方程的拟合优度达到97.85%，回归结果拟合较好，由回归系数可知，外商投资额对第一产业的发展具有微弱的正向推动作用，外商投资额增加1万美元会使得第一产业增加0.00201亿元人民币的产出；式（8-2）的回归结果表明，回归系数均在1%的置信水平下是显著的，回归方程的拟合优度达到99.53%，回归结果拟合较好，由回归系数可知，外商投资额对第二产业的发展具有较强的正向推动作用，外商投资额增加1万美元会使得第二产业增加0.0103亿元人民币的产出；式（8-3）的回归结果表明，回归系数均在1%的置信水平下是显著的，回归方程的拟合优度达到99.93%，回归结果拟合较好，由回归系数可知，外商投资额对第三产业的发展具有一定的正向推动作用，外商投资额增加 1 万美元会使得第三产业增加 0.00416 亿元人民币的产出。

综合上述实证分析结果，我们可以得到这样的结论：外商投资对三次产业的发展均具有一定的推动作用。其中，对第一产业的推动作用较小，对第二产业的推动作用最大，对第三产业的推动作用略大于第一产业，但远小于第二产业，该实证结果表明，产业转移主要是第二产业的转移，该助力因素主要有利推动于第二产业的发展。

二 市场需求扩张对产业升级的影响评析

本书选择的测度市场需求扩张的指标是人均消费支出水平和可支配人均收入总额，而对产业升级的测度我们分别选取第一产业增加值、第二产业增加值、第三产业增加值作为数量化指标，数据的时间范围都是 2000～2010 年，数据的来源为历年的《河南统计年鉴》。

1. 相关性分析

散点图是常用的表现变量间有无数量关系的统计图，它通常用点的密集程度和趋势表示变量间的相互关系和变化趋势。在进行回归分析前，绘制合适的散点图考察变量间的相互关系及变化趋势是必需的。

选取 2000～2010 年人均消费收入水平 P_2（单位：元/人）、可支配收入总额 P_3（单位：亿元）、第一产业增加值 Y_1、第二产业增加值 Y_2、第三产业增加值 Y_3 的年度数据，运用 SPSS18.0 分别给出人均消费收入水平、可支配收入总额与三次产业增加值间的散点图，如图 8－23 至图 8－28 所示。

由图 8－23 至图 8－28 可知，数据间具有如下特征，即随着人均消费收入水平、可支配收入总额的增加，第一产业增加值、第二

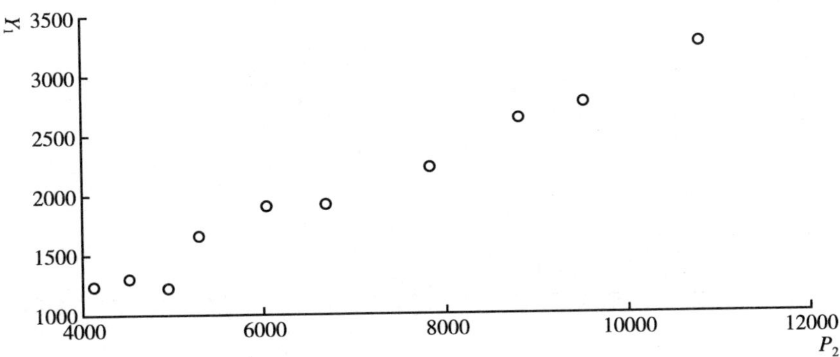

图 8－23　人均消费支出与第一产业增加值间的散点图

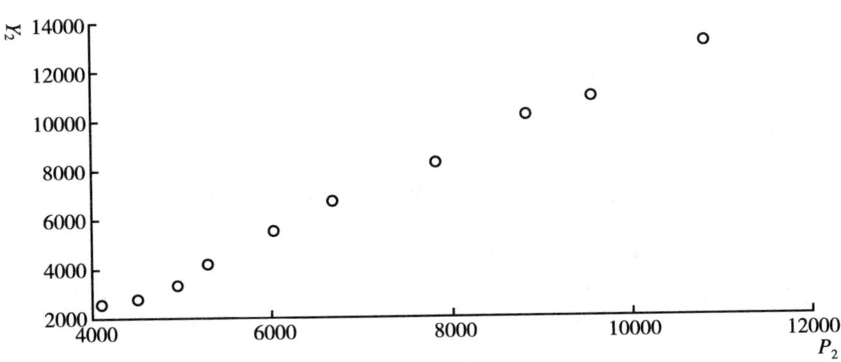

图 8－24　人均消费支出与第二产业增加值间的散点图

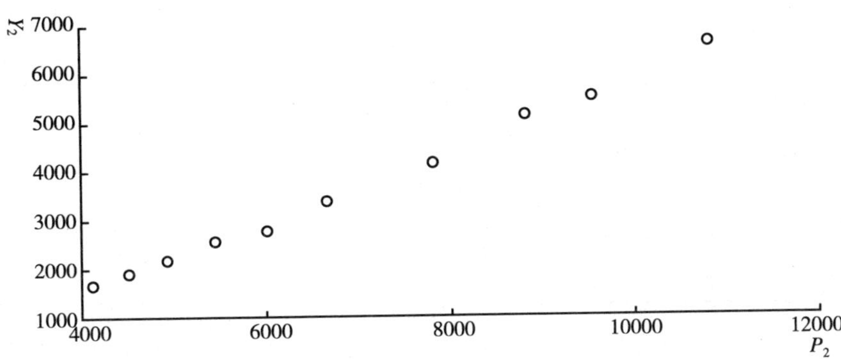

图 8－25　人均消费支出与第三产业增加值间的散点图

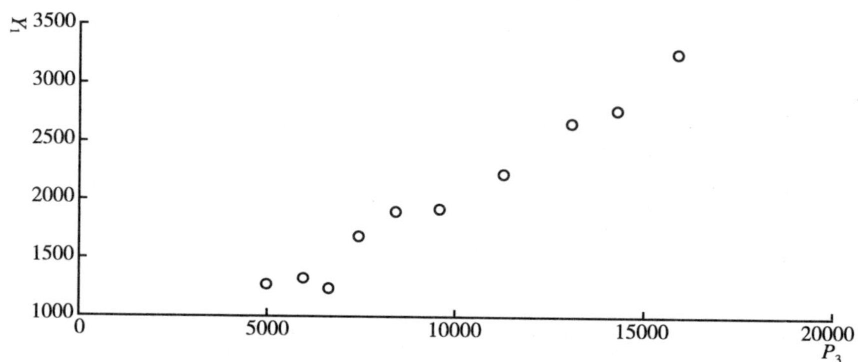

图 8－26　可支配收入总额与第一产业增加值间的散点图

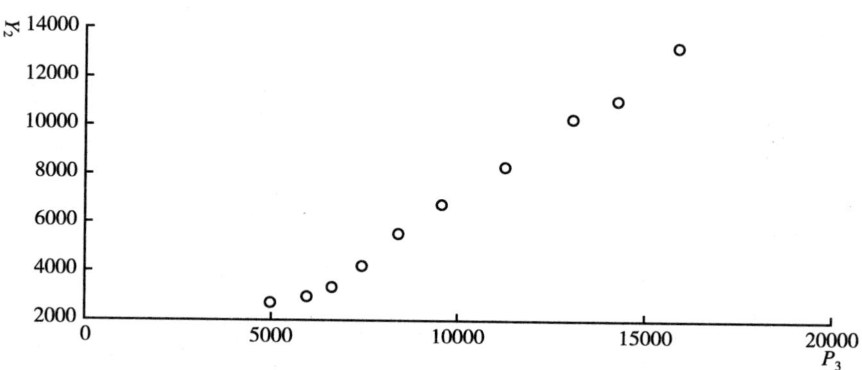

图 8－27　可支配收入总额与第二产业增加值间的散点图

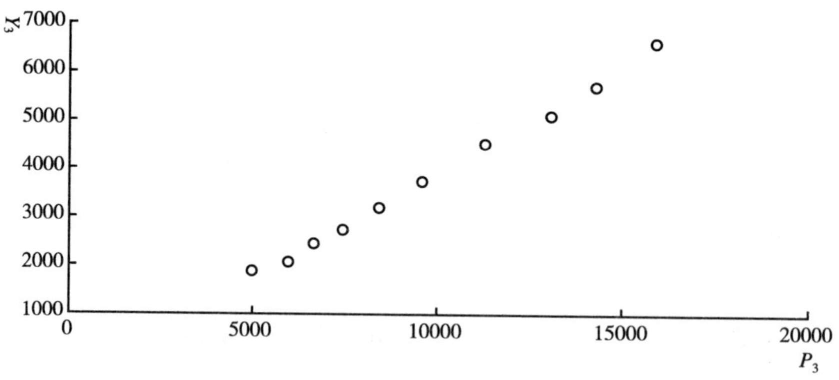

图 8－28　可支配收入总额与第三产业增加值间的散点图

产业增加值、第三产业增加值亦呈现增长趋势，且人均消费收入水平、可支配收入总额与三次产业增加值间的关系基本上呈线性关系。通过作散点图，可以初步判断人均消费收入水平、可支配收入总额和三次产业增加值有正相关的关系，那么这种关系是否长期均衡？人均消费收入水平、可支配收入总额对三次产业产值究竟有多大的推动作用？这些还需要进一步进行分析。

2. 平稳性检验

以下首先对各变量的时间序列进行平稳性检验，以考察序列是否平稳，检验结果如表 8－23 所示。

表 8－23　ADF 检验结果

序　列	ADF 检验值	置信度	临界值	结论
P_2 二阶差分	－4.0572	1	－5.2459	非平稳
		5	－3.5507	平　稳
		10	－2.9312	平　稳
P_3 二阶差分	－3.9987	1	－5.2459	非平稳
		5	－3.5507	平　稳
		10	－2.9312	平　稳

注：P_2、P_3 的零阶、一阶差分在 10% 的置信水平下都没有通过平稳性检验，因此本表只列出二阶差分后的检验结果。

由表 8－23 的检验结果可知，P_2 的二阶差分、P_3 二阶差分都在 5% 的置信水平下通过了平稳检验，因此是这两个序列与 Y_1、Y_2、Y_3 一样都是非平稳的二阶单整序列。

由于 P_2、P_3 与 Y_1、Y_2、Y_3 都是非平稳序列，所以直接用格兰杰因果检验序列间是否存在因果关系，所得结论是不可信的，考虑几个序列都是同阶单整序列，因此可用协整分析方法考察 P_2、P_3 与 Y_1、Y_2、Y_3 之间的关系，即考察人均消费收入水平、可支配收入总额的变化究竟对各产业会产生什么样的影响。

3. 协整分析

建立计量模型如下：

$$Y_1 = C_{12} + \alpha_{12}P_2 + \beta_{12}T + \mu_{12}$$
$$Y_2 = C_{22} + \alpha_{22}P_2 + \beta_{22}T + \mu_{22}$$
$$Y_3 = C_{32} + \beta_{32}P_2 + \beta_{32}T + \mu_{32}$$
$$Y_1 = C_{13} + \alpha_{13}P_3 + \beta_{13}T + \mu_{13}$$
$$Y_2 = C_{23} + \alpha_{23}P_3 + \beta_{23}T + \mu_{23}$$
$$Y_3 = C_{33} + \beta_{33}P_3 + \beta_{33}T + \mu_{33}$$

使用 Eviews 5.0 软件，用 OLS 法对与上述方程进行协整回归，将标准化系数进行整理，得到以下回归结果：

$$Y_1 = -69.8569 + 0.3009P_2 + 2.34399T \quad (8-4)$$
$$(2.5093) \quad (3.1034) \quad (2.5755)$$
$$\hat{R}^2 = 0.9772 \qquad F = 150.2274$$

$$Y_2 = -4368.861 + 1.6061P_2 + 22.4847T \quad (8-5)$$
$$(-8.4595) \quad (8.9277) \quad (5.9332)$$
$$\hat{R}^2 = 0.9972 \qquad F = 1292.664$$

$$Y_3 = -931.4498 + 0.6314P_2 + 66.287T \quad (8-6)$$
$$(-7.2726) \quad (14.1917) \quad (2.9454)$$
$$\hat{R}^2 = 0.9991 \qquad F = 3971.681$$

$$Y_1 = -81.3665 + 0.2174P_3 + 37.369T \quad (8-7)$$
$$(3.5093) \quad (2.8097) \quad (3.8855)$$
$$\hat{R}^2 = 0.9746 \qquad F = 134.1718$$

$$Y_2 = -3582.497 + 1.1670P_3 + 95.9323T \quad (8-8)$$
$$(-5.8884) \quad (6.3265) \quad (2.6332)$$
$$\hat{R}^2 = 0.9934 \qquad F = 683.3873$$

$$Y_3 = -612.9853 + 0.4558P_3 + 5.9121T \quad (8-9)$$
$$(-2.9652) \quad (7.2718) \quad (2.0594)$$
$$\hat{R}^2 = 0.9961 \qquad F = 1138.652$$

那么上述回归关系是否存在长期稳定均衡呢？这需要对协整关系进行检验。根据公式：$e_t = Y_t - \hat{Y}_t$ 计算残差项 e_t，并对 e_t 序列进行平稳性检验，所得结果如表 8－24 所示。

表 8－24　ADF 检验结果

序　列	ADF 检验值	置信度(%)	临界值	结　论
第四个方程的残差序列	-3.7885	1	-4.6405	非平稳
		5	-3.3350	平　稳
		10	-2.8169	平　稳
第五个方程的残差序列	-2.9179	1	-4.6405	非平稳
		5	-3.3350	非平稳
		10	-2.8169	平　稳
第六个方程的残差序列	-4.1476	1	-4.6405	非平稳
		5	-3.3350	平　稳
		10	-2.8169	平　稳
第七个方程的残差序列	-3.8210	1	-4.6405	非平稳
		5	-3.3350	平　稳
		10	-2.8169	平　稳
第八个方程的残差序列	-3.4596	1	-4.6405	非平稳
		5	-3.3350	平　稳
		10	-2.8169	平　稳
第九个方程的残差序列	-3.4466	1	-4.6405	非平稳
		5	-3.3350	平　稳
		10	-2.8169	平　稳

由表 8－24 可知，用 ADF 方法检验回归方程残差是否平稳，检验结果表明，在 5% 的置信水平下，上述第四、第六、第七、第八、第九个回归方程的残差项 e_t 都通过了平稳性检验，而第五个方程的残差序列在 10% 的置信水平下也通过了平稳性检验，这表明残差项为平稳的时间序列，意味着人均消费支出水平、可支配收入总额与三次产业增加值之间存在协整关系，即六个方程的回归结果表明的关系是长期稳定、均衡的。

由于通过了协整检验，下面我们对式（8－4）至式（8－9）

的回归结果进行分析。

式（8－4）的回归结果表明，P_2 的回归系数均在 1% 的置信水平下是显著的，常数项和时间趋势项的回归系数在 5% 的置信水平下是显著的，回归方程的拟合优度达到 97.72%，回归结果拟合较好，由回归系数可知，消费水平的增加对第一产业的发展具有较大的正向推动作用，人均消费水平每增加 1 亿元会使得第一产业增加 0.3009 亿元人民币的产出；式（8－5）的回归结果表明，回归系数均在 1% 的置信水平下是显著的，回归方程的拟合优度达到 99.72%，回归结果拟合较好，由回归系数可知，消费水平的增加对第二产业的发展具有显著的正向推动作用，人均消费每增加 1 亿元会使得第二产业增加 1.6061 亿元人民币的产出；式（8－6）的回归结果表明，常数和 P_2 的回归系数均在 1% 的置信水平下是显著的，而时间趋势项的回归系数在 5% 的置信水平下是显著的，回归方程的拟合优度达到 99.91%，回归结果拟合较好，由回归系数可知，人均消费水平的增加对第三产业的发展具有较大的正向推动作用，人均消费水平每增加 1 亿元会使得第三产业增加 0.6314 亿元人民币的产出。

式（8－7）的回归结果表明，P_3 的回归系数均在 5% 的置信水平下是显著的，常数项和时间趋势项的回归系数在 1% 的置信水平下是显著的，回归方程的拟合优度达到 97.46%，回归结果拟合较好，由回归系数可知，可支配收入总额的增加对第一产业的发展具有一定的正向推动作用，可支配收入总额每增加 1 亿元会使得第一产业增加 0.2174 亿元人民币的产出；式(8－8)的回归结果表明，常数和 P_3 的回归系数均在 1% 的置信水平下是显著的，而时间趋势项的回归系数在 5% 的置信水平下是显著的，回归方程的拟合优度达到 99.34%，回归结果拟合较好，由回归系数可知，可支配收入总额的增加对第二产业的发展具有较大的正向推动作用，可支配收入总额每增加 1 亿元会使得第二产业增加 1.167 亿元人民币的产出；式（8－9）的回归结果表明，P_3 的回归系数均在 1% 的置信水平下是显著的，而常数和时间趋势项的回归系数在 5% 的置信水平下是显著的，回归方程的拟合优度达到 99.61%，回归结果拟合较好，由回归系数可知，可支配收入总额的增加对第三产业的发展具有显著的正向推动作用，可支配收入总额每增加 1 亿元会使得第三产业增加 0.4558 亿元人民币的产出。

综合上述实证分析结果，我们可以得到这样的结论：人均消费支出和可支配收入总额的增加对三次产业的发展均具有很大的推动作用。其中，对第一产业的推动作用相对较小，对第二产业的推动作用最大，对第三产业的推动作用是第一产业的 2 倍左右，但小于第二产业，该实证结果表明，消费市场需求的扩张是促进产业发展升级的主要推动因素，其对各产业尤其是第二、第三产业的发展具有相当大的拉动作用。

三　国际竞争和区域竞争对产业升级的影响评析

本书选择的测度市场需求与扩张的指标是人均工资水平和 FDI 增长率，而对产业升级的测度我们分别选取第一产业增加值、第二产业增加值、第三产业增加值作为数量化指标，数据的时间范围都是 2000～2010 年，数据的来源为历年的《河南统计年鉴》。

1. 相关性分析

散点图是常用的表现变量间有无数量关系的统计图，它通常用点的密集程度和趋势表示变量间的相互关系和变化趋势。在进行回归分析前，绘制合适的散点图考察变量间的相互关系及变化趋势是必需的。

选取 2000～2010 年人均工资水平 P_4（单位：元）和 FDI 增长率 P_5（单位:%）、第一产业增加值 Y_1、第二产业增加值 Y_2、第三产业增加值 Y_3 的年度数据，运用 Eviews 5.0 分别给出人均工资水平和 FDI 增长率与三次产业增加值间的散点图，如图 8－29 至图 8－34 所示。

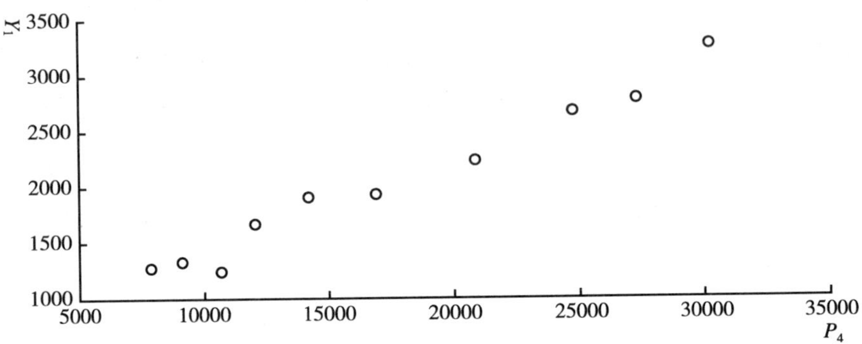

图 8－29　人均工资水平与第一产业增加值间的散点图

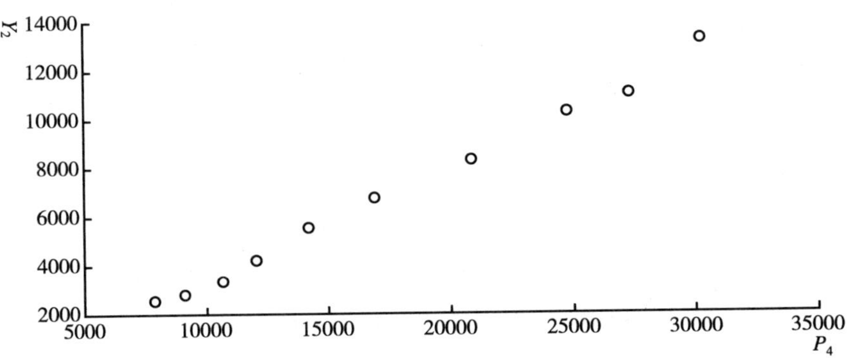

图 8－30　人均工资水平与第二产业增加值间的散点图

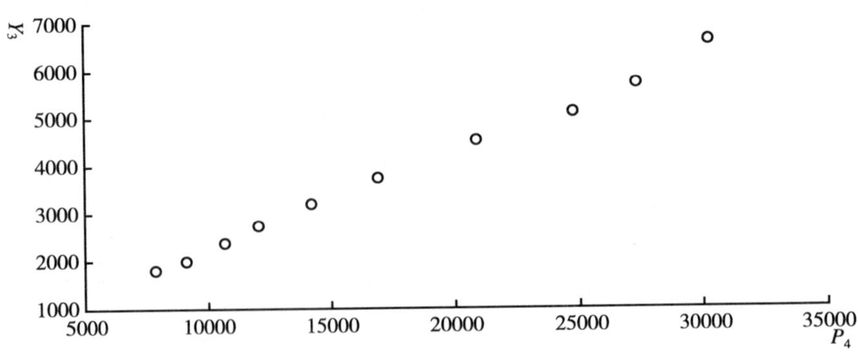

图 8－31　人均工资水平与第三产业增加值间的散点图

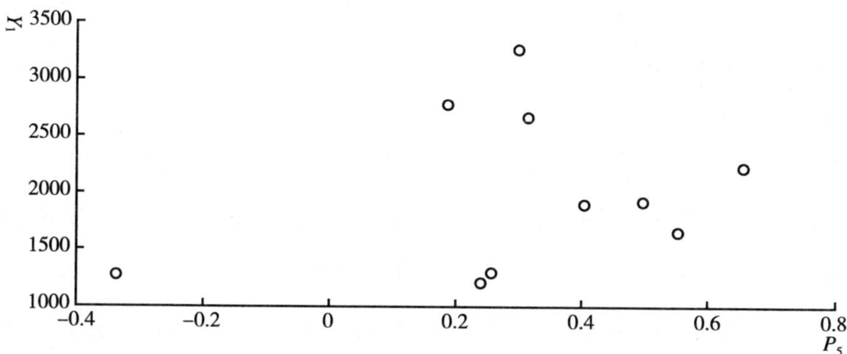

图 8－32 FDI 增长率与第一产业增加值间的散点图

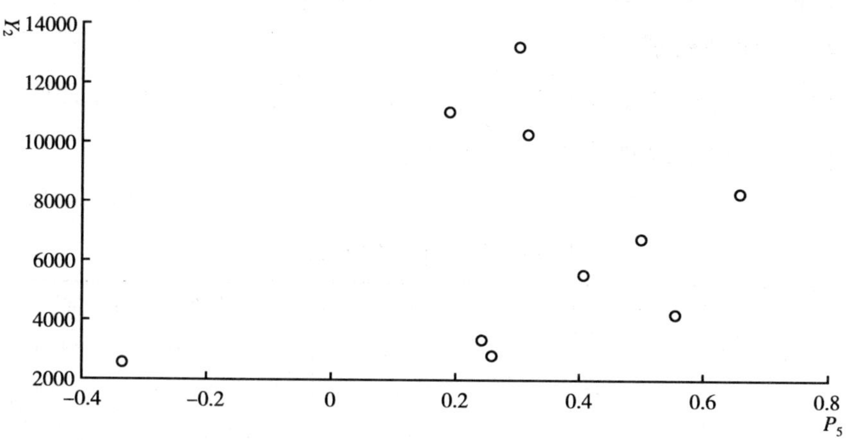

图 8－33 FDI 增长率与第二产业增加值间的散点图

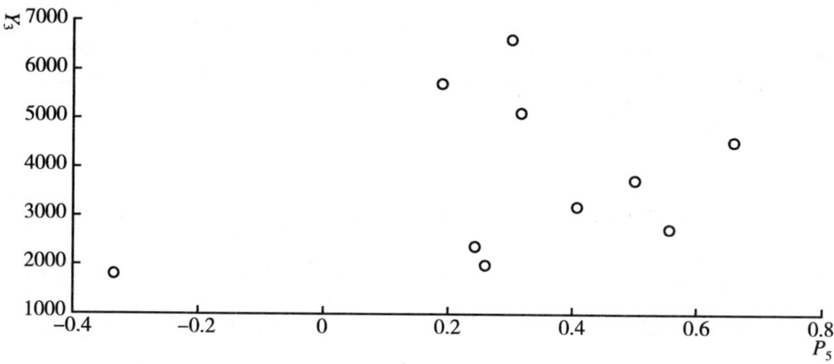

图 8－34 FDI 增长率与第三产业增加值间的散点图

由图 8－29 至图 8－34 可知，数据间具有如下特征，即随着人均工资水平的增加，第一产业增加值、第二产业增加值、第三产业增加值亦呈现增长趋势，且人均工资水平与三次产业增加值间的关系基本上呈线性关系；但 FDI 增长率和第一产业增加值、第二产业增加值、第三产业增加值间没有明确的关系，也无法显示出有线性趋势或其他特征。通过作散点图，可以初步判断人均工资水平和三次产业增加值有正相关的关系，而 FDI 增长率和三次产业增加值间关系不明确。那么这种关系是否长期均衡？人均工资水平与三次产业产值究竟具有什么样的关系？这些还需要进一步进行分析。

2. 平稳性检验

以下首先对各变量的时间序列进行平稳性检验，以考察序列是否平稳，检验结果如表 8－25 所示。

表 8－25　ADF 检验结果

序　列	ADF 检验值	置信度(%)	临界值	结　论
P_4 二阶差分	－3.0572	1	－5.2459	非平稳
		5	－3.5507	非平稳
		10	－2.9312	平　稳
P_5 二阶差分	－2.6039	1	－5.2459	非平稳
		5	－3.5507	非平稳
		10	－2.9312	非平稳

注：P_4、P_5 的零阶、一阶差分在 10% 的置信水平下都没有通过平稳性检验，因此本表只列出二阶差分后的检验结果。

由表 8－25 的检验结果可知，P_4 的二阶差分在 10% 的置信水平下通过了平稳检验，而 P_5 二阶差分在 10% 的置信水平下没有通过平稳检验，因此 P_4 序列与 Y_1、Y_2、Y_3 一样都是非平稳的二阶单整序列，P_5 与 Y_1、Y_2、Y_3 不是同阶单整序列，无法进行协整分析，以下只对 P_4 对 Y_1、Y_2、Y_3 的影响进行分析。

由于 P_4 与 Y_1、Y_2、Y_3 都是非平稳序列，所以直接用格兰杰因果检验序列间是否存在因果关系，所得结论是不可信的，考虑几个序列都是同阶单整序列，因此可用协整分析方法考察 P_4 与 Y_1、Y_2、Y_3 间的关系，即考察人均工资水平的变化究竟对各产业会产生什么样的影响。

3. 协整分析

建立计量模型如下：

$$Y_1 = C_{14} + \alpha_{14} P_4 + \beta_{14} T + \mu_{14}$$
$$Y_2 = C_{24} + \alpha_{24} P_4 + \beta_{24} T + \mu_{24}$$
$$Y_3 = C_{34} + \beta_{34} P_4 + \beta_{34} T + \mu_{34}$$

使用 Eviews 5.0 软件，用 OLS 法对与上述方程进行协整回归，将标准化系数进行整理，得到以下回归结果：

$$\begin{aligned} Y_1 &= -491.4129 + 0.08259 P_4 + 13.5519 T \\ &\quad (3.5058) \quad (2.5061) \quad (2.5755) \\ \hat{R}^2 &= 0.9633 \qquad F = 119.2534 \end{aligned} \tag{8-10}$$

$$\begin{aligned} Y_2 &= -368.861 + 0.9061 P_4 + 22.4847 T \\ &\quad (-8.4595) \quad (8.9277) \quad (5.9332) \\ \hat{R}^2 &= 0.9972 \qquad F = 1292.664 \end{aligned} \tag{8-11}$$

$$\begin{aligned} Y_3 &= -221.3413 + 0.1812 P_4 + 69.4184 T \\ &\quad (-2.2726) \quad (6.6219) \quad (2.9454) \\ \hat{R}^2 &= 0.9953 \qquad F = 996.4184 \end{aligned} \tag{8-12}$$

那么上述回归关系是否存在长期稳定均衡呢？这需要对协整关系进行检验。根据公式：$e_t = Y_t - \hat{Y}_t$ 计算残差项 e_t，并对 e_t 序列进行平稳性检验，所得结果如表 8－26 所示。

由表 8－26 可知，用 ADF 方法检验回归方程残差是否平稳，检验结果表明，在 5% 的置信水平下，上述三个回归方程的残差项 e_t 都通过了平稳性检验，这表明残差项为平稳的时间序列，意味着

表 8－26　ADF 检验结果

序　列	ADF 检验值	置信度(％)	临界值	结　论
第十个方程的残差序列	－3. 5368	1	－4. 6405	非平稳
		5	－3. 3350	平　稳
		10	－2. 8169	平　稳
第十一个方程的残差序列	－3. 4596	1	－4. 6405	非平稳
		5	－3. 3350	平　稳
		10	－2. 8169	平　稳
第十二个方程的残差序列	－3. 3967	1	－4. 6405	非平稳
		5	－3. 3350	平　稳
		10	－2. 8169	平　稳

人均工资水平与三次产业增加值之间存在协整关系，即三个方程的回归结果表明的关系是长期稳定、均衡的。

由于通过了协整检验，下面我们对式（8－10）至式（8－12）的回归结果进行分析。

式（8－10）的回归结果表明，回归系数均在 5% 的置信水平下是显著的，回归方程的拟合优度达到 96. 33%，回归结果拟合较好，由回归系数可知，人均工资水平的提高对第一产业的发展具有微弱的正向推动作用，人均工资每增加 1 元会使得第一产业增加 0. 08259 亿元人民币的产出；式（8－11）的回归结果表明，回归系数均在 1% 的置信水平下是显著的，回归方程的拟合优度达到 99. 72%，回归结果拟合较好，由回归系数可知，人均工资水平的提高对第二产业的发展具有较强的正向推动作用，人均工资每增加 1 元会使得第二产业增加 0. 9061 亿元人民币的产出；式（8－12）的回归结果表明，常数项和趋势项回归系数均在 5% 的置信水平下是显著的，P_4 的回归系数在 1% 的置信水平下是显著的，回归方程的拟合优度达到 99. 53%，回归结果拟合较好，由回归系数可知，人均工资水平的提高对第三产业的发展具有一定的正向推动作用，人均工资每增加 1 元会使得第三产业增加 0.1812 亿元人民币的产出。

综合上述实证分析结果，我们可以得到这样的结论：人均工资水平的提高对三次产业的发展均具有一定的推动作用。其中，对第一产业的推动作用较小，对第二产业的推动作用最大，对第三产业的推动作用略大于第一产业，但小于第二产业，该实证结果表明，作为区域竞争的要素，人均工资水平的提高主要有利于推动第二、第三产业的发展。

四　要素供给对产业升级的影响评析

本书选择的测度要素供给的指标是固定资产投资数额、受高等教育人数比率、每万人拥有的铁路里程、R&D 经费额，而对产业升级的测度我们分别选取第一产业增加值、第二产业增加值、第三产业增加值作为数量化指标，数据的时间范围都是 2000 ~2010 年，数据的来源为历年的《河南统计年鉴》。

1. 相关性分析

散点图是常用的表现变量间有无数量关系的统计图，它通常用点的密集程度和趋势表示变量间的相互关系和变化趋势。在进行回归分析前，绘制合适的散点图考察变量间的相互关系及变化趋势是必需的。

选取 2000 ~2010 年固定资产投资数额 P_6（单位：万元）、受高等教育人数比率 P_7（单位:%）、每万人拥有的铁路里程 P_8（单位：公里/万人）、R&D 经费额 P_9（单位：万元）、第一产业增加值 Y_1、第二产业增加值 Y_2、第三产业增加值 Y_3 的年度数据，运用 SPSS18.0 分别给出固定资产投资数额、受高等教育人数比率、每万人拥有的铁路里程、R&D 经费占 GDP 的比重与三次产业增加值间的散点图，如图 8 -35 至图 8 -46 所示。

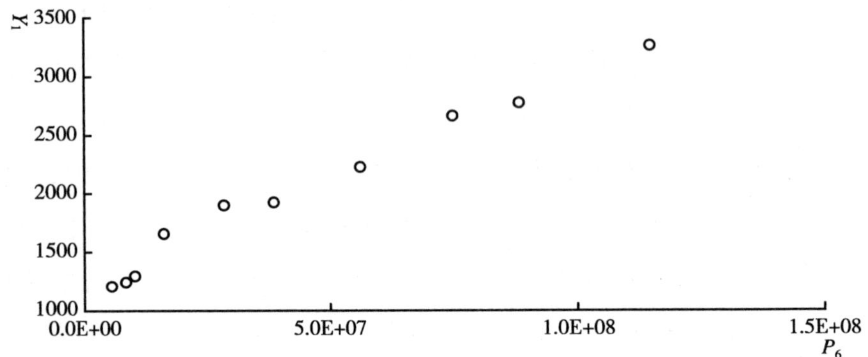

图 8-35　固定资产投资额与第一产业增加值间的散点图

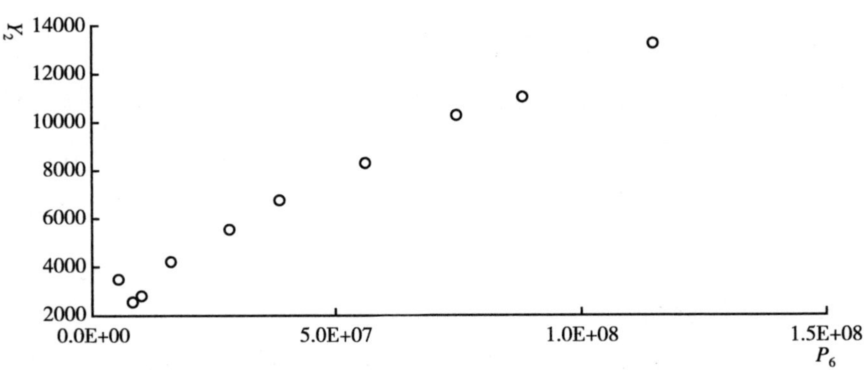

图 8-36　固定资产投资额与第二产业增加值间的散点图

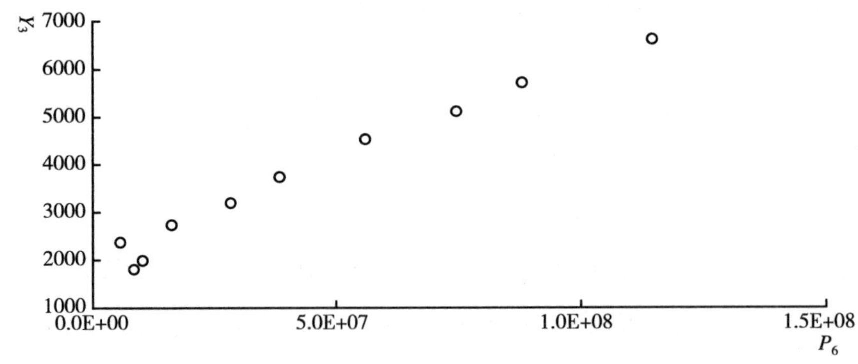

图 8-37　固定资产投资额与第三产业增加值间的散点图

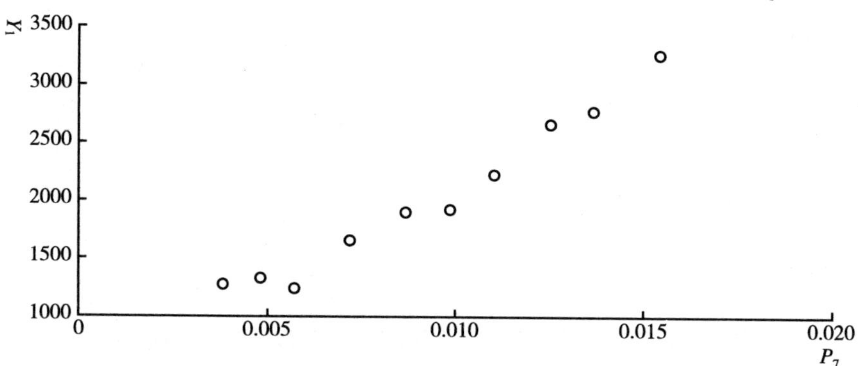

图 8-38　受高等教育人数比率与第一产业增加值间的散点图

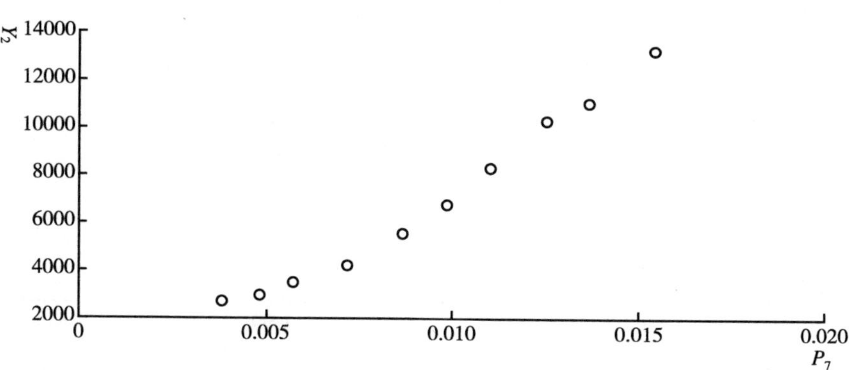

图 8-39　受高等教育人数比率与第二产业增加值间的散点图

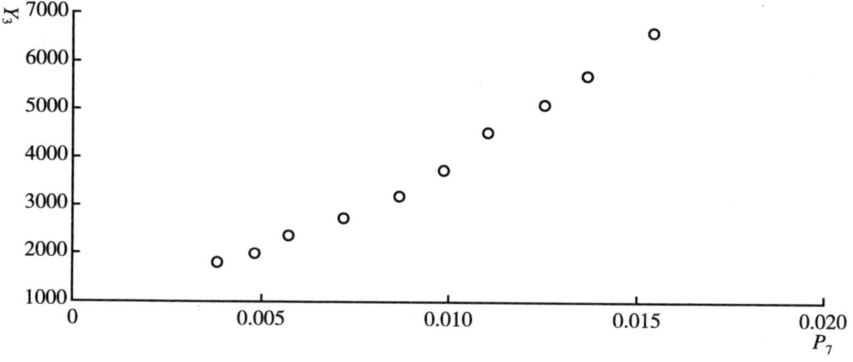

图 8-40　受高等教育人数比与第三产业增加值间的散点图

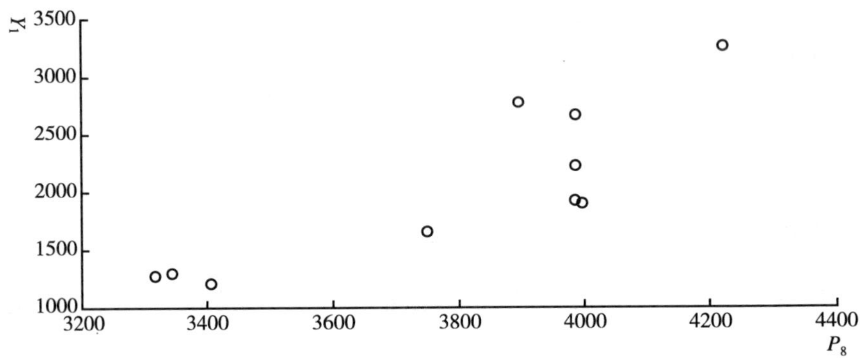

图 8－41　每万人拥有的铁路里程与第一产业增加值间的散点图

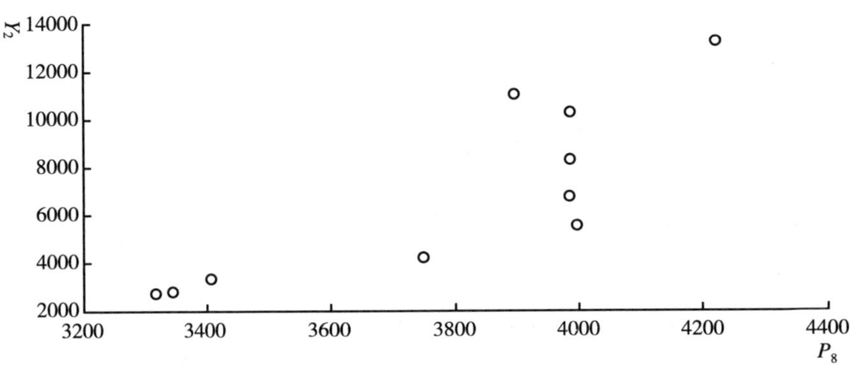

图 8－42　每万人拥有的铁路里程与第二产业增加值间的散点图

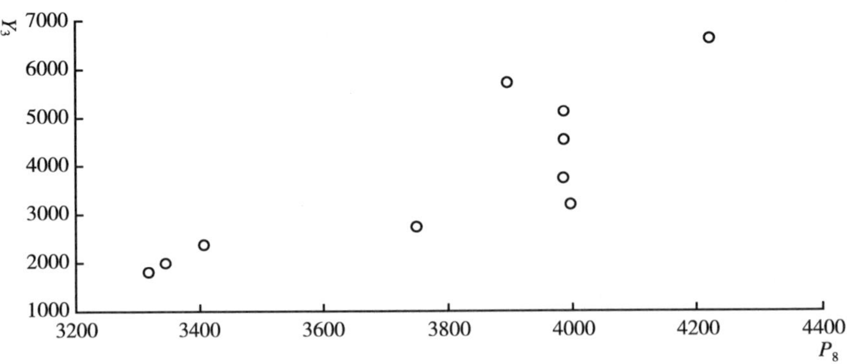

图 8－43　每万人拥有的铁路里程与第三产业增加值间的散点图

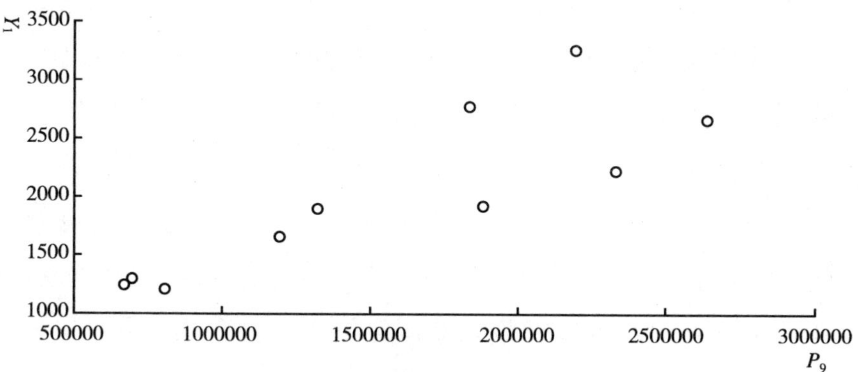

图 8－44　R&D 经费额与第一产业增加值间的散点图

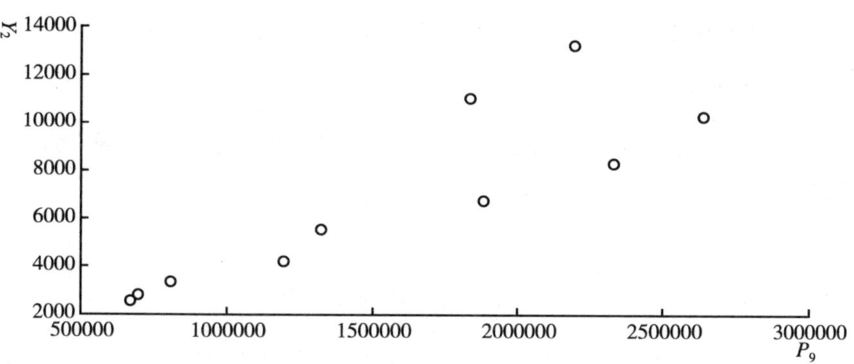

图 8－45　R&D 经费额与第二产业增加值间的散点图

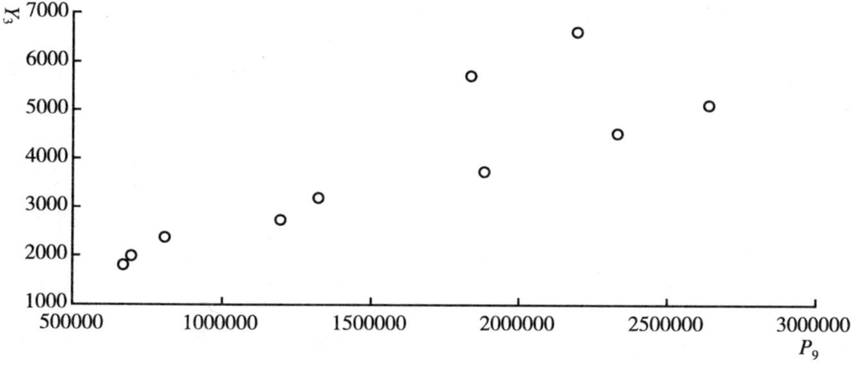

图 8－46　R&D 经费额与第三产业增加值间的散点图

由图 8－35 至图 8－46 可知，数据间具有如下特征，即随着固定资产投资数额、受高等教育人数比率、每万人拥有的铁路里程、R&D 经费额的增加，第一产业增加值、第二产业增加值、第三产业增加值基本呈现增长趋势，其中固定资产投资数额、受高等教育人数比率与三次产业增加值间的关系基本上呈线性关系，但每万人拥有的铁路里程、R&D 经费额与三次产业增加值间的线性关系不明显。通过作散点图，可以初步判断固定资产投资数额、受高等教育人数比率和三次产业增加值有正相关的线性关系，那么这种关系是否长期均衡？固定资产投资数额、受高等教育人数比率的增加对三次产业产值究竟有多大的推动作用？每万人拥有的铁路里程、R&D 经费额与三次产业增加值间关系又该如何确定？这些还需要进一步进行分析。

2. 平稳性检验

以下首先对各变量的时间序列进行平稳性检验，以考察序列是否平稳，检验结果如表 8－27 所示。

表 8－27　ADF 检验结果

序　列	ADF 检验值	置信度(%)	临界值	结　论
P_6 二阶差分	-4.6643	1	-5.2459	非平稳
		5	-3.5507	平　稳
		10	-2.9312	平　稳
P_7 二阶差分	-3.4572	1	-5.2459	非平稳
		5	-3.5507	非平稳
		10	-2.9312	平　稳
P_8 二阶差分	-1.8945	1	-5.2459	非平稳
		5	-3.5507	非平稳
		10	-2.9312	非平稳
P_9 二阶差分	-1.3556	1	-5.2459	非平稳
		5	-3.5507	非平稳
		10	-2.9312	非平稳

注：P_6、P_7、P_8、P_9 的零阶、一阶差分在 10% 的置信水平下都没有通过平稳性检验，因此本表只列出二阶差分后的检验结果。

由表 8－27 的检验结果可知，P_6 的二阶差分在 5% 的置信水平下通过了平稳检验，P_7 的二阶差分都在 10% 的置信水平下通过了平稳检验，因此这两个序列与 Y_1、Y_2、Y_3 一样都是非平稳的二阶单整序列；但 P_8、P_9 的二阶差分序列在 10% 的置信水平都没有通过平稳性检验，因此 P_8、P_9 不是二阶单整序列，无法和 Y_1、Y_2、Y_3 直接做协整分析。

下面我们先考察 P_6、P_7 与 Y_1、Y_2、Y_3 的关系。由于 P_6、P_7 与 Y_1、Y_2、Y_3 都是非平稳序列，所以直接用格兰杰因果检验序列间是否存在因果关系，所得结论是不可信的，考虑几个序列都是同阶单整序列，因此可用协整分析方法考察 P_6、P_7 与 Y_1、Y_2、Y_3 之间的关系，即考察固定资产投资数额、受高等教育人数比率的变化究竟对各产业会产生什么样的影响。

3. 协整分析

建立计量模型如下：

$$
\begin{aligned}
Y_1 &= C_{16} + \alpha_{16}P_6 + \beta_{16}T + \mu_{16} \\
Y_2 &= C_{26} + \alpha_{26}P_6 + \beta_{26}T + \mu_{26} \\
Y_3 &= C_{36} + \beta_{36}P_6 + \beta_{36}T + \mu_{36} \\
Y_1 &= C_{17} + \alpha_{17}P_7 + \beta_{17}T + \mu_{17} \\
Y_2 &= C_{27} + \alpha_{27}P_7 + \beta_{27}T + \mu_{27} \\
Y_3 &= C_{37} + \beta_{37}P_7 + \beta_{37}T + \mu_{37}
\end{aligned}
$$

使用 Eviews 5.0 软件，用 OLS 法对与上述方程进行协整回归，将标准化系数进行整理，得到以下回归结果：

$$
\begin{aligned}
Y_1 = &-1034.17 + (1.29E-05)P_6 + 73.2542T \\
&\quad (11.7924) \qquad (4.6216) \qquad (2.9303) \qquad\qquad (8-13) \\
&\hat{R}^2 = 0.9828 \qquad F = 28.6235
\end{aligned}
$$

$$
\begin{aligned}
Y_2 = &\ 1351.247 + (6.08E-05)P_6 + 496.7795T \\
&\quad (7.0454) \qquad (9.9731) \qquad (6.4913) \qquad\qquad (8-14) \\
&\hat{R}^2 = 0.9971 \qquad F = 1551.594
\end{aligned}
$$

$$Y_3 = 1303.129 + (2.72E-05)P_6 + 260.621T \quad (8-15)$$
$$(-17.0728) \quad (9.5809) \quad (8.5516)$$
$$\hat{R}^2 = 0.9976 \quad F = 1880.917$$

$$Y_1 = -257.3712 + 6852.638P_7 + 29.369T \quad (8-16)$$
$$(2.8098) \quad (5.7241) \quad (-4.2473)$$
$$\hat{R}^2 = 0.9877 \quad F = 364.0525$$

$$Y_2 = -757.497 + 26119.522P_7 + 95.9323T \quad (8-17)$$
$$(-3.8884) \quad (6.3265) \quad (3.6332)$$
$$\hat{R}^2 = 0.9934 \quad F = 683.3873$$

$$Y_3 = -1111.451 + 8657.48P_3 + 59.221T \quad (8-18)$$
$$(-3.9652) \quad (4.2718) \quad (3.5949)$$
$$\hat{R}^2 = 0.9831 \quad F = 262.675$$

那么上述回归关系是否存在长期稳定均衡呢？这需要对协整关系进行检验。根据公式：$e_t = Y_t - \hat{Y}_t$ 计算残差项 e_t，并对 e_t 序列进行平稳性检验，所得结果如表 8－28 所示。

表 8－28　ADF 检验结果

序　列	ADF 检验值	置信度(%)	临界值	结　论
第十三个方程的残差序列	-3.6171	1	-4.6405	非平稳
		5	-3.3350	平　稳
		10	-2.8169	平　稳
第十四个方程的残差序列	-2.9524	1	-4.6405	非平稳
		5	-3.3350	非平稳
		10	-2.8169	平　稳
第十五个方程的残差序列	-3.7476	1	-4.6405	非平稳
		5	-3.3350	平　稳
		10	-2.8169	平　稳
第十六个方程的残差序列	-2.9210	1	-4.6405	非平稳
		5	-3.3350	非平稳
		10	-2.8169	平　稳

续表

序　列	ADF 检验值	置信度(%)	临界值	结　论
第十七个方程的残差序列	-2.8596	1	-4.6405	非平稳
		5	-3.3350	平　稳
		10	-2.8169	平　稳
第十八个方程的残差序列	-4.4466	1	-4.6405	非平稳
		5	-3.3350	平　稳
		10	-2.8169	平　稳

由表 8-28 可知，用 ADF 方法检验回归方程残差是否平稳，检验结果表明，在 5% 的置信水平下，上述第十三、第十五、第十七、第十八个回归方程的残差项 e_t 都通过了平稳性检验，而第十四、第十六个方程的残差序列在 10% 的置信水平下也通过了平稳性检验，这表明残差项为平稳的时间序列，意味着固定资产投资数额、受高等教育人数比率与三次产业增加值之间存在协整关系，即六个方程的回归结果表明的关系是长期稳定、均衡的。

由于通过了协整检验，下面我们对式（8-13）至式（8-18）的回归结果进行分析。

式（8-13）的回归结果表明，常数项和 P_6 的回归系数均在 1% 的置信水平下是显著的，时间趋势项的回归系数在 5% 的置信水平下是显著的，回归方程的拟合优度达到 98.28%，回归结果拟合较好，由回归系数可知，固定资产投资额的增加对第一产业的发展正向推动作用很小，固定资产投资额每增加 1 万元会使得第一产业增加（1.29E-05）亿元人民币的产出；式(8-14)的回归结果表明，回归系数均在 1% 的置信水平下是显著的，回归方程的拟合优度达到 99.71%，回归结果拟合较好，由回归系数可知，固定资产投资额的增加对第二产业的发展具有正向推动作用也不太明显，固定资产投资额每增加 1 万元会使得第二产业增加（6.08E-05）

亿元人民币的产出；式（8－15）的回归结果表明，回归系数均在1%的置信水平下是显著的，回归方程的拟合优度达到99.76%，回归结果拟合较好，由回归系数可知，固定资产投资额的增加对第三产业的发展影响较小，固定资产投资额每增加1万元会使得第三产业增加（2.72E－05）亿元人民币的产出。

式（8－16）的回归结果表明，P_7 和时间趋势项的回归系数均在1%的置信水平下是显著的，常数项的回归系数在5%的置信水平下是显著的，回归方程的拟合优度达到98.77%，回归结果拟合较好，由回归系数可知，受高等教育人数比率的增加对第一产业的发展具有较大的正向推动作用，受高等教育人数比率每增加1个百分点会使得第一产业增加68.52638亿元人民币的产出；式（8－17）的回归结果表明，回归系数均在1%的置信水平下是显著的，回归方程的拟合优度达到99.34%，回归结果拟合较好，由回归系数可知，受高等教育人数比率增加对第二产业的发展具有较大的正向推动作用，受高等教育人数比率每增加1个百分点会使得第二产业增加261.19522亿元人民币的产出；式（8－18）的回归结果表明，回归系数均在1%的置信水平下是显著的，回归方程的拟合优度达到98.31%，回归结果拟合较好，由回归系数可知，受高等教育人数比率的增加对第三产业的发展具有显著的正向推动作用，受高等教育人数比率每增加1个百分点会使得第三产业增加86.5748亿元人民币的产出。

综合上述实证分析结果，我们可以得到这样的结论：固定资产投资额和受高等教育人数比率的增加对三次产业的发展均正向的推动作用，但是固定资产投资额的增加并不像想象中的给三次产业带来较大的增长，受高等教育人数比率的增加对产业发展却有着相当大的推动作用，因此在推动产业升级的进程中，人力资本投资是不容忽视的重要因素。

五　制度环境与市场效率对产业升级的影响评析

本书选择的测度制度环境与市场效率的指标是政府财政支出占GDP的比重、产出税收总额占GDP的比重、非国有经济占GDP的比重，而对产业升级的测度我们分别选取第一产业增加值、第二产业增加值、第三产业增加值作为数量化指标，数据的时间范围都是2000～2010年，数据来源于历年的《河南统计年鉴》。

1. 相关性分析

散点图是常用的表现变量间有无数量关系的统计图，它通常用点的密集程度和趋势表示变量间的相互关系和变化趋势。在进行回归分析前，绘制合适的散点图考察变量间的相互关系及变化趋势是必需的。

选取2000～2010年政府财政支出占GDP的比重P_{10}（单位:%）、产出税收总额占GDP的比重P_{11}（单位:%）、非国有经济占GDP的比重P_{12}（单位:%）、第一产业增加值Y_1、第二产业增加值Y_2、第三产业增加值Y_3的年度数据，运用SPSS18.0分别给出政府财政支出占GDP的比重、产出税收总额占GDP的比重、非国有经济占GDP的比重与三次产业增加值间的散点图，如图8－47至图8－55所示。

由图8－47至图8－55可知，数据间具有如下特征，即随着政府财政支出占GDP的比重、产出税收总额占GDP的比重、非国有经济占GDP的比重的增加，第一产业增加值、第二产业增加值、第三产业增加值亦呈现增长趋势，且政府财政支出占GDP的比重、非国有经济占GDP的比重与三次产业增加值间的关系基本上呈线性关系，但产出税收总额占GDP的比重与三次产业增加值间的线性关系并不明朗。通过作散点图，可以初步判断政府财政支出占GDP的比重、产出税收总额占GDP的比重、非国有经济占GDP的

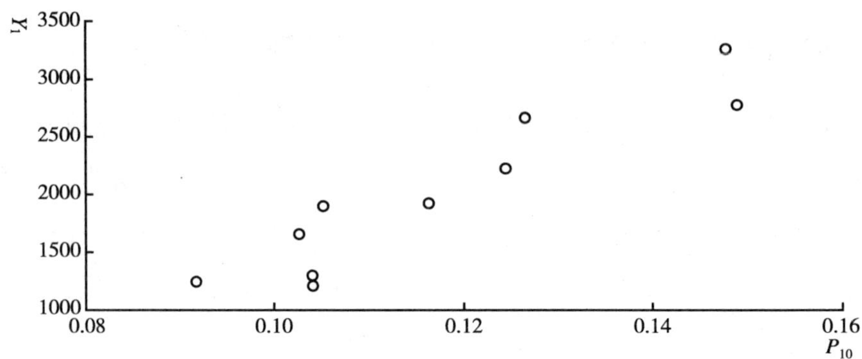

图 8-47　政府财政支出占 GDP 的比重与第一产业增加值间的散点图

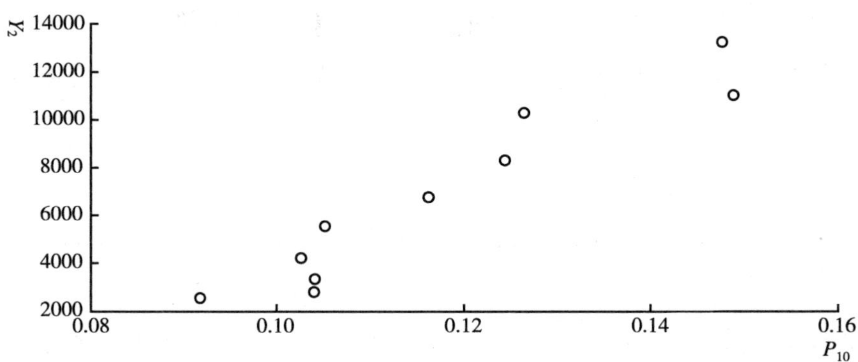

图 8-48　政府财政支出占 GDP 的比重与第二产业增加值间的散点图

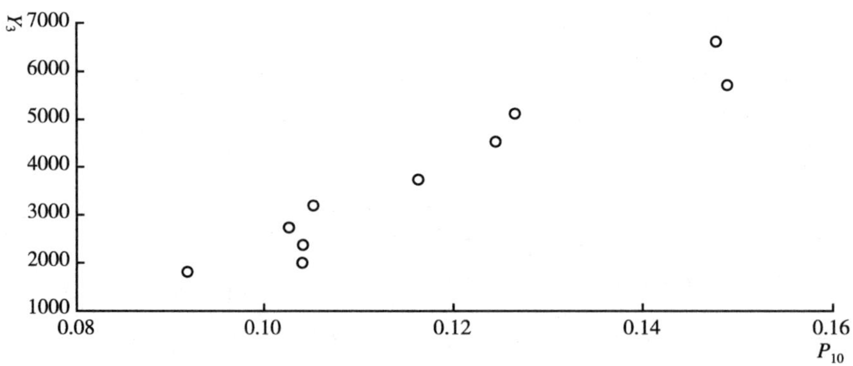

图 8-49　政府财政支出占 GDP 的比重与第三产业增加值间的散点图

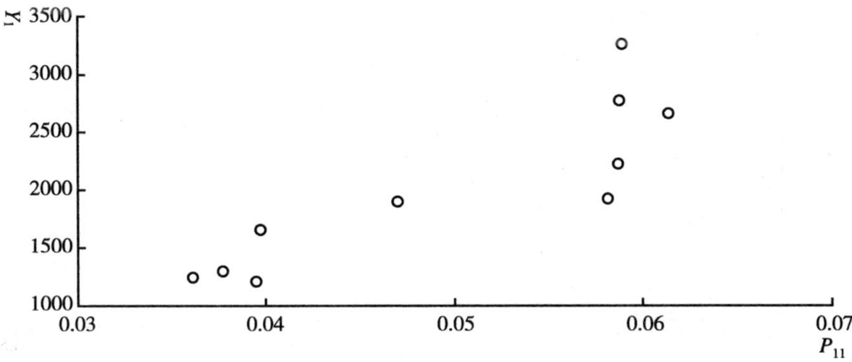

图 8－50　产出税收总额占 GDP 的比重与第一产业增加值间的散点图

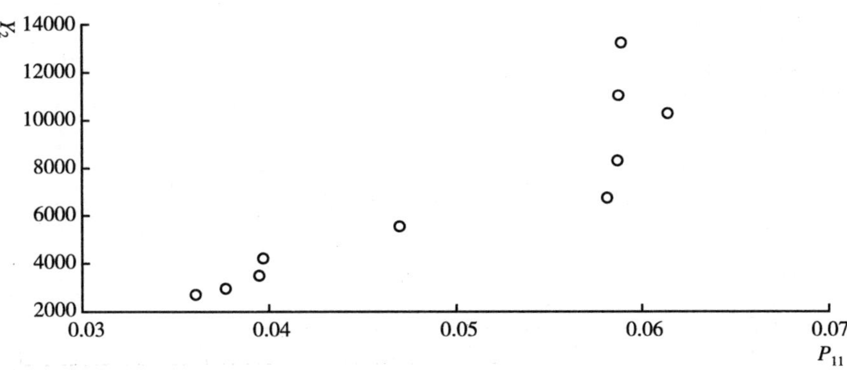

图 8－51　产出税收总额占 GDP 的比重与第二产业增加值间的散点图

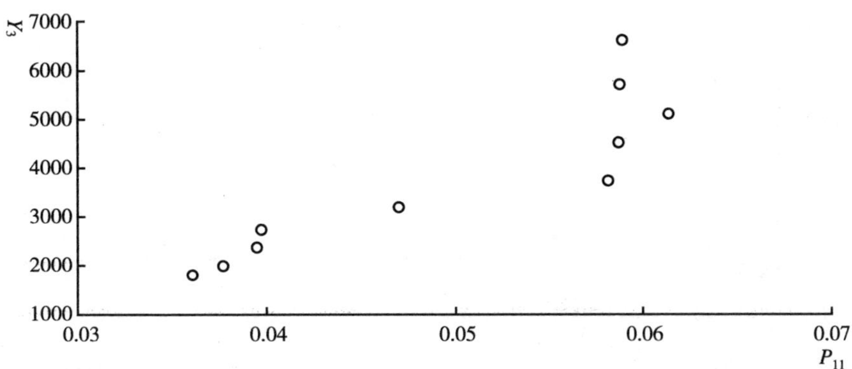

图 8－52　产出税收总额占 GDP 的比重与第三产业增加值间的散点图

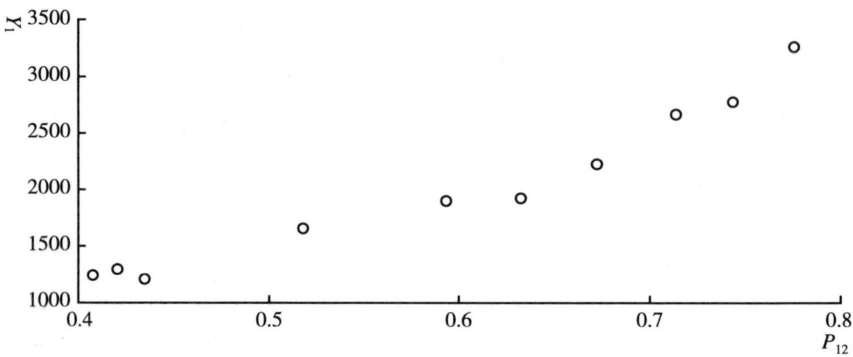

图 8－53　非国有经济占 GDP 的比重与第一产业增加值间的散点图

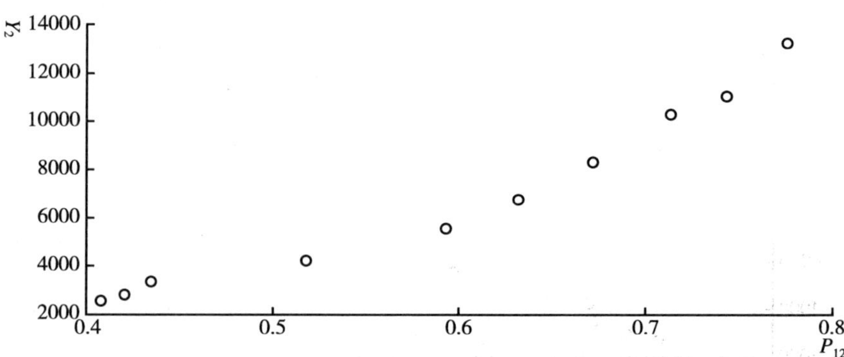

图 8－54　非国有经济占 GDP 的比重与第二产业增加值间的散点图

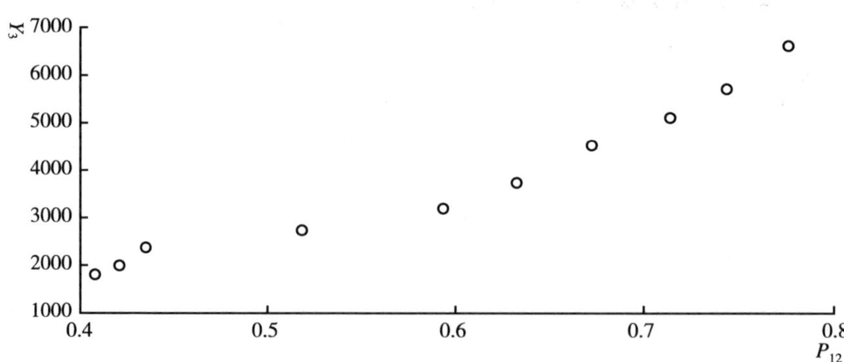

图 8－55　非国有经济占 GDP 的比重与第三产业增加值间的散点图

比重与三次产业增加值有正相关的关系，那么这种关系是否长期均衡？政府财政支出占 GDP 的比重、产出税收总额占 GDP 的比重、非国有经济占 GDP 的比重对三次产业产值什么样的影响？这有待进一步分析。

2. 平稳性检验

以下首先对各变量的时间序列进行平稳性检验，以考察序列是否平稳，检验结果如表 8－29 所示。

表 8－29　ADF 检验结果

序　列	ADF 检验值	置信度（%）	临界值	结　论
P_{10}二阶差分	－3.05774	1	－5.2459	非平稳
		5	－3.5507	非平稳
		10	－2.9312	平　稳
P_{11}二阶差分	－1.0886	1	－5.2459	非平稳
		5	－3.5507	非平稳
		10	－2.9312	非平稳
P_{12}二阶差分	－10.6467	1	－5.2459	平　稳
		5	－3.5507	平　稳
		10	－2.9312	平　稳

注：P_{10}、P_{11}、P_{12}的零阶、一阶差分在 10% 的置信水平下都没有通过平稳性检验，因此本表只列出二阶差分后的检验结果。

由表 8－29 的检验结果可知，P_{10}的二阶差分在 10% 的置信水平下通过了平稳检验、P_{12}的二阶差分在 1% 的置信水平下通过了平稳检验，因此这两个序列与 Y_1、Y_2、Y_3 一样都是非平稳的二阶单整序列，但 P_{11} 在 10% 的置信水平下没有通过平稳检验，因此 Y_1、Y_2、Y_3 不是同阶单整序列，不能直接做协整分析。

由于 P_{10}、P_{12}与 Y_1、Y_2、Y_3 都是非平稳序列，所以直接用格兰杰因果检验序列间是否存在因果关系，所得结论是不可信的，考虑几个序列都是同阶单整序列，因此可用协整分析方法考察 P_{10}、P_{12} 与 Y_1、Y_2、Y_3 之间的关系，即考察政府财政支出占 GDP 的比重、非国有经济占 GDP 的比重的变化究竟对各产业会产生什么样的影响。

3. 协整分析

建立计量模型如下：

$$Y_1 = C_{110} + \alpha_{110}P_{10} + \beta_{110}T + \mu_{110}$$
$$Y_2 = C_{210} + \alpha_{210}P_{10} + \beta_{210}T + \mu_{210}$$
$$Y_3 = C_{310} + \beta_{310}P_{10} + \beta_{310}T + \mu_{310}$$
$$Y_1 = C_{112} + \alpha_{112}P_{12} + \beta_{112}T + \mu_{112}$$
$$Y_2 = C_{212} + \alpha_{212}P_{12} + \beta_{212}T + \mu_{212}$$
$$Y_3 = C_{312} + \beta_{312}P_{12} + \beta_{312}T + \mu_{312}$$

使用 Eviews 5.0 软件，用 OLS 法对与上述方程进行协整回归，将标准化系数进行整理，得到以下回归结果：

$$Y_1 = 377.52 + 4499.43P_{10} + 200.4929T$$
$$(4.5715) \quad (3.1034) \quad (3.1949) \qquad (8-19)$$
$$\hat{R}^2 = 0.9325 \qquad F = 63.1754$$

$$Y_2 = -3900.395 + 46917.55P_{10} + 940.5298T$$
$$(-2.1221) \quad (2.3665) \quad (3.8466) \qquad (8-20)$$
$$\hat{R}^2 = 0.9639 \qquad F = 121.087$$

$$Y_3 = -1278.085 + 24778.53P_{10} + 388.5767T$$
$$(-2.2726) \quad (2.1917) \quad (2.4454) \qquad (8-21)$$
$$\hat{R}^2 = 0.9777 \qquad F = 198.858$$

$$Y_1 = 285.324 + 1368.558P_{12} + 165.9513T$$
$$(2.5093) \quad (2.8097) \quad (2.8855) \qquad (8-22)$$
$$\hat{R}^2 = 0.9326 \qquad F = 63.253$$

$$Y_2 = -362.2339 + 2167.38P_{12} + 1270.208T$$
$$(-2.8884) \quad (2.3265) \quad (2.2341) \qquad (8-23)$$
$$\hat{R}^2 = 0.9560 \qquad F = 93.8360$$

$$Y_3 = 1075.8445 + 455.798P_{12} + 666.408T \quad (8-24)$$
$$(-2.9652) \quad (2.2718) \quad (2.3345)$$
$$\hat{R}^2 = 0.9677 \qquad F = 136.9587$$

那么上述回归关系是否存在长期稳定均衡呢？这需要对协整关系进行检验。根据公式：$e_t = Y_t - \hat{Y}_t$ 计算残差项 e_t，并对 e_t 序列进行平稳性检验，所得结果如表 8－30 所示。

表 8－30　ADF 检验结果

序　列	ADF 检验值	置信度(%)	临界值	结　论
第十九个方程的残差序列	－3.2019	1	－4.6405	非平稳
		5	－3.3350	非平稳
		10	－2.8169	平　稳
第二十个方程的残差序列	－2.8179	1	－4.6405	非平稳
		5	－3.3350	非平稳
		10	－2.8169	平　稳
第二十一个方程的残差序列	－3.1476	1	－4.6405	非平稳
		5	－3.3350	非平稳
		10	－2.8169	平　稳
第二十二个方程的残差序列	－2.8210	1	－4.6405	非平稳
		5	－3.3350	非平稳
		10	－2.8169	平　稳
第二十三方程的残差序列	－3.1596	1	－4.6405	非平稳
		5	－3.3350	非平稳
		10	－2.8169	平　稳
第二十四方程的残差序列	－3.0466	1	－4.6405	非平稳
		5	－3.3350	非平稳
		10	－2.8169	平　稳

由表 8－30 可知，用 ADF 方法检验回归方程残差是否平稳，检验结果表明，在 10% 的置信水平下，上述回归方程的残差项在 e_t 都通过了平稳性检验，这表明残差项在 10% 的置信水平下为平

稳的时间序列，意味着政府财政支出占 GDP 的比重、非国有经济占 GDP 的比重与三次产业增加值之间存在协整关系，即六个方程的回归结果表明的关系是长期稳定、均衡的。

由于通过了协整检验，下面我们对式（8－19）至式（8－24）的回归结果进行分析。

式（8－19）的回归结果表明，回归系数均在 5% 的置信水平下是显著的，回归方程的拟合优度达到 93.25%，回归结果拟合较好，由回归系数可知，政府财政支出占 GDP 的比重的提高对第一产业的发展具有较大的正向推动作用，政府财政支出占 GDP 的比重每提高 1 个百分点会使得第一产业增加 44.9943 亿元人民币的产出；式（8－20）的回归结果表明，回归系数均在 5% 的置信水平下是显著的，回归方程的拟合优度达到 96.39%，回归结果拟合较好，由回归系数可知，政府财政支出占 GDP 的比重的提高对第二产业的发展具有显著的正向推动作用，政府财政支出占 GDP 的比重每提高 1 个百分点会使得第二产业增加 469.1755 亿元人民币的产出；式（8－21）的回归结果表明，回归系数均在 10% 的置信水平下是显著的，回归方程的拟合优度达到 97.77%，回归结果拟合较好，由回归系数可知，政府财政支出占 GDP 的比重的提高对第三产业的发展具有较大的正向推动作用，政府财政支出占 GDP 的比重每提高 1 个百分点会使得第三产业增加 247.7853 亿元人民币的产出。

式（8－22）的回归结果表明，回归系数均在 5% 的置信水平下是显著的，回归方程的拟合优度达到 93.26%，回归结果拟合较好，由回归系数可知，非国有经济占 GDP 比重的提高对第一产业的发展具有一定的正向推动作用，非国有经济占 GDP 的比重每提高 1 个百分点会使得第一产业增加 13.685558 亿元人民币的产出；式（8－23）的回归结果表明，回归系数均在 5% 的置信水平下是显著的，回归方程的拟合优度达到95.60%，回归结果拟合较好，由回归系数可知，非国有经济占GDP比重的提高对第二产业的发展具有较大的正向推动作用，非国有经济占GDP的比重每提高1个百分点会使得第二产业增加21.6738亿元人民币的产出；式（8－6）的回归结果表明，回归系数均在5%的置信水平下是显著的，回归方程的拟合优度达到96.77%，回归结果拟合较好，由回归系数可知，非国有经济占GDP比重的提高对第三产业的发展具有显著的正向推动作用，非国有经济占GDP的比重每提高1个百分点会使得第三产业增加4.55798亿元人民币的产出。

综合上述实证分析结果，我们可以得到这样的结论：政府财政支出占GDP的比重、非国有经济占GDP的比重对三次产业的发展具有很大的影响，政府财政支出占GDP的比重、非国有经济占GDP的比重的提高会促进产业的发展。其中，政府财政支出占GDP的比重的影响作用比非国有经济占GDP比重的影响更大。

第五节　动力—速度—状态三维协同分析与机制构建

一　产业发展的三维协同评价

通过前文就发展状态、发展速度、发展动力三个维度对河南省的产业发展状况进行统计及实证分析，可以得到如下结论。

河南省产业发展的总量水平已位于全国前列。统计数据显示，无论是产业总产值、产业总利润、产业总额，还是就业劳动人口数、固定资产投资额，河南省在国内均名列前茅，这和河南人口大省的地位是较为匹配的。

河南省产业结构中，产业发展仍然倚重第二产业，当然，作为农业大省，河南省的第一产业总量水平仍然稳居全国前列，而第三产业的比重低于全国平均水平，现代服务业、高科技产业等高端产业比重仍然较低。统计数据显示，河南省现代服务业在产业结构中的比重低于全国平均水平，而金融业、物流业等高端服务业虽然有了较快的发展，但因为基础薄弱，目前发展水平仍然滞后，高技术展业近两年虽然发展速度较快，但总体水平滞后，其产业增加值占GDP的比重很低。因此，转变经济发展方式，引导农业人口向第二、三产业转移，摒弃传统发展模式，尽快实现农业的现代化，发展高端技术智力密集型产业和现代服务业，是河南省尽快实现“三化”协调的必要路径，在政策上应该重点扶植金融业、物流业、电子商务、网络信息等新兴服务业以及附加值和技术含量较高的高科技产业。

河南省在能源利用和废物处理方面仍需进一步加强。数据分析显示，河南省当前对能源的利用，仍然以传统能源煤炭为主，而对水电、核电等新能源的开发利用率很低，落后于全国平均水平，利用新能源是工业实现可持续发展的必要途径，所以对新能源的开发和利用是需要关注的重点之一。在工业固体废物利用方面，河南省的利用和处理达标率较低，此方面需要进一步提高。

农业的现代化、城镇化和工业化进程需要进入快速发展的轨道，虽然城镇化进程加快，但农业人口仍占较大比重，城乡收入比在2.9∶1，所以仍需切实提高农村人口的收入水平，在农业现代化和城镇化方面着力，进一步缩小城乡差距，真正实现“三化”协调。

通过对产业发展的动力维层面进行实证分析，可以发现，产业转移是推动产业发展尤其是第二产业发展的重要动力；市场需求的扩张特别是人均消费水平的提高对第二、第三产业的发展有非常显著的拉动作用；在要素供给中，受高等教育人数比率的增加对产业的发展具有非常大的推动作用，但产业对增加固定资产投资额已不是非常敏感，人力、智力要素对产业发展的影响力日趋增大，公共设施如交通方面的要素投入对产业的发展会起到一定正面的推动作用，R&D 经费的投入会使产业增长，其正向推动作用也较大；制度环境对产业的升级有着重要的影响，其中政府财政支出对产业的发展有着重要的影响，加大政府财政转移力度，可以有效地刺激产业的发展，而市场化程度的提高（即非国有经济比重的提高）也可以改善市场环境，促进各类产业，尤其是第二、第三产业的发展，政府税收的提高和产业发展水平呈正相关，但是否具有因果关系，实证没有得到明确结论。

二 产业优化升级协同发展的机制构建

通过上述分析，我们认为，要想促使产业发展，加快河南产业升级进程，需要在以下几个方面着力。

加快农业现代化进程，促使第一产业稳步发展，确保河南农业大省的地位。作为农业大省，河南省肩负着国家粮食生产安全的责任和使命，继续保持粮食和各类农产品持续充足的供给对河南和全国的经济发展规划都非常必要。因此，我们仍需继续加大强农和惠农政策的支持力度，加大农业基础设施建设，发展全省农业科技事业，完善农业社会化服务体系，坚持走农业现代化的道路，为河南省“三化”协调夯实基础。

明确发展思路，在第二产业的带动下，促进三次产业协调发展。第二产业是第一产业和第三产业的基础和依托，其在三次产业的发展中地位非常重要，对第一产业和第三产业的发展起着制约性带动作用。当第二产业发展到一定程度之后，就需要第一产业中的劳动力资源转移过来，同时，也需要第三产业为其提供更多更好的服务，注入新的活力，进一步推动其更快更好地发展。因此，在三次产业中，首先需要大力发展第二产业，这种发展战略不是仅仅是为了促进第二产业的发展，更是一种全面推进的工业化的发展战略，是一种平衡的发展战略，其目标就是在充分发挥第二产业的带动作用的同时，提高各行业的现代化程度，使三次产业协调发展，快速推进河南省的工业化发展进程，实现全面建设小康的奋斗目标。

加大对新兴第三产业的支持力度，提高第三产业整体水平。总体来看，第三产业的竞争力虽有所增强，但起点仍比较低、发展不充分，内部结构又没得到实质性优化，对河南经济发展还没起到应有的作用，内部行业结构仍然有很多不合理之处，主要表现在传统行业比重大，新兴行业相对不足劳动密集型行业多，知识、技术密集型行业少。金融保险、房地产、科学研究及综合服务业等新兴服务业代表未来服务业的发展方向，其比重的大小决定了服务业可持续发展的能力。因此，河南省要提高第三产业整体水平，就需要加大对新兴第三产业的支持力度。需要加速发展金融业、保险业及其他非银行业务，发挥其对第三产业主推力的作用。需要大力发展工商服务业，如咨询服务、代理性服务、专业性服务等。需要积极发展服务产业、休闲产业、文化产业和体育产业，进一步增强第三产业发展的稳定性及扩大第三产业发展对社会劳动力的吸纳容量。

加快城市化进程，为第三产业的发展提供平台。有研究表明，增加的农业劳动力转移到非农业，将农村人口转移到城镇，会促使居民消费大幅提高。鉴于此，我们认为，只要加快河南城市化步伐，就会大大增加内需，保持旺盛的消费市场，这会使河南省的发展登上一个新的台阶。为此，可以通过制度创新，增强城镇的吸引力。

提高自主创新能力，促进高技术产业、战略新兴产业的发展。随着河南省经济的发展，产业发展、生产技术水平等各方面都有了很大的提高，许多产业依靠“技术引进”加强了自身实力，增强了国内外市场竞争力。但整体看来，省内的高技术产业和战略新兴产业的发展水平仍然十分滞后，而战略新兴产业和高技术产业是科技含量较高的高科技产业，是产业优化升级的目标，要想促使该类产业发展，需要加强产业自主创新能力建设，为产业结构优化升级提供持久、有力的技术支撑。

推动科教创新，为高端产业的发展提供保障。人力资源尤其是高级人才比其他任何资源都重要，而教育是培育人才和促使科学技术发展的基础，在现代化建设中具有先导性和全局性作用，河南省的中等教育在全国排在前列，但高等院校的数量却不多。随着社会和经济的进步，高等教育将成为制约一个国家或地区经济发展的重要因素。因此，要振兴河南经济，必须首先振兴河南教育，要坚持把教育摆在优先发展的战略地位，大力推进教育创新，深化教育改革，进一步健全和完善教育体制，扩大教育资源，优化教育结构，着力推进素质教育，全面提高教育质量，加强科研机构和高水平大学建设，通过教育创新和发展，为各产业输送人才，为各产业尤其是高端产业的发展提供保障。

打造良好的制度环境，为产业优化升级提供支持。制度的作用在产业升级中的影响日趋重要，这在实证研究中也得到了验证，因此，要促使产业优化升级需要抓体制创新，通过产业升级支撑平台建设，发挥政府这只“看得见的手”的作用，增加制度供给。

要推动产业的协同发展，实现产业的优化升级，不仅需要借助外源的推动力，而且需要提升内在的原动力，不仅需要培育产业发展要素，而且需要提供外在的制度支持。因此，承接发达国家及国内沿海地区的产业转移，扩大内需，刺激消费，加大人力资本投入、R&D 经费投入，提高要素质量，优化禀赋结构，打造良好的市场和制度环境，都是政策需要着力的重点。

政策篇

“三化”（工业化、城镇化和农业现代化）协调发展，是中原经济区建设的核心任务。建立现代产业体系是中原经济区建设的重要战略支撑，《国务院关于支持河南省加快建设中原经济区的指导意见》明确指出要抢抓产业转移机遇，促进结构优化升级，坚持走新型工业化道路，加快建立结构合理、特色鲜明、节能环保、竞争力强的现代产业体系，引领带动“三化”协调发展。从中我们可以看出，发挥市场机制是有力促进产业升级的内源性动力，但我们也必须清醒认识到河南省是人口大省、粮食和农业生产大省、新兴工业大省，解决好工业化、城镇化、农业现代化协调发展问题具有典型性和代表性。这就决定了单纯依靠市场的力量尚无法实现“三化”协调发展和中原崛起的重任，必须要通过政府这只“有形的手”，实施体制创新，增加制度供给，才能实现“三化”协调发展的目标。

中原经济区产业优化升级的政策分析思路，可以概括为“一根主线、两个抓手、三种途径”。所谓“一根主线”就是紧紧围绕“三化”协调这一主线，以土地集约节约利用为目的，确定中原经济区产业优化升级的发展模式。“两个抓手”就是，一方面，抓市场建设，通过人力资本、土地资本、金融资本等基本要素培育，发挥市场这只“看不见的手”的作用，推动产业优化升级；另一方面，抓体制创新，通过产业升级来支撑平台建设，实施体制创新，发挥政府这只“看得见的手”的作用，增加制度供给。“三种途径”分别是现代产业体系建设，构建内生驱动的升级路径；引导产业转移，推动区域布局合理化；通过现代产业集聚区建设，推进产业结构升级。

第九章
中原经济区产业升级模式定位

中原经济区要实现产业的可持续发展，必须协调该区域产业发展与人口、资源和生态环境的关系，建立和谐的发展关系，以有利于长久的产业经济发展。根据《国务院关于支持河南省加快建设中原经济区的指导意见》，本章从自主创新、要素禀赋升级、市场一体化和价值链升级四个方面对中原经济区产业升级的发展模式进行定位。

第一节　把自主创新作为产业升级的内源动力

创新活动和创新能力是一个国家产业结构有序升级和发展的核心动因，它可以从根本上提高地区产业结构的转换能力。熊彼特把创新看成一种新生产函数的建立，是对多种生产要素和生产条件进行的重新组合，认为创新对于经济发展具有重要的推动力。库兹涅茨认为，一个国家经济的增长，从根本上讲是产业部门成长的过程，而技术创新是产业部门成长更替的诱因，在不同的产品生命周期阶段，主导产业也不相同。进入成熟阶段后期的主导产业，需求收入弹性下降，资金供给增长势头减缓，市场趋于饱和，生产增长缓慢，甚至是负增长。原有的潜在产业增长速度加快，规模迅速扩大，与处于停滞的原有主导产业的规模相当，便开始达到主次产业的交替更换。罗斯托则认为主导产业的发展对经济的增长会产生扩散作用，把自身已有的优势辐射到其产业链上相关的产业中去，进而带动整个经济的发展。这一扩散作用的根本在于创新的优势。

国内学者把自主创新产生的技术进步看成产业结构高度化和合理化的主要力量。臧旭恒（2005）认为，创新是产业结构优化升级的直接动因，创新会影响要素供给、市场需求和环境满足三个方面，进而就会促使产业结构朝更高的阶段发展。刘诗白（2005）指出，科技是现代财富的核心创造者。科技创新特别是具有自主知识产权、有原创性意义的自主创新，能够提升产业技术水平，使不同产业的劳动生产率出现差异，从而生产要素从劳动生产率较低的部门向劳动生产率较高的部门流动，推动先进制造业的发展，提高服务业的比重，加快基础产业和基础设施建设，推动产业结构优化升级，进而推动经济协调发展，转变经济增长方式。

自主创新是指以获取自主知识产权、掌握核心技术为宗旨，以我为主发展与整合创新资源，进行创新活动，提高创新能力的科技战略方针。自主创新会促进各产业间的比例关系趋向合理，推动产业链的自我完善，逐步改进和更新现有产业部门，并依照产品生命周期规律淘汰不适合社会需要、技术落后、生产率低下的部门，推动各产业向更高的层次演变。自主创新推动产业升级的具体作用可以描述为以下几个方面。

一　自主创新促进三次产业结构变动

已有研究的结果表明，产业结构演进的一般规律，其趋势大体是：在国民经济发展中，最开始第一产业所占比重最大，第二产业所占比重其次，第三产业所占比重最小。随着社会分工和经济发展，三次产业的地位不断变化，依次呈现“二、一、三”、“二、三、一”、“三、二、一”的发展趋势。与此同时，各产业内部结构也发生变化。以工业为例，从生产结构上看，一般要经历轻工业化、重工业化、高加工度化和知识技术集约化四个阶段；从产业生产要素构成上看，则体现为“劳动密集—资本密集—知识技术密集”的顺次演变过程；从产业产出效果上看，主要体现为低附加值产品向高附加值产品的转变。产业结构包括工业结构不断向高级化阶段演进，其中，创新带来的技术进步对于三次产业结构的变动起了决定性的作用。

林毅夫等（2002）指出，在当前发达国家中，高服务业是其产业结构的主要特征。相对于农业部门的2%和制造业部分的20%，服务业在GDP中的比重则占70%左右。从各国产业结构演进看，随着人均GDP增长和城市化水平的提高，服务业提高是必然的规律。在经济发展过程中，不同行业的增长速度和所处生命周期的阶段各不相同，产业结构也在不断发生变化。有的行业逐渐衰退，成为夕阳产业；有的行业则发展壮大，成为朝阳产业。对于产业结构的这种不断演变，现有研究通过大量事实表明，那些创新活动活跃、对创新成果的吸收和融合能力与创造能力强、创新成果的商业化和产业化速度快的产业，其发展速度就会快于其他产业，从而规模和影响扩大。创新在相关产业上的应用，以及通过前向、后向、旁侧的扩散和渗透效应，也就会形成一个新的主导产业群，如果该产业具有较强的关联性和波及效果，就可能引发新一轮的产业变革甚至产业革命，进而导致产业结构突变——实现产业结构的根本性调整和升级。这样，创新产生的行业差异，就会导致一定时空条件下的主导产业变更，从而使产业结构处于不断调整或变革过程中。在其他条件不变的情况下，这是一种由创新来推动的产业结构变革。

二　自主创新促进三次产业结构内部的优化升级

自主创新对产业结构优化升级的促进作用，不仅表现在三次产业之间，更为重要的是推动了各次产业内部结构优化升级。科学技术的应用的基础是自主创新，它能够推动农业的优化升级，这主要体现在对农业生产者、劳动对象、劳动工具及区域特征、布局、环境等方面的作用上。自主创新促进了农民素质的提高，提升了农业的机械化水平，转变了农产品供求格局，提高了农产品产出，改善了农产品品质，拓宽了农业生产的边际条件，使农业生产能够突破气候、地理地貌等地域性自然条件的局限，提高资源利用效率，改善生态环境，实现农业的可持续发展。通过自主创新，还可以提升现代农业企业的技术含量，提高其规模效益和经济效益。

自主创新有利于工业结构的战略性调整。党的十六大提出，走新型工业化道路，大力实施科教兴国战略和可持续发展战略。新型工业化道路就是科技含量高、经济效益好、资源消耗低、环境污染少、人力资源得到充分发挥的工业化道路。只有坚持了自主创新，才有更多更先进的新兴科学技术，先进的科学技术为工业发展奠定了坚实的基础。随着电子信息技术、生物技术、新能源、新材料、空间技术、海洋技术、环保技术等高技术的应用和创新发展，制造业结构发生巨大变化，从原来以物质资源的高消耗为基础的传统工业为主，向以知识、信息和高技术为基础的高新技术工业转变。

自主创新促进了服务业比重的提高。传统的服务业更多以劳动密集型为主，产业附加值小。通过激励各种服务经济主体进行管理和技术上的自主创新，可以逐渐转向知识密集型为主的服务业，即以商业餐饮、运输、贸易为主的服务业转变为以研究开发、计算机软件、网络产业和通信信息等为主的服务业的高技术化。现代服务业已成为发达国家经济发展水平和社会文明程度的重要标志。

三　自主创新改变生产要素的相对收益

创新会改变各种生产要素的相对边际生产率，改变其收益率之间的平衡，进而影响产业结构变化（Hicks，1969）。林毅夫、蔡昉、李周（1999）认为，资源禀赋的比较优势如果能够得以充分发挥，那么这个经济的生产成本就低，竞争能力就强，创造的社会剩余也就多，积累的量也就大。罗斯托认为主导产业通过把自身已有的优势辐射到其产业链上相关的产业中去，进而带动整个区域经济的发展。这一扩散作用的根本在于创新的优势。霍夫曼认为，在这些部门中，革新创造的可能，以及利用新的有利可图或至今尚未开发的资源的可能，将造成很高的增长率并带动这一经济中其他方面的扩充力量。随着中国生产要素的配置市场化程度的不断提高，以及生产要素流动性的不断增强，当自主创新改变了不同产业的劳动生产率后，生产要素就会从生产效率低的部门流向生产效率高的部门，推动产业结构的优化升级。

四　自主创新产生新的市场需求

市场需求是推动产业结构优化升级的重要力量，而自主创新可以带来新的市场需求，从而为产业升级带来源源不断的推动力。由于市场需求直接引导产业结构的发展方向，因此需求比供给对产业结构的影响更大。自主创新带来的生产率效应会引起市场需求的扩大，因为商品成本和销售价格的降低会提高消费者的实际收入和相关部门生产成本的下降。于是，围绕新技术的采用，经济中各个产业部门发生相应的更新和重新组合：对于那些产业需求弹性较大的产业，会因技术变革而扩大市场，刺激产业的扩张；另一些部门因技术变革导致产业内生产要素的流出和产业的收缩，而被无情地淘汰或大大地缩小。这就是熊彼特所言的“创造性毁灭”过程，也是产业结构的"优化升级"过程。不甘心被毁灭的企业必须在技术创新中寻找出路，这样新一轮又一轮的技术创新又可能引起新一轮又一轮的兴起与毁灭（陈英，2007）。发达国家的工业化过程，从个别企业采用机器生产开始，到机器制造业的兴起、发展，再到工业体系的建立和整体经济的现代化，反映了创新带动技术变革与产业结构优化升级的内在机制。

第二节　把要素禀赋升级作为产业升级的基础

要素禀赋是指一国拥有各种生产要素的数量，其中生产要素是指进行社会生产经营活动时所需要的各种社会资源。而生产要素的内涵随着时代的推移而不断变化，从配第提出的"劳动是财富之父，土地是财富之母"的二要素观，到萨伊将资本与劳动、土地并称为生产三要素，再到马歇尔、舒尔茨等人分别将组织（企业家才能）和人力资本等列为新的生产要素，生产要素的概念随着经济的不断发展、研究的不断深化而不断地扩展。[①]

随着工业社会的到来，作为农业社会经济增长源泉的劳动和土地要素，其地位逐渐让位于资本要素，而随着知识经济的发展，人力资本、技术、知识等要素将发挥着更大的作用。可见，要素禀赋的概念已不再仅指劳动、土地、资本等有形要素，技术、知识等无形要素也早已包含其中。因此，要素禀赋的概念已扩展为自然资源（包括土地等先天的生产要素）、人力资源（指劳动数量和体力）、人力资本（指劳动力质量和智力）以及资金、技术、对外经济关系等与经济增长关系比较密切的生产要素。迈克尔·波特（Porter,

---

① 朱翔：《基于要素供给视角的浙江省传统产业结构升级问题研究》，硕士学位论文，浙江工商大学图书馆，2010。

1990）把生产要素分为基本要素（Basic Factors）和高级要素（Advanced Factors）两类。基本要素包括自然资源、气候、地理位置、非熟练劳动力、债务资本等一国先天拥有或不需太大代价便能得到的要素；高级要素包括现代化电信网络、高科技人才、高精尖技术等需要通过长期投资和后天开发才能创造出来的要素。要素禀赋结构则是指一个经济中自然资源、劳动力、物质资本和人力资本等生产要素的相对份额。

国际分工格局形成了两类贸易：一种是发达国家与发展中国家的垂直贸易（或产业间贸易）；一种是发达国家与发达国家之间的水平贸易（或产业内贸易）。发达国家与发展中国家的贸易主要由要素禀赋的差异所决定，而发达国家之间的贸易主要由不同产品的专业化分工所决定。鞠建东、林毅夫、王勇（2004）更进一步的研究表明，当国家之间存在要素禀赋差别时，如果国家之间存在完全的专业化分工，那么这种完全的专业化分工方式就完全地被各个国家的要素禀赋所决定。

在全球价值链分工中，一国的国际分工利得决定于该国参与国际分工的层次高低及对产业价值链的控制能力的大小。而一国要素禀赋结构决定该国参与国际分工层次和对产业控制权的大小。中国长期依赖初级要素优势参与全球价值链分工网络，“市场换技术”政策并没有增强中国在国际分工和产业控制中的能力，反而可能既失去了市场，也失去了通过市场引致技术创新的机会。中国在全球价值链分工中促进产业升级，无论是通过要素禀赋结构转化的渐进式产业结构高度化，还是需求拉动的产业结构高度化方式，核心在于改善要素禀赋结构的低级状态，从根本上改变在全球价值链分工中的依附和低端地位。因此，增加高级生产要素供给，提高要素禀赋结构，也就成为在全球价值链分工时代提升产业发展水平的政策着力点和应有之意。

一 集聚高级生产要素

随着河南省参与全球价值链分工的在位优势加大，扩大了对高级要素引进的激励和动力。跨国公司控制全球研发和市场的 75% ~ 80%，控制着世界先进技术和产业全球化发展的方向。后进国家和地区集聚外部高级要素的主渠道就是引进外国直接投资。因此，应继续扩大河南省引进高级要素的主渠道，吸引更多的跨国公司来豫投资，打破原先独家垄断的市场结构，促使跨国公司最大限度地转让先进技术，抑制跨国公司转让低技术的倾向。据河南省商务厅的数据，仅 2012 年 3 月，河南省的数万家外资企业就在河南投资了 17.1 亿美元，创下历史的最高水平。同时，为了降低成本，跨国公司也会吸纳更多的当地供应商参与其主导的分工网络，并给予更多技术和管理等方面的支持，从而加大外部资源移入对中国产业发展的各种溢出效应和市场容量的扩充效应。

二 培育高级生产要素

本土高级生产要素供给状况在一定程度上决定了引进高级要素的状况。Defever（2006）研究发现，GVC 模式的产业分工与产业转移在实现过程中，高附加值环节总是偏好于高级要素丰裕的国家，而低附加值的加工制造环节则集聚到劳动力成本低的国家。这说明，高级生产要素的引进与本土高级要素的数量和质量呈正相关，二者的扩张相辅相成，并不依赖于政府和企业的主观意志。因此，应该通过增加教育培训、推进技术进步等措施来提高劳动者素质，促进本土高级要素的大量涌现。同时，以自身的比较优势积极参与跨国公司主导的全球价值链分工网络，在“干中学”中不断积累内生的比较优势，促进要素结构的动态转化，实现要素禀赋结构的跨越式升级。

第三节　把市场一体化作为产业升级的外部环境

目前中原经济区整合发展的区域市场体系尚未发育成熟，市场壁垒尚未完全消除，生产要素的自由流动仍存在较大限制，特别是一些短缺要素的流动，如资金、人才、技术、产权流动更是受到种种不合理限制，缺少共同参与建设的要素市场。这种情况在很大程度上阻碍了区域内生产要素市场的一体化进程，不利于区域产业的协调发展。

一　市场体系发展中面临的突出问题

1. 市场体系统一性方面所面临的问题

（1）市场规则仍不健全。一是存在歧视性准入标准。例如在一些基础产业领域，如电力、通信、石油和市政设施等方面，民营企业还难以获得公平的准入条件。在金融、保险等一些已经允许外商投资进入的行业领域，民营资本也很难进入。二是在一些与公共利益密切相关的领域，市场准入标准过窄、过低。例如煤炭、矿山开采、冶金等资源性行业中还普遍存在资源利用效率低、能耗高、安全隐患突出等问题，市场准入不完善、相关标准不合理是其中的主要原因。三是对违规者缺乏有效的惩治措施。如现有的食品卫生法规在对违法者的惩处方面，规定的惩罚尺度过宽，违规者的违规成本过低，难以起到惩戒作用。四是进退机制不完善，在一些可以由民营资本经营甚至是经营得更好的领域，例如出版、影视等行业，仍然是国有资本占主要地位，不能真正地做到“官退民进”。

（2）市场分割和封锁问题依然存在。为了保护本地利益，一些地方政府在“立法”和“执法”环节滥用行政权力，提高外地企业和产品进入本地的壁垒。比如，在执法环节，表现为对外地产品的多头检验、重复检验，甚至是“超严”执法；在“立法”环节，表现为制定有利于本地企业、妨碍外地企业和产品进入的技术标准、认证制度、卫生检验检疫制度等，使市场封锁合法化。

（3）执法机制存在缺陷。一是执法权配置不当。如目前对地方保护主义的惩处往往是通过地方自查自纠，但部门不当使用准入权力的行为无法得到有效遏制。二是执法监督体系未完全理顺，存在较多的交叉管理、重复执法现象。三是执法过程中存在着“有法不依”和“执法不严”的现象，对同一事项实行“双重标准”，严重影响了法律和法规的严肃性。

2. 规范企业竞争行为的有效机制尚未形成

目前，市场竞争存在突出问题。一是协议限制竞争的行为，企业为维护自身利益，通过数量协议或者价格协议等形式来限制竞争。二是企业滥用市场优势地位，对上游厂商和下游厂商施加影响，压迫行业内其他企业的生存空间，以限制竞争。三是恶性竞争问题比较突出，如恶性诋毁竞争对手，损坏竞争对手商业信誉，进行商业贿赂、倾销或恶意降价等。四是利用市场优势地位和独有知识产权、限制竞争，主要是某些跨国公司利用市场优势地位变相强制捆绑销售或搭售其商品等反竞争行为。

3. 市场秩序仍待改善，失信现象大量存在

一是尚未形成诚实守信的社会环境。各市场主体信用管理水平普遍较低，消费者的维权意识不强，企业的信用管理制度不健全。二是尚未形成有效的社会信用信息共享机制，市场主体很难掌握交易对象的信用信息，信息不对称现象依然严重。三是社会信用管理中介服务业不发达，一些服务机构不仅规模很小，而且经营分散，市场竞争处于无序状态，缺乏公正性和独立性，难以起到应有的作用。四是尚未形成有效的信用监管体系，失信成本较低，失信行为得不到有效的惩罚和控制。企业或者个人在经济活动中受利益驱使，做出种种失信行为。而市场一体化通过要素流动，能够为产业升级提供良好的资源支持和市场支持。

二 市场一体化对于产业升级的作用

1. 促进资源整合

任何产业的形成与发展，都需要一定的资源，如技术、劳动力、交通运输、资金、市场、信息等条件。不同地区的资源禀赋并不相同，其中一些条件要素在某一地区非常充足，但该地区同时缺乏其他的资源，该地区缺乏的资源在另一地区则相对充足，因此，通过整合实现拥有不同资源禀赋地区之间的产业一体化，是解决资源配置不均衡的最有效途径，尤其面对全球市场一体化，在产品间、企业间、地区间乃至国家间的竞争日趋激烈的形势下，使这些产业要素实现有效聚集并形成产业优势，是产业一体化的重要作用之一。

2. 形成规模经济

在市场经济条件下，要使资源要素达到尽可能的合理配置并发挥最大的使用效益，就要充分利用规模经济。规模经济主要分为三种类型：其一，规模内部经济，指经济实体在规模变化时由自己内部所引起的收益增加。其二，规模外部经济，整个行业（生产部门）规模变化而使个别经济实体的收益增加，如行业规模扩大后，可降低整个行业内各公司、企业的生产成本，使之获得相应收益。其三，规模结构经济，指各种不同规模经济实体之间的联系和配比，形成一定的规模结构经济。在规模经济下，企业收益增加，行业规模扩大，同时产业结构得以完善。而要实现以上三种类型的规模经济，就需要在更大范围内配置资源，减少重复建设，使资源利用达到最大化。因此，区域产业一体化发展成为实现更大范围内的规模经济的重要途径和方法。

3. 避免同构竞争

随着一体化概念的提出，全球范围内的竞争不再停留在城市与城市之间、国家与国家之间，而是更加复杂的区域与区域之间，这些区域是散布在世界范围内的增长极，它们由不同的经济体构成，大到国家，小到县村，而这些增长极内部又要避免过度竞争带来的低效率。这一点，目前在中国表现得尤为突出，主要是由于“大而全”、“小而全”而造成的产业结构趋同、企业间恶性竞争。因此，协调区域内经济体之间的竞争关系，使集聚的各经济体各自发挥自己的比较优势，有序竞争，提高运行效率，以提升区域整体的竞争力，是产业一体化发展面临的另一个重要课题。

4. 促进要素整合，形成一体化市场

实践证明，历史上形成的行政壁垒，如果不进行体制上的变革，仅仅依靠政府间的交流，是无法被冲破的，其后果将深刻影响经济与社会的一体化发展。从理论上讲，市场经济成熟度越高，区域经济联系的关联度就越强，因此，要推进中原经济区一体化整合，就要进一步破除地方割据与保护主义，通过区域内部的统一协调，打破在资金、技术、资产重组、人口和商品流动方面的障碍，实现市场的共享是产业一体化的重要前提。受各种因素叠加影响，中原经济区企业特别是民营企业和制造业，正遭遇前所未有的困难，不少企业处于生死存亡的关头，其赖以生存的市场环境正亟须重大改善。

应加快建立以市场一体化为核心的区域共同市场。运用现代信息技术推动各种要素市场的联网，在各地市场充分发育的基础上，共建区域性的商品物流共同市场、产权交易共同市场、人力资源共同市场、信用征信共同市场、旅游文化共同市场，推动区域统一市场的形成。

首先，政府要明确其主要职责。在市场经济条件下政府的主要职责应当是进行公共事务管理，而不是对经济活动的主动干预。长期以来，长三角地区各地方政府为了吸引外资，争夺要素资源，竞相开出优惠政策，后果则是各要素不受市场选择，而是依靠政府选择和调节，形成的价格不是真正的市场价格。完善长三角区域共同市场，要加强行政协调磋商，在招商引资、土地批租、人才流动、技术开放等方面联手制定统一的政策，着力营造一种区域经济发展无差异的政策环境，彻底清除市场壁垒。其次，要借鉴欧盟统一市场的规定，建立长三角区域市场共同规则。例如，统一对商品、服务的各项审查标准，统一信用评价标准，统一实行市场准入等。最后，要统一和完善技术、人才在各地区间自由流动和就业的区域服务网络。相互承认各类技术资格证书，充分利用该区域科教资源丰富、人才密集的优势，整合区域内科技、人才资源，实现人才资源共享。

5. 积极培育市场，营造良好市场环境

要充分发挥市场的基础性作用，充分调动企业积极性，加强基础设施建设，积极培育市场，规范市场秩序，为各类企业健康发展创造公平、良好的环境。

（1）组织实施重大应用示范工程。坚持以应用促发展，围绕提高人民群众健康水平、缓解环境资源制约等紧迫需求，选择处于产业化初期、社会效益显著、市场机制难以有效发挥作用的重大技术和产品，统筹衔接现有试验示范工程，组织实施全民健康、绿色发展、智能制造、材料换代、信息惠民等重大应用示范工程，引导消费模式转变，培育市场，拉动产业发展。

（2）支持市场拓展和商业模式创新。鼓励绿色消费、循环消费、信息消费，创新消费模式，促进消费结构升级。扩大终端用能产品能效标识实施范围。加强新能源并网及储能、支线航空与通用航空、新能源汽车等领域的市场配套基础设施建设。在物联网、节能环保服务、新能源应用、信息服务、新能源汽车推广等领域，支持企业大力发展有利于扩大市场需求的专业服务、增值服务等新业态。积极推行合同能源管理、现代废旧商品回收利用等新型商业模式。

（3）完善标准体系和市场准入制度。加快建立有利于战略性新兴产业发展的行业标准和重要产品技术标准体系，优化市场准入的审批管理程序。进一步健全药品注册管理的体制机制，完善药品集中采购制度，支持临床必需、疗效确切、安全性高、价格合理的创新药物优先进入医保目录。完善新能源汽车的项目和产品准入标准。改善转基因农产品的管理。完善并严格执行节能环保法规标准。

第四节　把价值链升级作为产业升级的核心

迈克尔·波特（1990）的“价值链分析法”把企业内外价值增加的活动分为基本活动和支持性活动，两者共同构成了企业的价值链。基本活动涉及企业进料后勤、生产、销售、发货后勤、售后服务；支持性活动涉及人事、财务、计划、研究与开发、采购等。按照价值链的构成，行业价值链就是要考虑从产品研发、原材料供应、制造、销售以及售后服务等整个价值链上如何扩大价值增值，为提升行业的盈利能力找到指针。而在企业价值链中，不同的企业所参与的价值活动并非每个环节都创造价值，实际上只有某些特定的价值活动才真正创造价值，这些真正创造价值的经营活动，就是价值链上的“战略环节”。企业要保持的竞争优势，实际上就是企业在价值链某些特定战略环节上的优势。这就要求企业特别关注和培育在价值链的关键环节上获得重要的核心竞争力，以形成和巩固企业在行业内的竞争优势。企业的优势既可以来源于价值活动所涉及的市场范围的调整，也可来源于企业间协调或合用价值链所带来的最优化效益。

一　融入全球价值链有利于发挥比较优势

分工深化导致的收益有三种类型，即比较优势、规模经济和专业化经济。由于全球价值链本身就是社会分工进一步深化的产物，由分工深化带来的收益显然存在于价值环节片断化和空间重组的进程中。可以说，分工深化带来的收益是全球价值链价值增值的主要源泉。

全球价值链中各个价值环节在形式上虽然可以被看成一个连续的过程，不过在全球化过程中这一完整、连续的价值链条实际上是被一段段分开的，即片断化和可分解，在空间上离散性地分布于各地。各个价值链环节对劳动、资本、企业家能力等资源禀赋的要求不同。全球价值链的价值等级体系与全球各地比较优势等级体系相匹配。在全球化背景下，一国或地区的产业发展战略能否充分利用本地的比较优势将决定其长期绩效。实证研究表明，改革开放以来，中国充分利用了劳动力资源优势，在很短的时间内实现了产业升级和技术升级的阶段性目标，并逐渐改变了中国的资源禀赋结构，比较优势逐渐向全球价值链的中高端延伸，国际分工地位也有了改善（唐海燕、张会清，2009）。

二　融入全球价值链有利于获取外部资金支持

跨国公司通常是以 FDI 的形式在发展中国家建立全球生产网络体系，此过程为发展中国家与地区的产业结构升级提供了机遇。这些跨国公司从事的 FDI 活动，为发展中国家提供了重要的资金支持与阶段性技术支持，形成了资金效应和技术外溢效应。

产业发展需要资金、技术与人才的支持。对于发展中国家来讲，相对稀缺的资金是产业发展的重要制约因素。融入全球价值链中的企业能从跨国公司的FDI活动中获取大量的资本投入，促进规模扩大，购买先进技术设备。

过去10年中，中国外商直接投资数额不断增长。2000～2009年的10年中，中国实际使用外商直接投资金额从2000年的407亿美元，增长到2009年的900.33亿美元。

从20世纪末开始，中国企业在国际竞争中成长起来，已不满足于只做加工配套，已逐渐向价值链的高端发展。这一时期的主要特点为：第一，中国国内市场争夺激烈，跨国公司以前只将中国作为生产基地，现在将中国作为其重要的市场，同中国的国内企业交锋激烈。第二，成长中的中国企业开始走出国门，以各种直接或间接的方式参与国际市场的竞争，典型的企业包括中国石油、海尔、华为、宝钢、奇瑞、TCL等。第三，中国企业开始向价值链的高端发展，越来越重视技术研发、品牌和销售渠道等附加值高的环节，部分企业开始参与甚至主导国际标准的制订，跨国公司也大量在中国设立研发基地。第四，国际重化工行业开始大规模向中国转移，产业结构开始从劳动密集型向劳动密集型、技术密集型和资本密集型并重的方向转化。因此，从整体上来说，中国嵌入全球价值链程度日益加深，但仍然基本上处于全球价值链附加值低的部分，受到国外跨国公司的控制，这主要涉及生产环节和国内的销售环节，在附加值高的部分如技术研发和国际销售渠道领域竞争力弱。

产业的各个工序的附加值特征可以用一个开口向上的抛物线（“微笑曲线”）来描述，“微笑曲线”的左右两边都是附加值较高的研发设计或品牌策划等工序，在产业划分上基本属于现代服务业的范畴，而中间的组装环节处于价值链的最底端，不但技术含量很低，利润空间很小，而且对于成本很敏感，具有向低成本地区迁移的特性。不幸的是，中原经济区目前正处于产业价值链的底端，急需产业结构调整升级。一方面，要向高端制造转移；另一方面，要向产业的两端延伸，大力发展研究开发、交易交割和品牌策划等新兴服务业，使产业发展具有植根性和可持续性。因此，融入全球价值链分工体系，应充分利用国内资源和市场，实现从低附加值环节向高附加值环节的攀升，实现产业结构的持续升级与竞争力的提升。

第十章
提升要素质量，优化禀赋结构

产业结构升级的快慢很大程度上取决于生产要素的流动方向及使用效率，而这些因素又取决于生产要素的市场配置过程，它客观上要求完善的市场经济制度和具有高效调节功能的要素市场，来帮助市场化的企业有效地组合生产要素。因此，河南省应通过完善要素市场，来优化生产要素的配置效率，使其成为产业结构升级的突破口。

要素市场主要包括劳动力市场、资本市场、技术市场、信息市场等。这些要素市场一方面可以节约企业的交易成本，加深企业与其他服务部门之间的联系，提高企业的资源配置能力和效率；另一方面，则有助于加快知识、技术等高级要素的产权市场化，从而鼓励技术创新，并且有助于企业寻求新的市场热点和机会。而要素市场的建立和完善，真正发挥高效配置效率的作用，则需要彻底改变政府主导要素市场的局面，沿着现代市场经济的路径，从最基本的制度层面做起，为市场主体的成长创建安全、稳定的生存环境，进而通过市场组织的创新，实现生产要素的高效流转。首先，应由“政府主导型”转向“市场主导型”，通过转变政府角色，加快生产要素市场化步伐；其次，完善监管体系和法制建设，保证市场的有效秩序并规范主体行为；再次，通过整合现有市场资源、加大市场建设投入、培养专门人才、提高市场外向度等方式，来增强要素市场辐射力，促进市场组织创新；最后，发展要素市场中介组织，发挥其服务、协调、公证、监督等作用，尤其是加快行业协会、信息中心、监督机构等能够有效促进市场成长，有效衔接政府、市场、企业等部门组织的发展①。

第一节　人力资本培育

人力资本是促进经济增长的主要因素，而人力资本的结构对中国产业升级和经济结构转变将产生本质的影响。人力资本可以区分为一般人力资本、专业人力资本和企业家人力资本三个层次。其中，一般人力资本主要是由较低素质的劳动者构成；专业人力资本则主要是在技术、知识、管理等方面具有专业技能的专门人才；企业家人力资本则是具有创新精神的企业家。2010 年河南省 GDP 总量为 23092 亿元，常住人口 9405 万人，到 2010 年年底全省农村劳动力转移就业总量超过 1843 万人。河南省普通高校在校生为 145.67 万人，占全国的 6.5%，居中部地区第 1 位、全国第 3 位，人力资源极为丰富，但结构却极为不平衡，第一产业占 44.9%，第二产业占 29%，第三产业占 26.1%。高中以上文化程度者只占总人口的 21.7%。②

因此，要不断加大对人才教育的投入力度，使其与中原经济区建设的目标相适应，重视基础教育发展，提高全民文化素质水平。围绕产业升级抓好职业教育和培训，深化职业教育改革，为产业升

① 朱翔：《基于要素供给视角的浙江省传统产业结构升级问题研究》，硕士学位论文，浙江工商大学图书馆，2010，第 50 页。

② 相关数据来源于《河南统计年鉴 2011》。

级培育高素质的复合型人才。积极开展农村职业教育，提供多种形式的技能培训，提升农村劳动力的技能水平。

一　制定人力资源发展规划，提升人力资源区域竞争力

1. 加大人力资源开发的力度，改善中国人力资源的素质结构

人力资源的素质结构不合理已成为制约中国经济增长的主要因素，就业结构的转变及经济结构的优化与国民经济整体素质的提高，对劳动者的素质提出了更高的要求。

2. 改变教育内容及专业设置，调整河南省人力资源的专业结构

为了适应知识经济时代的要求，教育必须不断创新，以培养出适应未来知识经济需要的人才，特别是注重培养学生多方面的专业技能，培养出复合型人才，以满足社会对不同专业人才的需要。

3. 超前进行人才培养以适应产业结构及就业结构转换的需要

应以超前的意识，针对未来的技术发展，预测社会需求的人才数量、质量及专业结构，尽可能合理地开展超前性的专业人才培养，主动为产业结构及就业结构转换和国民经济整体素质的不断提高奠定最重要的人力资源基础。

二　根据区域经济发展定位与发展模式，制定产业发展规划

传统的产业区域布局与行业定位使产业结构与人力资源结构之间的信息传导失灵，造成区域产业发展畸形、行业发展单一；产业政策、人力资源开发与管理政策、劳动力市场政策、就业政策、社会保障政策、外资政策、外贸政策等相关政策制度安排的缺陷是产业结构调整和人力资源结构调整缺乏动力和保障的根本原因。新时期，关键要把握国际产业结构调整和区域经济合作的良好发展契机，客观评价发展的机遇与困难，制定出科学的经济

发展战略、产业结构发展战略和人力资源结构发展战略，选择合适的经济发展模式，逐步建立基于各自比较优势的产业结构与人力资源结构以及两者的战略互动机制，改革相关制度安排，促进产业结构和人力资源结构战略调整升级与互动，实现人与经济的协调发展。

三 制定普通教育与职业教育发展规划，前瞻性调整人力资源供给结构

1. 大力发展教育事业

产业结构的变动本身就是产业结构由低级向高级的运动，产业结构的高级化趋势要求人力资源开发必须高度重视教育的作用。在现代市场经济条件下，新兴的和改造后的产业基本上都建立在高科技基础之上，它需要掌握先进科学知识和技能的劳动力来从事。不论这些劳动力是新加入劳动力市场的劳动力增量，还是从其他行业转移过来的劳动力存量，他们胜任工作所需要的知识技能必须通过接受各种教育来获得。从我国劳动力素质状况来看，加大力度进行包括普通教育、职业技术教育、成人继续教育和岗位培训等在内的劳动力能力开发，是人力资源开发、适应产业结构变动要求的最重要任务。

2. 将普通教育与职业教育结合起来

职业教育是增加劳动者的知识和技能，使潜在的劳动力转变为现实劳动力的有效途径。在普及九年义务制教育基础上，可以在农村普通中学增加与现代农业有关的课程，在城镇普通中学开设与现代工业和第三产业相关的课程。而普通高校肩负着为高新技术产业培养大批复合型人才的使命，其课程设置更应紧随产业结构的调整而不断调整。此外，还应进行职业学校的课程改革。总之，要使学生所学的知识和技能符合产业结构调整的需要。

四　完善劳动力市场制度与法制，提高人力资源投资与配置效率

1. 要进一步建立和完善劳动保障法律制度

按照党的十六大关于加强社会主义法制建设和形成中国特色社会主义法律体系的要求，根据经济社会发展和劳动保障工作的实际需要，出台与《劳动法》相配套的劳动合同法、社会保险法、促进就业法及工资支付、职业技能培训、劳动力市场管理等方面的法律、法规。对《劳动法》实施中的新问题进行研究，适时提出修改完善的建议。

2. 要依法推进就业和社会保障工作，切实贯彻落实《劳动法》精神

一方面，进一步实施积极的就业政策，大力促进就业和再就业，同时改善农村劳动力进城就业环境，加强农村劳动力转移就业培训，统筹做好城乡就业工作；另一方面，进一步完善社会保障体系，在继续巩固“两个确保”的基础上，完善养老、医疗和失业保险制度，加快工伤保险制度建设，建立多层次社会保险体系。

3. 要加强劳动关系协调和企业工资分配工作

全面推行平等协商和集体合同制度，充分发挥三方机制在协调劳动关系、维护社会稳定方面的作用，加大劳动争议处理工作力度，加快推进劳动仲裁机构实体化建设，同时加强对企业工资收入分配的宏观调控，研究对垄断性行业收入水平的调节和监管措施，规范收入分配秩序。

4. 加大劳动保障监察执法力度，维护劳动者合法权益

以劳动合同签订、工资支付、社会保险费征缴、整顿劳动力市场秩序等为重点内容，严肃查处各种违法行为。全面建立企业劳动

保障诚信制度，督促企业依法与职工签订劳动合同、缴纳各项社会保险费和切实改善劳动条件，对不守法、不讲诚信的企业在媒体上予以公布。加强劳动保障监察机构队伍建设，充实劳动保障监察工作人员队伍，建立健全劳动保障法律社会监督机制。

五　根据产业结构升级需要，对人力资源结构进行针对性优化

产业结构升级对人力资源开发在质量上提出了要求。一方面，人力资源的投资、开发应适应产业结构升级的要求，注意人才知识结构的适当宽度、知识领域的交叉和跨学科的综合，增加人力资源质的可替换性和适应性，从而缓解产业结构调整的短期易变性与人力资源的结构和质的水平的相对稳定性的矛盾。另一方面，产业结构升级的途径，其一是知识技术的物化带来的技术资本含量的提高，其二是知识、智力、创造力的直接使用，其三是劳动力素质的整体提高。在人力资源的开发上，应加快科技理论的实用技术化，增加人力资本的物化和凝结；提高人才的知识综合创新能力，使智力和创造力在生产活动中创造更多的高科技含量、高附加值的产品；加大开发的投资力度，较快地提高人力资源的总体水平。产业结构变化的加速，对人力资源开发将产生以下要求：其一，增加人力资源的储备。随着科学技术发展的深入，人才的知识更新速度加快，技术资本的折旧加快，故应加强人力资源开发的远见性和创新性，既要适应当前的产业结构的需要开发人力资源，又要为以后结构的升级做好人力资源的储备。其二，人力资源的知识更新、拓广。人力资源的数量结构和质量水平的变化是一个缓慢的过程，为提高人力资源的使用效率，对现有人力资源的知识和能力的改造、拓广、更新和深化是适应产业结构变化加速的最佳途径，人力资源的开发应从一次性开发转向持续开发和终身开发。

产业结构变化对人力资源的组织和管理提出了更高的要求。一方面，应增加人力资源的流动性，使人力资源的效力最大限度地发挥。在以公有制为主体的多种经济成分共存的经济体制下，产业结构、就业结构呈现多元化，在这种条件下，各种灵活的吸引人才的用人政策和收入分配政策将对人力资源的积聚和流向产生相当大的影响，对人力资源的组织和管理提出了更高的要求，即对人力资源进行动态而有序的管理。另一方面，针对产业结构的升级的复杂性与同级人才资源的知识结构的替代性之间的矛盾，在人力资源的组织和管理中，做好各层次人才的配合和协作。在人力资源的开发上，要注重人才的引进、培养和潜力的开发，注重人才开发的多样性、整体性、前瞻性和计划性。

加快培养高素质产业人才队伍，大力引进国际化高端人才，构建现代产业智力支撑体系。重视利用多种教育资源，培养创新人才和科技企业家。围绕重点产业需求，鼓励企业与高校定向联合培养硕士、博士研究生，培养高级研发人才和科工贸复合型人才；支持高等学校、科研机构、企业建立博士后流动站和工作站，实施“高层次创新人才计划”，培育和形成多层次的创新团队。把科技企业家的培育作为一项重要工作来抓，通过组织企业经营者赴国内外先进地区考察，或选送至大专院校接受管理经营知识的短期培训等，帮助提高企业家的整体素质。建立与现代产业发展相适应的职业教育体系，加强技能型人才和技术工人的培养。鼓励条件好的国家级重点中等职业学校申办高等职业技术学院。积极支持建立民营资本等多种所有制形式的职业技术学校或职业技术大学。支持高校与企业开展联合办学、技术培训、共建实习基地，培养直接面向产业发展第一线的技能人才。整合现有社会培训资源，建立中小企业人才培养基地。

建立开放式多层次的人才引进与流动机制。着重做好海外智力引进工作，抓住金融危机中发达国家人才外流的机遇，大力招募国际化高端人才，采取团队引进、核心人才引进、项目引进等主要方式引进海外高端人才和技术研发团队。建议设立先进制造业和现代服务业人才专项资金，并建立海外留学生数据库，通过各种形式充分吸引海内外的各种科技人才资源。促进高级人才合理流动，实施科技人才居住证制度，建立可以户口不迁、关系不转、双向选择的柔性人才流动机制。建立特级专家和首席工程师制度，力争在重点行业培养一批技术创新的领军人才。

第二节　土地市场培育

作为生产的基本要素，土地具有自然供给弹性为零、经济供给弹性小等特殊性质，这就决定了土地的供给价格弹性相对较小。同时，城市用地供给来源主要是通过对农用地的征用和转用实现的，而中国人口众多、耕地资源缺乏、人地矛盾日益尖锐的国情决定了农用地转为非农建设用地的数量是非常有限的。因此，从这个意义上说，中国建设用地资源的供给价格弹性是非常小的；建设用地的需求量则随着中国经济的快速发展呈上升趋势，并且，由于土地的取得成本在城市建设和企业投产中占很大的比重，因而土地价格的变化对建设用地需求的变化有着重要影响，即建设用地的需求是富有弹性的。也就是说，土地的供给价格弹性小于需求价格弹性，其供求均衡模式为收敛式蛛网模型，一旦土地价格偏离均衡价格，在市场的作用下，价格会自动向均衡价格靠拢，最终达到均衡。这也就意味着，如果土地市场是发育完善的，价格机制和供求机制的自发作用会自动诱致土地市场达到均衡状态，土地供给与需求相等，土地资源的配置实现帕累托最优，土地利用的集约水平达到最优。

河南人多地少是基本省情，河南耕地是 1.2 亿亩，人均 1.2

亩。截至2008年10月31日，全省土地总面积248304628.9亩，其中农用地184222321.3亩，建设用地32790142.0亩，未利用地31292165.3亩，分别占土地总面积的74.19%、13.21%、12.60%。作为国家的粮食主产区，首先要保证基本农田红线不能破。而工业化、城市化扩张要占地，因此实现产业结构的升级优化，必须充分考虑土地的有效利用。培育土地市场既是节约集约利用土地、提高土地利用效率的前提，同时也是产业升级的前提。发挥市场机制对土地资源配置的基础性作用，不仅表现在对建设用地的初次配置，比如对农地的征收和再配置，还包括对土地资源和已有建设用地的再配置。应充分发挥土地二级市场的作用，鼓励用地企业进行直接、小量的土地使用权交易，完善土地利用转换机制，探索建设用地指标和耕地占补平衡指标交易，促进集体土地使用权流转，实现产业结构升级与土地利用结构的高级化一致。

一 合理利用和节约利用土地资源

1. 正确处理保护耕地与满足建设用地需求的关系

紧紧围绕粮食安全，实行最严格的土地用途管制制度，切实做好耕地的保护工作，确保耕地总量动态平衡。除列入国家、省计划的大型基础设施建设外，一般性建设项目不得占用非建设用地，应尽量使用闲置土地和低效土地。认真坚持和执行农田保护制度；加强农业结构调整中的农用地管理，农用地不得修建永久性工程建筑。同时，积极争取国家增加年度新增建设用地指标和占用荒山、沙地、戈壁等未利用地指标，建立用地审批“绿色通道”，保障传统产业改造升级重大项目用地需要，并优先办理立项预审、报批或核准手续。鼓励合理使用未利用地，其出让金最低标准可区别情况按《全国工业用地出让最低价标准》的10%～50%执行。工业项目用地一次性缴纳土地出让价款有困难的，允许分期缴纳或适当缩短土地出让年限。

2. 积极推进土地整理、复垦和开发工作

土地整理要结合农田基本建设、低产田改造、小流域治理和村镇建设，进行综合调整与治理。黄河两岸平原区、淮河上游地区和南阳盆地应为全省土地整理重点区。土地复垦要以采煤塌陷地和废弃砖瓦窑场为重点，不断扩大复垦规模，提高土地复垦率和复垦土地的质量，平顶山、郑州、焦作、鹤壁、永城等煤炭基地以及濮阳、南阳石化基地应为全省土地复垦重点区。豫西黄土丘陵区和豫南、豫西、豫北的部分地区，以及黄河滩涂应为全省土地开发重点区。

3. 加强工业转型升级的用地保障

支持各地在保护生态的前提下，合理开发利用低丘缓坡和滩涂资源，拓展工业发展的用地空间，努力减少耕地占用，提高产出率。按照工业转型升级的要求，在数量和结构上确保工业用地的科学合理供应。对事关全省经济结构调整和产业优化升级全局的省重大工业项目，地方安排用地指标确有困难的，省政府给予适当支持。各地在新一轮土地利用总体规划修编中，应科学合理规划好各类用地，对开发区、工业园区、乡镇工业功能区内现有土地进行整合，优化配置土地资源，以充分提高土地的集约利用水平。

二　促进土地市场发育，建立健全土地集约利用市场机制

1. 根据土地市场发育所处阶段的不同，采取不同的措施促进土地市场的发育

在转型中期，提高工业用地的出让地价，使地价不断逼近土地的真实价值是促进土地市场发育的主要手段；而在转型后期至相对成熟期，虽然提高工业用地地价仍然是促进土地市场发育的主要举措，但同时对土地闲置率的控制和对市场合理竞争度的维护也是完

善土地市场发育的重要手段。因此，应在对土地市场发育程度进行客观评判的基础上，根据土地市场发育阶段的不同，有针对性地分别采取不同措施，以促进土地市场的发育完善。

2. 建立并完善工业用地出让最低价标准统一公布制度

当前土地调控中的一个突出问题就是工业用地增速过快，除了投资拉动外，一个重要的原因就是地区之间的恶性竞争，竞相压低地价招商引资，一些地方为引进工业项目实行零地价甚至负地价政策。一方面，造成国有土地收益的大量流失；另一方面，也助长了大量低水平重复建设。因此，通过建立和完善工业用地出让最低价标准统一公布制度，可以有效遏制各地招商引资中竞相压低地价的恶性竞争行为，也有利于提高各地引资的质量。工业用地出让最低价的制定需根据全国土地等级、基准地价水平等综合平衡后分等级确定。在综合平衡过程中，要充分体现国民经济和社会发展“十二五”规划纲要所确定的优化开发、重点开发、限制开发和禁止开发等不同主体功能区的土地利用政策，体现国家区域发展政策，由国土资源部统一制订并公布各地工业用地出让最低价标准。并且，工业用地出让最低价标准不得低于土地取得成本、土地前期开发成本和按规定收取的相关费用之和；该标准一经制订完成就需公示，以敦促执行。

3. 改革工业用地的供给方式，积极探索工业用地出让全面招、拍、挂的有效途径

推行工业用地招、拍、挂是土地市场建设进一步成熟完善的重要环节，有利于营造公平、公正、公开的市场竞争环境，解决工业用地无序竞争的问题，防止各地竞相压低地价造成国有土地资产流失；有利于通过市场经济杠杆，发挥土地资源市场配置的基础性作用，促进节约集约用地，提高土地利用效率，增强土地资源对社会经济可持续发展的保障能力；同时，也有利于政府规划引导的实施，形成合理的产业布局，促进工业项目产业集聚，发挥规模效应。

4. 大力发展二级、三级土地市场，提高土地配置效率

建立完善二级、三级土地市场，充分发挥市场的供求机制、价格机制和竞争机制，建立统一的土地价格体系，促进土地资源流动，提升土地市场整体竞争性与土地配置效率。完善地籍管理与土地登记工作，为土地市场交易提供清晰的产权界定与产权保护服务。

5. 规范土地中介服务市场，理顺土地价格机制

整顿土地中介服务市场，严格审查中介机构资质，规范管理中介服务行为，改变当前由于管理不足，导致的不动产中介组织运作不规范、企业信誉低下等问题，理顺土地价格形成机制，促进土地市场健康发展。

第三节　金融资本培育

金融资本短缺，也是抑制河南产业发展的重要因素。从投资看，江苏于 2006 年、山东于 2005 年超过 10000 亿元，河南则是于 2008 年超过 10000 亿元。2009 年，山东城镇人均投资是河南的 1.35 倍，江苏是河南的 1.5 倍。河南人均投资仅相当于全国平均水平的 83.1%。从利用外资看，2009 年，山东利用外资 80.10 亿美元，江苏为 253.20 亿美元，广东为 195.35 亿美元，而河南为 47.99 亿美元。2009 年河南利用省外资金 2201.9 亿元，安徽则达到 4639 亿元。从信贷资金看，2009 年底，河南人民币各项贷款总额为 13437.43 亿元，山东为 25961.32 亿元，江苏为 35296.70 亿元。[①] 因此，应通过国家金融政策的倾斜和引导，建立适合中原经

① 《加快河南产业结构优化升级研究》，河南统计网。

济区的银行、信托和保险“三位一体”的区域投融资机制，努力培育和建立以郑州为中心的区域经济金融中心，允许设立为中原经济区经济发展筹集资金的地方商业银行和区域发展银行，放开在央行允许的范围内自行决定借贷款的利率，积极发展为地方企业发展融资的中小金融机构，使不同类型的企业都能够得到资金支持。大力发展和利用资本市场，设立中原经济区产业投资基金支持能够体现地区资源、产业优势、市场潜力、科技含量的主导产业、战略新型产业和现代服务业上市融资，拓宽融资渠道。

一 实行有差别的货币政策

首先，争取差别的贷款利率。若利率水平由市场供求关系决定，那么东部地区资金需求较大，市场利率水平应较高；反之，中西部地区利率水平应较低，故应对其采取优惠措施，弥补贷款利率带来的利润减少，以支持中原经济区的经济发展。

其次，争取实行差别存款准备金政策和资产负债比例管理。目前中原经济区可分配的金融资源主要来源于银行的存款，统一的银行准备金率和资产负债比例考核标准使其金融发展在全国金融发展中处于不利地位。因此，应适当降低其金融机构存款准备金率和国有商业银行省级分行的二级准备金，以增加中原经济区金融机构可用的信贷资金总额。另外，应实行宽松的再贴现政策，引导金融机构扩大西部地区信贷投放量和优化信贷结构。宽松的再贴现可以弥补中原经济区票据市场融资的缺损环节，进一步拓宽企业和银行的融资渠道。

二 设立政策性或开发性金融机构

在郑州设立政策性或开发性金融机构能够填补资本市场不发达和金融中心辐射不到所留下的空缺，这不仅为欠发达地区的经济所需要，而且也符合国际惯例。美国、日本等国都是通过设置区域性和开发性的金融机构来支持欠发达地区的资源开发和经济发展的。

三　优化信贷投向，加快产业结构优化升级

根据中原经济区产业结构以及各产业内部结构不尽合理的现实，银行应一方面根据不同借款企业的资金需求特点，灵活运用利率、贴现等信贷工具，加大信贷资金配置的广度和深度；另一方面采取引导机制，促进信贷结构的优化，加快产业结构向着有利于市场经济发展的方向调整。

四　大力培育和发展资本市场

为了使中原经济区有发展前景的企业上市，应适度降低全国交易所上市标准。郑州可利用其经济和地理优势申请设立规范的场外交易市场，进而拓宽地区产业融资渠道，优化地区金融结构，还可为成长性高新技术企业融资，促进地区产业结构优化升级。

发展中部地区资本市场必须对市场各组成部分进行规范。就资本市场的主体而言，应规范现有的股份制企业，并发展新的股份制企业，进一步扩大股份制企业的数量和规模，政府应加强政策方面的支持。在资本市场客体方面，要增加股票的发行，同时要继续加强中部地区企业债券的发行，实施优惠政策，加快企业债券市场的发展。在投资主体方面，应增强中部地区居民的证券投资意识，引导民间资本进入中原经济区的第三产业，促进地区产业结构的升级。

五　完善担保机制，拓宽中小企业融资渠道

促进产业结构升级的中小创新企业的融资问题历来是一个世界性难题。为此一些国家探索通过建立中小企业担保机制的方式来扶

持中小企业成长，实践证明，这一方式是相当有效的。高新技术企业基本上都是从中小企业开始起步，并且很多高新技术企业始终没有成为大型企业，担保机制已成为高新技术企业普遍采用的一条十分重要的融资渠道。就中小企业的信贷利率而言，可开放中小企业贷款利率，即大型企业贷款利率浮动范围可暂时维持不变，中小企业的贷款利率可根据市场供求状况自行决定。

第十一章
建立产业升级多元支撑平台

所谓平台，就是一个开放性的、标准化的基础构件，各种类型产品零部件或者服务组件，只要符合开放性连接标准，都可以装配于这一基础平台之上，为平台的用户提供他们所需的功能。平台通过其开放性，包容了单独的产业所不能比拟的大量服务提供商和服务接受者，因此，可以实现更大范围和更多参与者的资源共享；这一基础条件的变化，在新的高度、新的领域和新的层次为产业升级提供更全面、更有效和更具有商业价值的服务创造了条件和机会。本章从发挥政府这只“看得见的手”的作用出发，着重分析了中原经济区建设过程中，支撑产业升级的产业技术创新网络平台、科技成果转移与扩散平台和多元公共服务平台。

第一节　产业技术创新网络平台

支持产业基础共性技术研发网络系统构建，化解企业研发创新的风险和外部性。政府应该发挥主导作用，创建以基础理论研究、关键共性技术研究、跟踪国际前沿技术及发展趋势为重点，由行业骨干企业、科研院所、大专院校、政府相关部门等共同参与的股份制行业基础共性技术研发中心，以及侧重于理论成果推广应用和转移的若干个细分专业领域的研究机构，形成资源整合和优化配置的产业技术创新网络体系。

共性技术是关系产业未来发展的关键技术或通用技术，其研发具有投入多、难度大、风险高、超前性、外部性强等特点。从实践经验来看，共性技术供给在市场经济条件下可能处于缺位状态。基础研究投资主体明确，一般由国家投入大量资金，由大专院校或科研院所完成；专有技术，在市场经济条件下，创新主体明确，根据利润最大化原则，由企业投入资金，进行创新，保持企业在竞争中的优势地位。而共性技术由于具有准公共产品性质，既存在市场失灵，也存在着组织失灵，成为科技投资链条上的真空地带。①

近年来中国共性技术研发逐步受到政府重视。20 世纪 90 年代以来，共性技术被列入国家各项科技计划，如国家科技攻关计划、国家工程技术中心、国家工程中心、国家技术创新工程和行业技术开发基地等计划都明确支持共性技术研究。据相关资料统计，177 个“八五”科技攻关成果项目中，有 44 个项目可归结为共性技术。

但共性技术供给主体存在严重缺位现象。从我国现行科研制度来看，专有技术有专门的研发机构——企业，基础研究的主体是高校和科研院所，共性技术的研发本来是由政府、企业、高校和科研院所共同完成。然而，共性技术研发是研发方面的灰色地带。多年来，河南省科研机构与产业脱节严重，科研机构主要注重技术成果的先进性和论文数量，对中间试验和产业化环节缺乏足够重视和人

① 彭建平：《自主创新与工业结构升级研究》，博士学位论文，华中科技大学图书馆，2008，第 56 页。

力投入，而共性技术是基础研究的最初商业化过程，技术开发机构提供的共性技术缺乏必要的工程试验，停留在实验室或小规模试产阶段，短时间内无法满足企业需要。

行业间共性技术应由政府相关部门出资牵头，在政府主导下由企业、科研院所以及高等学校共同参与研发。我们认为建立健全共性技术供给体系，实现体制机制创新，是保障行业间共性技术有效供给的重要途径。

一 完善创新动力机制，提升企业创新能力

我国企业研发机构数量较少，研发能力不足。在“官产学研”模式中，企业基本处于从属地位，普遍重生产轻研究开发，重引进轻消化吸收，重模仿轻创新，创新层次低，高端发明少。强化企业的创新主体地位，就要以市场为导向，遵循市场经济规律，以企业为中心，把“官产学研”协同创新的结合点放在提升企业竞争力的基点上，通过完善企业进行研发的内外环境刺激其创新积极性，通过单个企业竞争力的提升来实现国家工业结构升级的宏观战略目标。

二 完善财税手段和法律手段

政府作为自主创新的重要参与方，应当综合运用财税手段和法律手段为企业自主创新保驾护航。一方面，加大对企业技术创新的投入和税收优惠力度，并通过政府采购、出口扶持等政策加速企业创新成果的实现。另一方面，通过法律手段强化企业创新主体地位及与之相应的责、权、利，引导社会资源配置向企业创新活动倾斜。此外，政府应当进一步完善产权制度和法人治理结构，健全管理制度和利益机制，避免企业生产经营中的短期化行为，使自主创新成为企业做强做大并实现持续发展的内在动力。

三　制定科学的产、学、研合作规划

高等院校、科研机构要进一步完善发展机制，在从事基础性研究的同时要加强应用技术研究，为企业进行技术创新提供充足的基础知识、技术供给和人才保障。通过科学的产、学、研合作规划，积极与企业合作进行面向市场的技术研究与开发活动，提升创新平台的综合性、交叉性，有效整合创新资源，使自身所拥有的知识技术、科研设施等力量以企业为中心进行集中，推动创新资源优化配置，促进科技成果共享，推动中国工业自主创新能力与技术水平的全面提升。

第二节　科技成果转移与扩散平台

科技创新会推动产业链的自我完善，逐步改进和更新现有产业部门，并依照产品生命周期规律淘汰不适合社会需要、技术落后、生产率低下的部门，推动各产业向更高的层次演变。所以，在中原经济区建设的过程中，应该大力发展科技事业，充分发挥科技作为第一生产力的推动作用，把科技创新作为促进河南省加速崛起的引擎和动力。

一　积极发展科技保险，建立科技创新风险转移机制

科技创新是一种风险极大的活动，在这个过程中一般需要非常大的投入，一旦成功，其所带来的效益是非常可观的，但是一旦失败，带来的损失同样也是非常巨大的。因此，如何降低科技创新乃至科技成果转化过程中的风险，从而产出更多的创新成果并将其转化为生产力，已成为建设创新型国家的重要任务之一。科技保险作为一种新兴的保险形式，在这方面发挥着非常重要的作用。①

① 周学政、宋晨枫：《科技创新的风险转移与发展思路》，《科技智囊》2007 年第 12 期。

科技保险作为专门服务于科技创新的一种风险分散工具，可以为科技创新活动提供保险保障，为河南自主创新活动增添新的动力。科技活动具有高投入、高风险、高收益的特点，科技企业或研发机构在研发、生产、销售、售后服务以及其他经营管理活动的各个环节面临着比一般企业大得多的风险，需要通过社会化分散转移机制进行管理和控制。科技保险就是对科技活动进行风险管理的重要手段与工具，即对科技企业或研发机构因各类风险而导致财产、利润、科研经费等损失，以及对股东、雇员或第三者的财产或人身伤害应承担各种民事赔偿责任，由保险公司给予保险赔偿或给付保险金的保障方式。由于科技保险产品保障针对性强，政府通过给予财政与税收支持政策，既可以为科技企业转移高风险，又不显著增加科技企业负担，从而达到促进科技创新的政策支持效应。①

促进科技创新的政策支持效应，全方位推动科技保险创新发展，具体包括以下几点。

一是创新保险产品保障范围和定价机制。要充分拓宽科技保险的保险标的范围，在原有险种的基础上，设计出满足企业风险实际需求的产品。不同企业面临的创新风险各有不同，传统的风险定价方式难以适用于科技风险的估算，必须采取更加灵活的风险定价方式。

二是鼓励保险公司创新承保模式。鼓励创新，支持保险公司探索推行“政府信用+商业信用+专业保险经纪服务”等承保模式，聘请专业的保险经纪公司为科技企业量身定做一揽子风险管理方案，并将科技信贷、社会资金、保险资金和企业创新资金、人才等有效结合起来，整合各类创新资源，为企业的科技融资和技术创新提供保险服务。

---

① 孟灯旺：《大力发展科技保险促进安徽自主创新》，《安徽科技》2010年第10期。

三是创新保险人才培养路径。采取“人才先行”的战略政策，逐步建立健全多渠道的既懂保险又懂技术的复合型科技保险人才培养路径。应加强保险公司与高等院校的合作，加大保险公司内部的培训力度，同时学习国外先进经验，在不断融合交流中提高科技保险相关从业人员的整体素质。

四是创新对企业的宣传方式。要通过各种媒体和行业协会等途径，运用典型成功案例，大力宣传科技保险的社会功能、发展形势和优惠政策，提高全社会尤其是科技企业对科技保险的认知程度，提高科技企业的投保积极性。另外，政府还应该把科技保险同科技创新、科技金融、科技文化、科技投资环境建设、风险投资发展以及市场开拓等有效、系统地结合起来，形成政府、科技企业、保险公司和社会共同推动科技保险健康快速发展的“四位一体”综合格局。

五是扩大财税支持政策。科技保险作为一种准公共产品，其健康、快速发展不能只依靠市场的自发调节，也需要政府的政策扶持。财税优惠政策作为对企业投保行为和保险公司承保行为的一种激励，对科技保险的启动和初期发展起着不可替代的作用。应进一步扩大财政补贴范围，提高财政补贴额度，加大减税支持力度，提高保险公司和科技中介参与科技保险的积极性。

六是加强部门间沟通协调。建立以科技部门、保监局、财政部门、税务部门等为主导，鼓励保险公司、科技企业、保险中介、投资机构等机构积极参与推动的协作机制，加强交流沟通，争取更多的政策支持，充分发挥财政资金的引导和放大作用，进一步完善财政投入引导并推动科技保险的发展模式，从而降低和分散科技创新风险。

二　发挥政府在成果技术转移中的调控职能

21 世纪是科学技术引领世界的世纪，科技的浪潮席卷全球，科技的运用使得人们的生活发生了质的改变，科技也因此成了国家经济发展的核心动力。科技作用的发挥依赖于科技创新与应用，实现科技运用则必须经过技术转移这一环节，但是，如今我国的技术转移工作形势却并不容乐观，低转移率使得技术转移工作陷入了困境。政府在技术转移中一直扮演着主导者和引导者的角色，因此，技术转移中政府职能的发挥与技术转移有着重要的联系。对技术转移中政府职能进行研究，探寻优化技术转移中政府职能的措施，对于技术转移走出低转移率的困境具有重要意义。面对在技术转移活动中宏观调控力度不够的现状，政府应该将更多的注意力放在制定技术转移扶持、引导政策上，进而细化这些政策，对整个技术转移活动进行调控。政府在加强宏观调控职能方面，具体应该采取以下措施。

1. 制定技术转移人才培训优惠政策

随着技术转移活动的大量增加，与之相适应的专业性技术转移人才却相当缺乏，在许多高校和科研院所，甚至是技术转移中介机构中的技术转移人员身兼数职，专业能力不高，不利于技术转移活动的开展。所以，政府应该出台相关技术转移专业人员的培养政策机制，为他们提供更多的优惠政策，建立一支素质高、能力强的技术转移队伍。

2. 制定技术转移信贷优惠政策

技术转移活动成功率不高的主要原因之一是技术转移的风险较大，企业与社会对技术转移活动的资金投入不够，国家在这方面的投入甚微。所以，国家应该充分发挥其职能，制定有关技术转移信贷政策，为技术转移主体信贷提供优惠政策，拓宽技术转移资金投入的渠道，调整政府在科技投入方面的比例，相应地加大技术转移方面的投入。除此之外，还必须细化各项优惠政策，按照技术转移的特点对应实施，避免盲目性和无操作性。

3. 拓宽技术转移税收优惠政策

在新的企业所得税法实施条例中，将企业技术转移所得享受税收优惠的标准从30万元提高到500万元，而且500万元以上的可以减半缴纳税收。对于企业来说，这无疑是一个好政策，但是，这仅局限于技术的转让方，而技术受让方、技术转移服务机构却很难找到相关的税收优惠政策。这并不利于调动技术受让方和技术转移服务者的积极性，技术转移活动也将受影响。所以，政府部门应该致力于拓宽技术转移税收优惠政策，平衡技术交易各方间的利益。在技术转移专项法律还未出台之前，政府制定相关政策规范和推动技术转移活动的进行意义重大。

4. 制定技术转移引导政策

(1) 利用行政手段，规范技术转移中介。技术中介公司的设立、运行和管理直接影响技术转移活动的进行。要为技术中介公司设立资质等级以及严格的设立标准，限制一些不透明、公信力差的中介随意设立，对现有的一些资质不够和信誉不好的中介机构实行停业整顿、吊销营业执照等措施。通过一系列的行政手段，提高中介公司的社会认可度和知名度。

(2) 发挥社会各界的力量，发展技术转移中介。技术转移中介的发展需要社会各界在中介技术人员的引进、资金投入、业务拓展等方面提供大力支持。政府还可以凝聚社会各界的力量建立技术转移基金、技术转移人才培训机构等。

(3) 向地方推广有效的发展技术中介的鼓励性政策。在不违背中央政府政策的情况下，各地方政府都会制定符合本地区实际的发展技术转移中介的鼓励性政策，并积极贯彻实施。中央政府可以通过政府资源，向技术转移中介发展相对不好的地区推广有效的政策和实施策略。

(4) 提高技术转移市场监管职能，完善技术转移立法体系。

技术转移中政府不仅应该加强宏观调控职能，还需要提高市场监管职能，任何市场行为都应该在符合国家政策法规的情况下实施。美国完善的技术转移法律体系为其技术转移的发展提供了强大的保障，对于技术转移的规范和监管主要依靠其相关法律，但是我国至今仍无专项立法。然而，技术转移过程中所涉及的“活动准则必须以法律的形式加以固定，以便为利益相关的各方提供活动准绳，为解决争端提供依据和准则，并将政府对技术转移的引导与管理活动纳入法律规范的范畴”。

除此之外，政府还应该进一步建立技术转移基金，加大技术转移的政府投入，以资金为杠杆，激励技术转移活动，充分发挥政府的经济职能。在政府部门内部设立技术转移办公室，专门从事当地技术转移的协调工作和市场管理工作，充分发挥政府的政治职能。[①]

三 发展科技中介服务机构，推进技术创新服务体系建设

在以技术为驱动力的市场经济中，科技中介机构作为各种创新主体的黏合剂和创新活动的催化剂，其高效率的运作不仅能促进创新体系内各参与主体间的互动，加快大学、研究机构和企业间的技术流动，并通过进行技术搜寻、评估和传播实现创新体系内在的有效联系，而且能够大大活跃和促进企业的技术创新，促进国家经济发展，提高国家的整体经济竞争力。

科技中介机构能够推动技术市场的发展。科技中介机构和科技创新与成果转化中介服务机构及以技术经济、技术中介等为代表的要素整合中介服务机构的发展，有效地推动了技术市场的发展。科

① 刘泽政、傅正华、刘泽宪：《我国技术转移中政府职能研究》，《科研管理研究》2011 年第 4 期。

技中介机构提高了创新与成果转化的效率。科技中介机构围绕创新及成果转化，为科技企业特别是中小企业提供专业化服务，降低了企业信息、资金等各种要素获取的风险与成本，极大地提高了要素优化配置的效率。

科技中介机构发展的对策包括营造科技中介发展环境。一是加快政府职能转变，实现政务、事务和服务相分离，为中介机构发展创造良好的空间。各级科技管理部门要率先垂范，从政策咨询起步，逐步扩大到重大科技项目的技术经济分析和认证。对科技管理工作中的重大决策，事先委托中介机构调查研究，形成咨询报告和备选方案作为决策依据。重大事项先咨询、后决策，重大项目先论证、后立项，重要工作先评估、后验收。在推进决策科学化与民主化的同时，提高科技中介决策咨询的能力。

二是加强政策引导。进一步加强科技中介发展战略和对策研究，加大政策方面的引导和扶持，从总体上抓好科技中介机构的发展战略规划，明确科技中介服务组织的发展目标和政策导向。研究制定相应的政策与法律法规体系，加强对技术经纪、咨询、评估、技术信息、技术交易场所、孵化器、中试基地、生产力促进中心、风险投资项目管理等中介服务机构及科技创新与成果转化相关活动的场所、基地和基础设施建设的支持和资助。贯彻国家有关科技咨询、科技服务收入减免税的有关规定，制定科技中介机构高新技术企业认定有关实施细则，在政策范围内引导科技中介机构享受高新技术企业税收优惠。落实技术合同登记及技术性收入所得税与营业税优惠政策，适当考虑个人所得税优惠或减免，鼓励中介机构及科技人员、服务人员开展科技成果转化活动。

三是优化行业发展环境。充分发挥行业协会功能，加强管理与监控，加强行业自律发展，并代表会员与政府、消费者集团进行沟通，为会员提供信息、技术、管理、经营、培训等方面的支持。加强科技中介服务的规范化和标准化，积极支持有关的行业协会和机构制定及实施科技中介组织的认证、投诉、评估和排名制度，对技术经纪人实行资格认证和持证上岗，引导科技中介机构建立良好的信誉体系。在一定的范围内试行技术转让保险或技术转让担保，降低技术转移过程中技术转移双方及科技中介的风险。积极引导科技中介机构实行策略联盟和服务创新，加大各类科技中介人才的培养，提升整体服务水平。规范科技中介市场，完善市场竞争，建立健全有利于各类科技中介机构健康发展的组织制度、运行机制和政策法规体系，严格执行科技中介机构成立标准，利用税收、信贷及投资等政策调整中介业内部结构。

四是强化技术市场建设。在现有技术市场中，遴选部分基础好、实力强、特色明显的技术市场进行重点建设，使之更好地发挥科技中介的作用。要鼓励有条件的技术市场在适当时候介入技术研究与开发过程，提高市场对技术研究开发的导向作用，提高技术与市场的对接程度、科技成果的转化率及为民营企业、农业科技企业服务的水平。引导和加快科技中介行业协会建设，让行业协会充分发挥其信息收集扩散快、与企业利益共存的特殊作用，弥补科技中介服务中的弱点和不足，使之更加贴近企业和市场的需求。

第三节　多元公共服务平台

当代科学技术发展呈现渗透、交叉与融合的态势，知识经济的到来与科技创新的全球化态势日益强劲，科技资源整合能力与公共服务平台建设是促进国家科技创新的重要保障。支撑科技进步与自主创新的科技基础条件上升为国家的重要战略资源。建设科技公共服务平台，提升科技创新的服务能力与服务水平成为国际科技竞争与经济较量的新焦点、新领域。

在中原经济区产业升级推进过程中，应采取多种投资方式和组织方式，对交通、运输、通信、信息等公共服务加大投入，构建多元公共服务平台，更好地服务于产业结构的升级。具体包括以下子平台建设。①

第一，信息服务子体系。通过不断扩展服务功能，增加信息量，提高信息实用性，为政府各部门、服务机构、企业搭建一个信息沟通的桥梁。在网上发布相关政策法规和行业发展动态，为中小企业提供产品供求、技术供求、资金供求、产权供求等信息，建立和完善中小企业项目库、技术成果转让库、闲置设备调剂库、人才库等各类信息库。以网络为主体，结合其他途径为中小企业提供法律、政策、生产经营和管理等方面的信息，建立面向社会的信息服务体系。

第二，融资担保服务子体系。大力发展信用担保、筹资融资、产权交易、土地交易、闲置设备调剂、会计、审计、评估、律师等中介机构，为有条件的企业上市、发行债券提供咨询和辅导，为企业股权融资、租赁融资和产权转让提供服务，帮助中小企业提高融资能力。当前，重点要加快建立和完善中小企业信用担保体系。各级政府应按照“政府引导、市场运作”的原则，充分利用国家开发银行贷款，增加担保机构的资本金；要制定风险补偿等优惠政策，引导社会资本进入；要整合现有担保机构，逐步形成以政府出资的担保机构为主体，商业性担保机构、主动性担保机构和再担保机构为补充的覆盖全省的企业担保体系。

第三，技术支持服务子体系。发展技术开发、技术推广、技术咨询、产品设计、设备与产品测试等服务机构，为企业的新产品研

① 颜毅：《湖南省中小企业公共服务平台研究》，硕士学位论文，中南大学图书馆，2007，第29页。

究开发和试制、设备检测、生产工艺改进等创造条件，促进企业技术水平与产品技术含量的提高。支持和鼓励大专院校、科研院所、企业的专门技术实验室和测试基地向中小企业开放，满足企业对共性技术的需求。大力培育技术市场，搭建技术产权交易平台，积极推进企业与大专院校、科研院所合作，促进科技成果尽快转化为生产力。收集、传递企业的技术需求信息，向企业提供新技术、新工艺、新材料、新产品等信息。开展技术诊断和技术指导，帮助企业解决技术难题，鼓励和扶持有条件的中小企业建立企业技术中心。

第四，人才培训服务子体系。整合培训资源，充分发挥大专院校、技工学校和专业培训机构的积极作用，建立人才培训基地，通过基地的带动和辐射作用，构建企业培训网络。加强企业培训师资队伍建设，建立和完善企业培训师资库。结合企业实际，运用讲授式、研究式、案例式、模拟式、体验式等教学方法，积极推广网络教育、远程教育、电化教育等现代培训手段，积极开展企业经营管理人员、专业技术人员、高技能人员及员工的教育培训和创业辅导，加强中小企业人才队伍建设，不断提高企业整体素质和核心竞争力。各级政府可以加大对中小企业培训的支持力度，建立企业人才培训考核评估机制和培训经费补助制度。

第五，管理咨询服务子体系。整合社会各类管理咨询服务机构，同时，利用大专院校的力量，为企业提供企业诊断和管理咨询，提高企业的管理水平和管理效率。组织有关专家学者、企业高级管理人员以及离退休的专业人员组成管理专家顾问团，为企业提供管理方法、组织设计、制度建设、财务分析、统计技术等方面的诊断、咨询和辅导。抓住影响企业发展的难点、关键问题和企业关注的热点问题，加强调查，研究解决问题的方法。

第六，创业辅导服务子体系。各级企业管理部门组建创业培训和咨询队伍，大规模、分层次开展创业培训，提高创业人员整体素质，培养一支创业大军。以公益性服务机构为主要载体，向企业初创者提供策划咨询、手续代理、创业园地、人员培训、技术应用、融资支持、登记注册以及工商、税务、能源、运输、劳动就业、社会保障、财政支持等方面的政策咨询和服务，帮助初创企业渡过创业艰难期。建立创业项目库，为创业者提供项目服务。各级政府要结合本地实际，研究制定政策措施，从土地、财税、融资、科技、人才等方面扶持创业基地建设和初创企业发展。有条件的地方要分别选择一些基础条件较好的园区或闲置厂房、楼宇，建立创业基地，为创业者提供低价、优质的创业场所；全省重点支持 20 个创业基地建设。按照国家发改委等 10 个部门颁布的《创业投资企业管理办法》，通过政府引导，规范管理，促进民间资本成立一批创业投资公司，开展创业投资活动。

第七，市场开拓服务子体系。大力发展企业形象、产品设计、产品推广、展览展销、品牌打造和传播等中介服务机构，帮助企业制定营销策略、创新营销方式、扩大营销渠道，为企业提供对外贸易、技术合作、招商引资、风险投资等服务；组织企业参加各类展销展示会、产品交易会、供求洽谈会以及国内外商务考察活动；鼓励服务机构为企业提供展览、展销的策划、设计、制作等“一条龙”服务；指导中小企业参加政府采购项目投标等活动。

第八，政策法律服务子体系。组织法律服务机构开展面向企业的政策法律咨询和法律援助等服务。利用法律顾问协会，组建企业法律服务中心。设立政策法律咨询服务热线，建立网上法律咨询平台，为企业提供法律、法规、政策等咨询服务。

第十二章
产业升级的路径选择

本章立足于产业升级相关理论和中原经济区产业发展现状的剖析，结合《国务院关于支持河南省加快建设中原经济区的指导意见》，具体分析了中原经济区产业升级的三条路径，即现代产业体系建设，构建内生驱动的升级路径；引导产业转移，推动区域布局合理化；通过现代产业集聚区建设，推进产业结构升级。

第一节　现代产业体系建设的路径选择

一　传统产业升级的路径选择

做大做强先进制造业。坚持走新型工业化道路，按照高端、高质、高效发展的要求，适应市场需求变化，发展先进装备制造业，改造提升原材料工业，集群化发展中高端消费品工业，着力提升装备制造、有色钢铁、化工、食品、纺织服装五大战略支撑产业竞争力，建设全国重要的先进制造业基地。

现代装备制造业。增强装备制造业自主创新、服务增值、先进制造和产业配套四大能力，提升输变电装备、成套装备、现代农业机械、工程施工机械等产业的国际竞争力，大力发展轨道交通设备、节能环保设备、物流机械、建筑机械等产业，完善铸锻件、基础件、仪器仪表、机床等特色产业，建设全国重要的现代装备制造业基地。建设中原电气谷、洛阳动力谷以及郑州、新乡、焦作、安阳、南阳新型装备制造业基地。以壮大产业规模和增强核心竞争力为主线，重点发展经济适用型汽车、高档客车、新能源汽车、专用汽车，建设郑州百万辆汽车基地，推进开封、洛阳、新乡、焦作、许昌、南阳、鹤壁等汽车及零部件产业集聚发展，建成全国重要的汽车制造基地和辐射中西部地区的汽车服务贸易中心。

原材料产业。推进有色、化工、钢铁等向产业链高端延伸，促进上下游一体化发展，建设具有国际竞争力的精品原材料工业基地。严格控制冶炼规模，提高中高端精深加工产品比例和有色金属回收利用比例，重点发展郑州、洛阳、焦作、三门峡、商丘铝精深加工产业基地，推进济源铅锌、鹤壁镁加工、洛阳钼钨钛铜、新乡铜加工等特色产业发展。大力推进煤化工、盐化工、石油化工融合发展，重点建设洛阳、濮阳、商丘三大石油化工基地，豫北、豫西、豫东三大煤化工基地，以及平（顶山）漯（河）、焦（作）济（源）、濮阳和南阳四大盐化工基地，积极发展甲醇制烯烃、煤制乙二醇等煤化工产业链，促进平顶山煤、盐、尼龙、化工产业链融合延伸，提升高端石化产品规模和水平。推动安阳优质钢基地建设和安钢、舞钢等重点企业改造升级，积极发展适应区域市场需求的产品，大力发展钢铁深加工，使之成为中西部地区重要的钢铁生产基地，促进节能环保新型建材产业发展。

消费品工业。以品牌带动、承接转移为主要途径，引导完善销售网络，培育新兴业态，推动绿色食品、纺织服装和特色轻工产业集群发展。提高面制品、肉制品和乳制品规模和水平，加快果蔬、油脂、饮料等优势产业发展，培育休闲食品、调味品等成长性产业，提高冷链、绿色、功能食品比重，推进主食工业化，建设全国领先、具有国际竞争力的食品工业基地。全面融入全球供应链体系，突出发展服装、家用和产业用纺织品等终端产业，改造提升棉纺织和化纤等传统产业，强化技术创新和品牌建设，健全产业服务体系，建成全国重要的纺织工业基地。优先发展家电、家具厨卫用品、皮革皮具、包装印刷等消费品，积极承接玩具、文体用品、五金工具、灯具等产业转移，成为国内低成本、创新型、绿色环保的轻工产品制造中心。

坚持以结构调整为主线、以信息技术推广应用为重点，提高传统产业的信息化水平；以先进制造技术应用为重点，推进制造领域的优质高效生产；以研制重大技术装备和成套设备集成为重点，提高行业装备制造水平和制造业装备水平；以产业共性技术和关键技术开发应用为重点，促进传统产业技术升级。

通过对各行业技术结构现状的调研及对技术发展前景的论证，提出一批对产业升级具有重要支撑作用的共性技术和关键技术，集中力量进行重点攻关或推广应用。

在具体操作上，由经贸委会同发改委、科技厅，围绕着各行业重点攻克和推广应用的技术，考虑市场需求、规模效益、技术水平和环境保护等多方面的因素，经过科学论证和慎重决策，动态地筛选一批重点项目，形成项目库，适时地向社会公布，引导国内外各种经济成分的资金和技术、人才投入，同时也可及时上报争取国家有关政策的支持。这些项目主要分为两大类：一类是科研试制、技术开发及高新科技成果产业化项目；另一类是技术改造和扩建项目。原则上，每两年对这些项目进行一次重新论证，做到完成一批、淘汰一批、补充一批。

二　战略新兴产业发展的路径选择

根据战略性新兴产业的发展阶段和特点，要进一步明确发展的重点方向和主要任务，统筹部署，集中力量，加快推进。

1. 节能环保产业

重点开发推广高效节能技术装备及产品，实现重点领域关键技术突破，带动能效整体水平的提高。加快资源循环利用关键共性技术研发和产业化示范，提高资源综合利用水平和再制造产业化水平。示范推广先进环保技术装备及产品，提升污染防治水平。推进市场化节能环保服务体系建设。加快建立以先进技术为支撑的废旧商品回收利用体系，积极推进煤炭清洁利用、海水综合利用。

2. 新一代信息技术产业

加快建设宽带、广泛、融合、安全的信息网络基础设施，推动新一代移动通信、下一代互联网核心设备和智能终端的研发及产业化，加快推进三网融合，促进物联网、云计算的研发和示范应用。着力发展集成电路、新型显示、高端软件、高端服务器等核心基础产业。提升软件服务、网络增值服务等信息服务能力，加快重要基础设施智能化改造。大力发展数字虚拟等技术，促进文化创意产业发展。

3. 生物产业

大力发展用于重大疾病防治的生物技术药物、新型疫苗和诊断试剂、化学药物、现代中药等创新药物大品种，提升生物医药产业水平。加快先进医疗设备、医用材料等生物医学工程产品的研发和产业化，促进规模化发展。着力培育生物育种产业，积极推广绿色农用生物产品，促进生物农业加快发展。推进生物制造关键技术开发、示范与应用。加快海洋生物技术及产品的研发和产业化。

4. 高端装备制造产业

重点发展以干支线飞机和通用飞机为主的航空装备，做大做强航空产业。积极推进空间基础设施建设，促进卫星及其应用产业发展。依托客运专线和城市轨道交通等重点工程建设，大力发展轨道交通装备。面向海洋资源开发，大力发展海洋工程装备。强化基础配套能力，积极发展以数字化、柔性化及系统集成技术为核心的智能制造装备。

5. 新能源产业

积极研发新一代核能技术和先进反应堆，发展核能产业。加快太阳能热利用技术推广应用，开拓多元化的太阳能光伏光热发电市场。提高风电技术装备水平，有序推进风电规模化发展，加快适应新能源发展的智能电网及运行体系建设。因地制宜地开发和利用生物质能。

6. 新材料产业

大力发展稀土功能材料、高性能膜材料、特种玻璃、功能陶瓷、半导体照明材料等新型功能材料。积极发展高品质特殊钢、新型合金材料、工程塑料等先进结构材料。提升碳纤维、芳纶、超高分子量聚乙烯纤维等高性能纤维及其复合材料发展水平。开展纳米、超导、智能等共性基础材料研究。

7. 新能源汽车产业

着力突破动力电池、驱动电机和电子控制领域关键核心技术，推进插电式混合动力汽车、纯电动汽车推广应用和产业化。同时，开展燃料电池汽车相关前沿技术研发，大力推进高能效、低排放节能汽车发展。

发展新兴战略性产业，是中国经济发展的重大战略选择。然而，当前政府在促进战略性产业发展方面做得还不够，表现在前瞻性技术资金投入不足、资本市场对战略性产业的发展和升级支持不够、政府扶持新兴战略性产业的政策不完善等。

第一，前瞻性技术资金投入不足。发展新兴战略性产业不同于高新技术产业化。新兴战略性产业主要是创新导向的，发展新兴战略性产业需要对前瞻性技术进行攻关。这是一项风险较大的资金投入，在私人投资不足的情况下，就需要政府资金的投入。但当前政府对于技术创新的资金投入明显不足。以科技活动经费筹集为例，筹集资金总额中的政府筹集部分比例逐年下降，1999 年约为 32.38%，到 2007 年下降为 22.14%。从中央和地方各级政府财政支出的用途来看，2009 年用于科学技术的支出仅占总财政支出的 3.40%。政府资金的投入不足严重制约了战略性产业的发展。

第二，资本市场对战略性产业的发展和升级支持不够。产业升级不仅仅需要对传统产业进行技术改造，还需要大力发展高技术产业，实现科技成果迅速产业化。从发达国家的经验来看，资本市场的中小企业创业板以及风险投资基金在科技成果的产业化转换中起了非常重要的作用。中国创业板虽然已经启动，但是目前通过 IPO 的企业只有少数几十家，远远不能满足科技成果转化的融资需要；此外，风险投资基金在中国还远未成熟。

第三，政府扶持新兴战略性产业的政策不完善。在推动新兴战略性产业发展的过程中，除了资金的投入支持外，更重要的是发挥政府的政策导向作用，实现体制机制的创新和突破。当前中国的产业政策主要体现在每隔 5 年编制一次的国民经济和社会发展规划纲要中。从近 15 年编制的规划纲要中不难发现，各地区都不同程度地将新能源、汽车、信息产业、生物医药等产业作为重点发展的战略产业。然而，这些战略规划纲要并没有得到有效的政策保障和落实。从根本上而言，政府应该出台具体措施加快推动科研人才、资金、技术和专利向企业转移，以市场为导向开展创新，使企业真正成为自主创新的主体，并大力培育创新精神和企业家精神，培育鼓励创新、不怕失败的创新文化，加强知识产权保护。

加快培育和发展战略性新兴产业，必须健全财税金融政策支持体系，加大扶持力度，引导和鼓励社会资金投入。

（1）加大财政支持力度。在整合现有政策资源和资金渠道的基础上，设立战略性新兴产业发展专项资金，建立稳定的财政投入增长机制，增加中央财政投入，创新支持方式，着力支持重大关键技术研发、重大产业创新发展工程、重大创新成果产业化、重大应用示范工程、创新能力建设等。加大政府引导和支持力度，加快高效节能产品、环境标志产品和资源循环利用产品等的推广应用。加强财政政策绩效考评，创新财政资金管理机制，提高资金使用效率。

（2）完善税收激励政策。在全面落实现行各项促进科技投入和科技成果转化、支持高技术产业发展等方面的税收政策的基础上，结合税制改革方向和税种特征，针对战略性新兴产业的特点，研究完善鼓励创新、引导投资和消费的税收支持政策。

（3）鼓励金融机构加大信贷支持。引导金融机构建立适应战略性新兴产业特点的信贷管理和贷款评审制度。积极推进知识产权质押融资、产业链融资等金融产品创新。加快建立包括财政出资和社会资金投入在内的多层次担保体系。积极发展中小金融机构和新型金融服务。综合运用风险补偿等财政优惠政策，促进金融机构加大支持战略性新兴产业发展的力度。

（4）积极发挥多层次资本市场的融资功能。进一步完善创业板市场制度，支持符合条件的企业上市融资。推进场外证券交易市场的建设，满足处于不同发展阶段创业企业的需求。完善不同层次市场之间的转板机制，逐步实现各层次市场有机衔接。大力发展债券市场，扩大中小企业集合债券和集合票据发行规模，积极探索开发低信用等级高收益债券和私募可转债等金融产品，稳步推进企业债券、公司债券、短期融资券和中期票据发展，拓宽企业债务融资渠道。

（5）大力发展创业投资和股权投资基金。建立和完善促进创业投资和股权投资行业健康发展的配套政策体系与监管体系。在风险可控的范围内为保险公司、社保基金、企业年金管理机构和其他机构投资者参与新兴产业创业投资和股权投资基金创造条件。发挥政府新兴产业创业投资资金的引导作用，扩大政府新兴产业创业投资规模，充分运用市场机制，带动社会资金投向战略性新兴产业中处于创业早中期阶段的创新型企业。鼓励民间资本投资战略性新兴产业。

三　现代服务业发展的路径选择

加快发展现代物流业、商务服务业、文化创意产业、会展产业等先导服务业，加快提升金融业、商贸业、旅游业等支柱服务业，加快培育电子商务、服务外包、数字新媒体、健康产业等新兴服务业，构建可持续发展的国际化、专业化、集约化、均衡化的服务业体系；积极推进服务业综合改革试点，努力建设全国服务业区域中心和改革创新示范区，建成服务西部、面向全国、走向世界的现代服务业基地。

1. 加快发展先导服务业

加快发展现代物流业。引进境内外知名第三方和第四方物流企业建立区域性总部和后台服务中心、结算中心、管理运营中心等功能性总部，加快物联网科技研发和普及应用，全面提升现代物流产业能级。

加快发展商务服务业。重点发展会计、审计、资产评估、法律事务等专业服务，推进公共关系、商业咨询、市场调查和包装策划等领域加快发展。引进和培育人力资源咨询、市场开拓与销售咨询、公司与组织发展咨询、产品和营运管理咨询等服务机构。着力引进国内外大公司、大企业集团总部、区域性总部以及销售、研发、投资、结算等功能性中心，努力打造以商贸流通、商务办公、金融服务、旅游休闲、文化传播、创意设计、总部经济等为特色的楼宇经济群。

加快发展文化创意产业。以传媒、文博旅游、创意设计、演艺娱乐、文学与艺术品原创、动漫游戏、出版发行七大行业为重点，以重大项目带动产业聚集发展。重点推进郑州文化创意产业综合功能区和区（市）县文化创意产业园区基地建设，汇聚文化创意企业，完善和延伸产业链，培育功能性产业集群，建设“中部第一、国内领先”的文化创意产业标杆城市。

建设中国会展之都。建立专业化会展运作机制，提高会展企业竞争力，完善会展软件和硬件设施。创办体现城市地位、城市特色、城市发展趋势的高端论坛，积极申办国际高端会议，建设国际会议目的地城市。培育和引进具有较大影响力的品牌专业展览和消费品展览，建设展会品牌集聚区。创新节庆主题和内容，打造中西部地区休闲节庆品牌。

2. 加快提升支柱服务业

加快提升金融业。巩固壮大银行、证券、期货、保险等传统金融行业。大力发展新兴金融业，引进和培育股权投资基金、新型农村金融机构、融资性担保机构、财务公司、金融租赁机构等新兴金融服务机构。加快发展金融外包服务、金融中介服务、金融教育培训等金融配套产业。着力培育和发展地方法人金融企业。

加快提升商贸业。加快推进中心城区服务业结构战略调整，强化商贸高端服务功能，建设国际大宗商品交易中心，增强区域辐射能力。大力发展连锁经营、电子商务和物流配送等现代流通方式，推动零售业高端化发展，引进国内外高端品牌旗舰店和专卖店，引导大型商业综合体向主力商圈和城市副中心集聚发展，形成一批主力新商圈，建成一批精品特色商业街区，建设中部地区时尚购物天堂。提升餐饮业发展水平，建设满足多元美食消费需求的现代化国际美食之都。统筹城乡商贸发展，加快构建覆盖县、镇、村（社区）三级的生活消费品、农产品、农业生产资料和信息服务等商贸流通网络，实现城乡市场同发展、共繁荣。

建设国际旅游城市。深化旅游综合配套改革试点，促进旅游与三次产业融合，实现旅游业可持续发展。完善旅游产业链，全面提升旅行社、宾馆饭店、景区景点、旅游商店的服务质量，建设具有国际水准的旅游服务体系。强化国际旅游营销，搭建“最佳旅游联盟”，建立多层面的营销体系，巩固和拓展国内外旅游市场，实现旅游产业年总收入突破千亿元。

促进房地产业健康发展。有序发展房地产开发经营、物业管理、房地产中介服务，加强房地产市场调控，建立健全住房梯次消费和建设模式，合理调整住房供应结构，规范房地产市场秩序。

服务层次高端化是生产性服务业发展的必由之路和希望之路。鉴于我国生产性服务机构服务低端化、同质化的现状，应当鼓励有条件的地区大力发展具备较高专业水平和提供知识产品的生产性高端服务。服务层次高端化不但符合产业结构优化升级背景下市场需求的变动方向，而且可以通过知识化“中介”职能的发挥，引导优质资源进入技术创新过程，有效促进技术创新与科技成果转化。此外，服务层次高端化将提升生产性服务业的整体水平，高端服务带来的经济效益将产生示范效应，影响和带动低端生产性服务机构自觉提升服务层次。

第二节　引导产业转移，推动区域布局合理化

产业转移是河南省工业化进程中的必然趋势，也是在发挥劳动

力资源丰富的比较优势的同时，推进工业结构优化升级的重要途径。在以市场为导向、以企业为主体进行的跨区域产业转移中，应通过机制建立和政策引导，使产业转移向形成分工合理、特色鲜明、优势互补的区域产业布局方向发展。

一 产业转移的总体目标

发挥区位优越、劳动力资源丰富等优势，完善产业配套条件，打造产业转移承接平台，健全产业转移推进机制，全方位、多层次承接沿海地区和国际产业转移。支持中心城市重点承接发展高端制造业、战略性新兴产业和现代服务业，推动县城重点发展各具特色、吸纳就业能力强的产业，形成有序承接、集中布局、错位发展、良性竞争的格局。设立承接产业转移示范区。

1. 东部沿海地区产业转移的首选地

充分利用中原经济区的区位、交通、科教、产业、环境等优势，进一步优化发展环境，加强基础设施建设，增强产业配套和服务能力，降低生产要素配置成本，使中原经济区成为环境最佳的产业转移承接地。

2. 全国重要的高端制造业、战略新兴产业和现代服务业基地

在承接产业转移中推动产业结构优化升级，大力发展高端制造业、战略性新兴产业和现代服务业，培育一批在国内外具有较强竞争力的优势产业和高技术产业集群。

3. 中西部地区承接产业转移的创新示范区

把承接产业转移与提高自主创新能力结合起来，大力推进自主创新综合配套改革和其他各项改革，深入推进体制机制创新，在重点领域和关键环节实现突破，使中原经济区成为中部地区承接产业转移的先行区和体制机制的创新区。

二　产业转移的主要原则

1. 建立产业转移的协调机制

为协调市场行为与国家产业发展战略、不同地区发展目标之间的矛盾，要着手建立省区内各地区产业对接及转移协调机构，建立日常工作联系，定期和不定期地就区域发展战略、产业合作发展、产业转移对接、共同投资开发、重大项目推进等加强协调与沟通，建立稳定和高效的操作协调机制，促进转出地区和承接地区的产业对接。

2. 引导产业转移的承接地从当地的主体功能区定位、资源禀赋条件、主导产业特征等实际情况出发，进行招商选资

使产业转移建立在资源节约、环境友好的可持续发展机制之上，即使是劳动密集型、低附加值、技术含量低的产业的转移也要坚持绿色发展，通过污染物排放、碳排放等方面的规制措施，控制“三高”企业和项目的转移。

3. 以工业园区为主要载体，鼓励产业集群的形成

产业转移能否成功的关键在于能否形成一定规模的产业集群。引导产业承接地区在产业转移过程中以龙头行业和企业为重点，围绕优势产业集群的形成，积极引进关联度大、产业链长的投资项目，注重发展与其配套的相关企业，着力建设产业集群，提高工业化水平。

三　河南省产业承接地的选择

河南省经济发展不均衡，各区域经济发展模式有别，由此决定了在承接地的选择上，河南省定会选择配套设施完善、工业基础较好、经济实力强的区域进行布局。本书将分产业集群、产业带和城市群不同层次来论述河南省对重点承接地的选择。

1. 以产业集群及工业园区为承接地

近年来，各省着重强调以产业集群吸引产业转移的产业承接模式。外来资本与地方廉价劳动力、优势资源相结合形成“产业迁移型”产业集群。此类产业集群发展快，规模效应明显。此外，“嵌入式”产业集群是利用地区原本具有的专业化产业集群来吸引产业转移，也是承接产业转移的重要方式。迁移型产业集群根植性弱、流动性大，各种条件有待完善；嵌入式集群中企业关系稳定，能够与新进企业实现资源共享。为承接产业转移企业而新建立的“迁移型”产业集群和“嵌入式”产业集群的区别仅在于建立时间的先后。但通过一段时间的运营以及成功经验的复制，不同的产业集群最终都会发挥出集群效应和规模效应。

“十一五”以来，河南省在产业配套和空间分布上呈现明显的集群经济特点，形成了产业链完善、颇具规模的产业集群（见图12－1）。河南省工业产业集群专项调查数据显示，在河南省所有加工制造业产业集群中，年工业总产值在100亿元以上的产业集群有6个，分别是郑州服装加工产业集群、郑州食品加工产业集群、

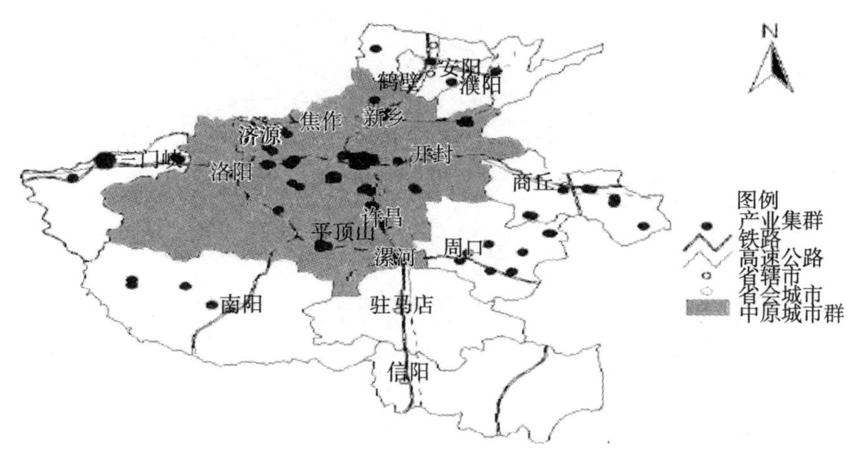

图12－1 河南省产业集群分布

郑州汽车与配件产业集群、平顶山原煤采选产业集群、安阳钢铁产业集群、洛阳石化产业集群。年工业总产值达50亿~100亿元的产业集群有9个，尤以灵宝有色金属采选冶炼产业集群、濮阳石油化工产业集群为代表。年产值达20亿元以上的工业产业集群有56个，占据了全省工业产业集群产值的60%。年产值达1亿元以上的产业集群有388个，年工业总产值达4501.6亿元，占全省工业总产值的36%。当前，河南省产业集群还处于蓬勃发展期，潜力大、活力足，成功经验可以复制，有利于产业的升级和促进经济快速、稳步发展。

工业园区承接模式不同于产业集群发展模式，两者相比，工业园区受到一定的区域限制，园区内的各企业竞争与合作关系不明显，产品各异或彼此独立。产业集群内的企业之间多是竞争或是合作的关系，是产业链上下游同盟，但相互间的空间距离要比产业园区大得多。目前，河南省共有郑州高新技术产业开发区、郑州经济技术开发区、河南郑州出口加工区、洛阳高新技术产业开发区4个国家级工业园区。省级产业园区共有23个，大多数分布在豫北地区（见图12-2）。

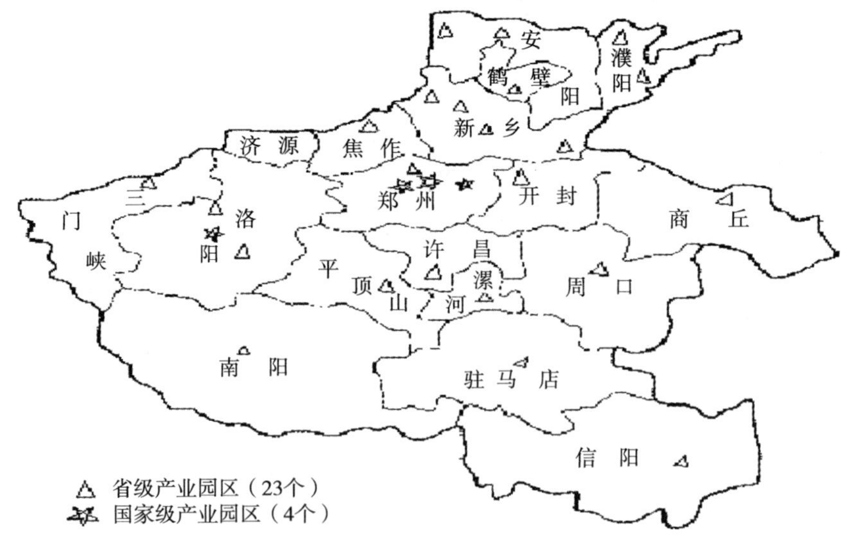

图12-2　河南省工业园区分布

从上述分布图中可以发现，河南省的产业集群和工业园区交通区位优势明显，主要建在京广、陇海铁路沿线，围绕四大产业带分布。因此，产业承接上应优先考虑产业集聚区和工业园区，符合招商条件的地市级产业集聚区和工业园区也应成为承接的重点。

2. 以四大产业带为承接地

四大产业带是河南省重点规划的区域支撑点，分别是沿南太行山，新乡、焦作、济源和洛阳产业带，简称新－焦－济产业发展带；连接洛阳、平顶山和漯河的洛－平－漯产业发展带；以陇海铁路线为支撑，连接洛阳、郑州、开封的郑－汴－洛城市工业走廊；以京广线为依托的新－郑－许－漯产业发展带。四条产业带以重要的交通干线为纽带，以支点城市为载体，以中小城市为支撑，目标是整合区域资源，加强分工协作，促进产业集聚，加快产业融合（见图12－3）。

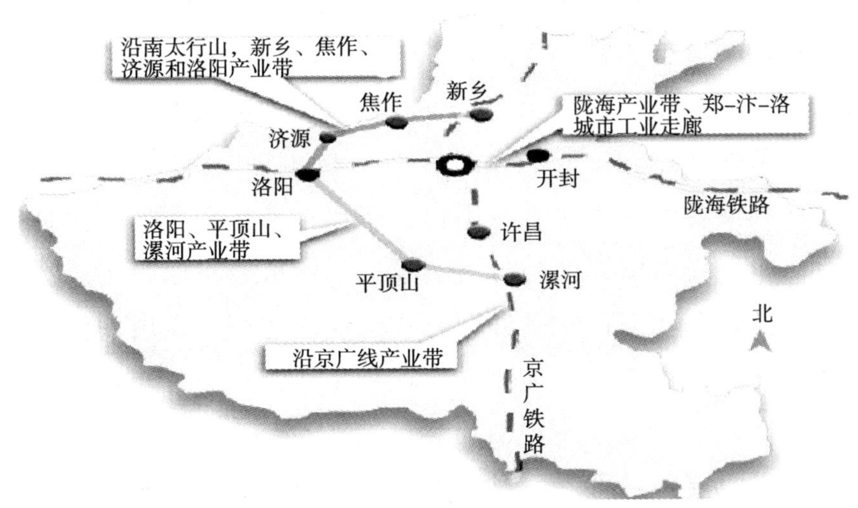

图12－3　河南省四大产业带

新－焦－济产业发展带自东向西贯穿新乡、焦作、济源，包括三个地市所辖6县，可以辐射带动整个豫西地区发展，主要优势产业为家用电器制造、生物医药、煤化工和有色金属冶炼与锻造。洛－平－漯产业发展带的优势在于机械制造、电子信息设备制造、煤炭采选与食品加工，向西南主要辐射南阳地区，向东主要辐射周口等豫东地区。郑－汴－洛城市工业走廊以中心城市郑州，副中心城市洛阳、开封作为产业资金、技术、人才的要素辐射源，以巩义、偃师为二级节点城市，以中牟、新密、荥阳等为三级节点城市。在310国道两侧约30公里，开封至渑池300公里范围内展开，牵动省内三大主要城市，带动效应非同小可。郑－汴－洛城市工业走廊经济效益最突出，在四大产业带中的带动效应最为明显，其主要优势产业几乎囊括了除食品加工业以外的所有产业。新－郑－许－漯产业发展带是四大产业带中线路最长，辐射面最大的产业发展带，同时也是优势产业门类最齐全的产业带，此产业带沿京广铁路线贯通南北，向北呼应京津唐都市圈，向南可延伸至武汉都市圈和珠三角城市圈，并与郑－汴－洛城市工业走廊形成十字形工业区。

在承接产业转移时，河南省要依托便捷的公路、铁路网，合理规划，将四大产业带作为承接重点区域。既不能只追求眼前利益而随意安排承接地点，造成产业带企业拥挤，效率下降，资源浪费，环境破坏，又要考虑产业带对周边的辐射带动作用。如漯河食品加工企业可以依托南阳、信阳种植业发达的优势，将原料生产加工放在南阳、信阳等地进行，一方面发挥带动周边产业发展的作用，另一方面依托两地独特的地理优势实现产品往省外销售。此外，在承接地点的选择上要遵守一定的原则。考虑到原料不易储存的因素，食品加工产业要尽量靠近原料产地，又要有便捷的运输渠道，减少储存风险，产品生产出来后立即运往市场；考虑到原材料运输成本高，易污染环境等因素，钢铁、煤化工产业要尽量靠近原料产地，远离城市，建在铁路、公路沿线；纺织等轻工业要靠近劳动力供给丰富的城乡接合部。

3. 以城市群促进河南省承接产业转移

中原城市群是以郑州为中心，按顺时针方向以新乡、开封、许昌、漯河、平顶山、洛阳、济源、焦作为圆周的 9 城市经济密集区。中原城市群人口 4000 万，占全省人口总数的 40.3%；区域面积 5.88 万平方公里，占全省面积的 35.3%。2009 年中原城市群创造地区生产总值 11528.33 亿元，占河南全省地区生产总值的 59.5%，堪称河南省的经济增长极。虽然中原城市群只囊括了河南省一半的城市，但依托优越、便捷的交通运输条件，用发达的城际高速公路、铁路网将外围城市连接起来，2013 年将基本实现“一小时都市圈”（见图 12－4）。《中原城市群总体发展规划纲要》中规划的中原城市群 9 市“半小时都市圈”现已基本建成。城际快速交通干线的建立将使河南省“中心－核心－外围”的空间时间距离缩短为 1 小时，能够大大提高省内物流、商流的交换效率，降低物流成本。

从 2009 年河南省引进省外资金的情况看，中原城市群承接的产业转移项目数占全省承接项目数的 71.1%，引进资金额占全省利用省外资金额的 61.2%。从 2009 年与全国其他 7 个群体经济区经济总量对比情况看，中原城市群列第三位（见图 12－5）。

产业承接应结合中原城市群 9 城市的产业发展特色，郑州作为中心城市在中原城市群中发挥着物流枢纽作用，应着重发展商贸、金融、物流产业；新乡的棉纺织产业有较大潜力，依托新飞电器能够培育出一大批电子、电器制造企业；作为九朝古都和历史文化名城的开封应大力发展文化旅游产业；许昌市以许继电气为模板形成了完整的电子制造产业链；漯河的食品加工业尤为著名，拥有思念、三全、双汇等众多的驰名品牌；平顶山煤炭资源丰富，适合发展煤化工、煤炭采选业；洛阳作为河南省最大的工业城市，工业体系完善，可以发展现代化制造业等优势产业；济源作为河南省唯一

图 12－4　中原城市群

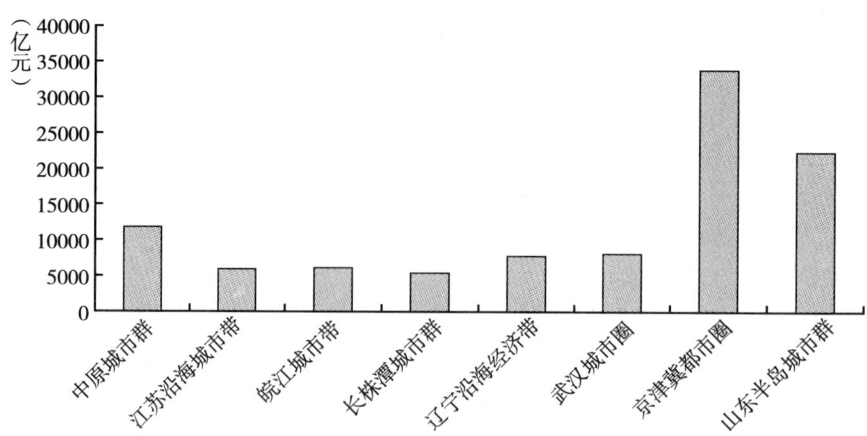

图 12－5　2009 年中原城市群与其他城市群产值对比

资料来源：《中原城市群年鉴 2010》。

的省辖市和河南省新兴工业城市，在钢铁、建材产业方面拥有独特优势；焦作素有“中国铝业之乡”的美称，拥有丰富的矿产资源，可以发展能源、化工、有色金属开采与锻造等产业（见图12－6）。因此，在承接产业转移时，综合考虑产业基础、经济实力和发展规模，河南省应将中原城市群作为承接地的首选。①

图12－6　中原城市群9城市特色产业

第三节　促进产业集聚区建设，助推产业升级

一　中原经济区产业集聚区发展总体目标

产业集聚区是包括经济技术开发区、高新技术产业开发区、工业园区、现代服务业园区、科技创新园区、加工贸易园区、高效农

① 孟睿：《河南省承接区域产业转移的路径选择研究》，硕士学位论文，山西财经大学，2011。

业园区等在内的各类开发区和园区。产业集聚区是优化经济结构、转变发展方式、实现节约集约发展的基础工程，是构建现代体系、现代城镇体系和自主创新体系三大体系的有效载体，是中原经济区实现“两大跨越”、促进中原崛起的战略支撑点。发展产业集聚区符合经济发展规律，符合科学发展观要求。通过产业集聚发展，能有效突破资源环境等瓶颈约束，创造有利于创业生存和发展的环境和条件，创造和扩大市场需求，促进经济发展良性循环。加快推进产业集聚区建设，有利于培育区域经济增长极，为现代产业体系建设提供支撑；有利于以产带城，加快城镇化进程，构建现代城镇体系；有利于促进产业集聚，为自主创新体系建设创造条件；有利于发挥规模效应，实现污染集中治理和土地节约集约利用，为发展循环经济创造条件。

在指导思想上，应全面贯彻落实科学发展观，以解放思想、深化改革、扩大开放为动力，着力优化产业空间布局，更加突出产业结构优化升级，更加突出体制机制创新，更加突出循环经济和节约集约发展，提升产业集聚水平和人口承载能力，培育一批规模优势突出、功能定位明晰、集聚效应明显、辐射带动有力的产业集聚区，使之成为先进产业集中区、改革创新试验区、现代化城市功能区和科学发展示范区，促进三次产业协调发展，实现发展方式转变，推进工业化和城镇化，为加快“两大跨越”、实现中原崛起创造条件、提供支撑。

在基本原则上，应坚持以下几个方面。

科学规划原则。强化规划的引导作用，高水平编制产业集聚区发展规划和控制性详细规划，与其他重大规划紧密衔接，实现统筹规划，协同推进。

融合发展原则。优化产业集聚区功能布局，加强基础设施和公共设施建设，完善产业配套体系和现代服务体系，促进第二、第三产业协调和互动发展，提高产业支撑和人口集聚能力。

创新发展原则。推进产业集聚区体制创新、机制创新和技术创新，积极探索有利于科学发展的综合改革配套措施，增强发展活力。

开放带动原则。坚持对外开放、对内协作，创新招商方式，推进战略合作，使产业集聚区成为对外开放的主平台和承接高水平产业转移的主导区。

可持续发展原则。坚持集聚增长与布局调整“两手抓”，合理高效利用土地、环境空量、资金、劳动力等要素资源，推进节约用地、节能减排增效，加强资源综合利用，发展循环经济，推进人口、资源、环境和经济社会协调发展。

动态管理原则。建立规划确定、省级确认、分级管理的管理机制。根据发展水平、发展质量和发展条件等对产业集聚区进行绩效考核，实行奖优汰劣。

在总体目标上，应根据全省城镇体系规划、土地利用总体规划和产业发展规划的要求，为集中土地等要素资源配置，对全省产业集聚区统一规划建设。总体发展目标是：到 2012 年，力争培育营业收入 1000 亿元以上的产业集聚区 2 ~ 3 个，500 亿元以上的 10 个，100 亿元以上的 50 个；到 2020 年，把产业集聚区建成省内各区域的经济增长点，形成具有较强科技创新能力、现代产业集聚、循环经济全面发展的主体区域，成为城市功能完善、充分体现人与自然和谐发展的宜居宜业新城区，成为带动全省基本实现工业化和中原崛起的主导力量。

二　产业集聚区建设的意见及规划

1. 加强规划引导

（1）科学编制规划。为促进产业集聚区健康发展，各产业集聚区应按照构建三大体系的功能要求，编制总体发展规划、专项规划和控制性详细规划，形成相互统一衔接的规划体系。作为重点开发区域，产业集聚区规划应纳入各级政府国民经济和社会发展中长期规划，在空间上与土地利用规划、城镇体系规划、城市（镇）总体规划、主体功能区规划、生态功能区规划和中原城市群规划等重大规划的主要内容实现精准重叠。

围绕全省经济社会发展总体战略和构建现代产业体系的要求，按照合理布局、突出重点、集约经营、循环发展的原则，编制集聚区总体发展规划。将产业集聚区基础设施、公共服务设施和商住设施纳入城市建设规划，加强城市现有道路、给排水、供电、供气、集中供热、污水垃圾处理、通信网络等基础设施与产业集聚区的共享和相互衔接。依法开展规划环评，对规划实施可能造成的环境影响进行分析、预测和评价，提出预防或者减轻不良环境影响的对策和措施。

综合考虑地区经济发展现状、资源能源条件、产业基础，以主导产业、发展空间、功能区块、基础设施、配套设施及生态保护等为主要内容，科学编制产业集聚区建设的控制性详细规划。2009年上半年，基本完成产业集聚区总体发展规划编制和新一轮土地利用总体规划的修编，2009年底实现控制性详细规划全覆盖。

（2）加强规划管理。各产业集聚区总体发展规划和控制性详规，均须报省有关部门审核确认后，按照有关程序审批。经批准的产业集聚区规划向社会公布，接受社会监督。产业集聚区的开发建设，必须严格按照依法批准的总体发展规划和控制性详细规划，有序开发，分步实施，严禁随意变更位置、扩大面积，切实维护规划的权威性和严肃性。

（3）明确功能定位。强化位于中心城市和县城产业集聚区的城市功能，综合考虑产业发展、人口集聚和资源环境等因素，合理确定产业集聚区功能定位，以产业集聚带动人口集聚，建设产业结构合理、吸纳就业充分、人居环境优美的现代化城市功能区。中心城市产业集聚区重点发展先进制造业、高新技术产业和现代服务业，严格控制一般原材料和初级加工项目建设。县城产业集聚区重点发展深加工产业和劳动密集型产业，积极承接加工组装类产业转移，培育特色主导产业，严格限制高能耗、高排放项目建设。

（4）优化空间布局。按照产业发展和城镇体系规划，引导产业集聚区向四大产业带加密布局，促进全省城市发展，推动实现产业对接，形成中原城市群发展新格局。按照复合城市理念，把郑汴新区建成全省经济社会发展的核心增长点和改革发展综合试验区。鼓励中心城市在主导发展方向上，打破行政界限，对相邻产业集聚区进行统一规划建设，为城市发展提供新的空间和产业支撑。支持县城在城市边缘布局产业集聚区，通过与现有城区的相互衔接，促进产业、人口集聚，推进县域工业化、城镇化。

2. 发挥产业集聚区产业支撑功能

（1）努力构建现代产业体系。做大做强现代装备、有色冶金、化工、食品和纺织服装等工业主导产业，改造提升建材、轻工等优势传统产业，加快建设一批先进制造业，集中力量发展电子信息、生物、新材料等高技术产业。坚持制造业和服务业互动发展，地震预报好、规模较大的产业集聚区应加快发展现代服务业。加强产业配套体系建设，大力发展现代物流、科技研发、商务及信息咨询等生产性服务业。

（2）推动产业集聚发展。积极承接国内外产业转移，着力引进一批关联度高、辐射力大、带动力强的龙头型、基础型大项目，不断完善产业链条，促进上下游企业共同发展。引导同类企业集中发展，发挥集群协同效应，降低企业发展成本。一般加工制造业和三产项目均要在产业集聚区布局，加速产业集聚和企业集聚。布局在产业集聚区外的一般加工制造业和三产项目不再配置土地指标。

（3）提高招商引资水平。加强产业集聚区招商品牌建设，实行专业招商或专题招商，加大项目推介力度，扩大利用外资规划，提高质量和水平。创新招商方式，支持采取资源整合、异地托管、项目共建、税收共享等方式，积极承接发达地区链条或集群式产业转移。鼓励引进战略投资者，对产业集聚区进行连片综合开发，建设一批先进制造业基地和现代服务业基地。运用省招商引资专项资金，优先支持产业集聚区重大招商引资项目。

（4）严格项目入驻门槛。按照国家产业政策、城市总体规划和产业集聚区规划，运用土地、规划、环保、项目准入等手段，严格入园企业的审核把关，科学合理引进。完善入园企业激励约束机制，将入园企业的管理、交通与兑现优惠政策挂钩。严格控制能耗高、低水平项目建设，加快淘汰现有技术落后、污染严重的企业，促进集聚区产业结构优化。严格限制三类工业项目进入城市规划区域内的产业集聚区。

3. 提升产业集聚区自主创新内核

（1）加快创新平台建设。鼓励产业集聚区依托现有基础和优势产业，建设重大科技基础设施，发展创业中心、研发中心、重点实验室、孵化中心等各种创新载体。支持国内外科研机构、高等院校和大公司、大集团，在集聚区内建立研发中心。引导产业集聚区建立科技服务体系，加快培育技术咨询、技术转让、知识产权代理等中介机构，为企业提供相应服务。

（2）完善科技创新机制。发挥财税等政策杠杆的导向作用，引导和鼓励产业集聚区企业加大科技投入，完善以企业为主体的科技投入体系。鼓励高等院校和科研机构的科技人员在产业集聚区兴办科技型企业，创办产、学、研基地以及科研成果转化基地和培训基地。在研发经费、住房补贴、家属随迁等方面提供优惠政策，支持产业集聚区重点企业引进高层次人才。

（3）积极实施重大科技专项。加大产业技术研发的投入力度，突出解决产业集聚区主导产业发展的共性和关键技术，促进产业升级和产业链条延伸。鼓励引导企业与大公司、大集团建立技术战略联盟，重点支持产业集聚区实施一批产业技术引导消化再创新项目。鼓励产业集聚区内企业自主创新，努力培植具有自主知识产权的技术品牌，增强产品核心竞争力。

4. 保证集聚区可持续发展

（1）节约集约利用土地。要以节约集约和调整挖潜为重点，严格产业集聚区土地使用管理，防止圈占土地。提高入驻项目的单位土地投入产出强度、容积率等指标，明确绿地率、企业行政办公及生活服务设施用地所占比例，建设紧凑型产业集聚区。支持产业集聚区建设多层标准化厂房，为中小企业发展创造条件。严格国家、省确定的建设项目入驻多层标准厂房和建设用地控制指标管理，对达不到要求的项目，有关部门不得办理核准或审批手续。

（2）优化配置土地资源。结合土地利用总体规划，合理确定产业集聚区起步区、发展区和控制区范围，既满足近期发展的用地需求，又为长远发展留足空间。合理配置新增建设用地，优先满足产业集聚区用地需求。按照“有限指标保重点、一般项目靠挖潜”的要求，根据产业集聚区实际情况和项目质量，合理配置年度计划用地指标。

（3）创新土地管理方式。对产业集聚区低效使用的建设用地，实行政府主导下的流转制度，促进企业优进劣出、腾笼换鸟，要依法收回取得土地使用权后闲置两年以上的建设用地，鼓励采取回购等方式盘活长期效益低下的企业占地。对条件成熟、产业集聚区发展较快的市、县，实行城乡建设用地增减挂钩机制，农村建设用地减少的指标，重点满足本区域产业集聚区建设需要。本行政区域内新增建设用地无法实现耕地占补平衡的，在确保耕地保护目标条件下，可通过省内易地补充等方式解决。

（4）严格环境保护。各市、县在完成总量减排目标和确保环境质量达标的基础上，结合当地环境保护规划，区域环境容量指标优先支持产业集聚区重点项目，严格执行国家环保产业政策，切实按照“三同时”原则，加强污染设施建设，努力实现清洁生产。进入产业集聚区的三类工业项目，必须采取生态隔离措施。加大现有项目的环保治理力度，确保污染物稳定达标排放。对完成产业集聚区规划环评、污染物排入产业集聚区集中式污染防治设施的，可依法简化评价内容和审批程序。

（5）大力发展循环经济。引导企业采用先进技术、工艺、设备、材料等，降低资源消耗量，实施中水回用，推行绿色制造，提高资源利用效率。按照循环经济的要求，优化集聚区物流，推动企业有效进行副产品和废弃物的资源化利用，达到资源利用最大化和废弃物排放最小化，建设生态型园区。

5. 创新管理体制机制

（1）理顺管理体制。加强对产业集聚区规划建设的分级管理，省级主要负责产业集聚区规划引导、政策支持和重大项目布局。各省辖市县政府是产业集聚区管理的主体，具体负责规划实施、政策落实和要素保障。各地要按照小机构、大服务以及精简、统一、高效的原则，创新管理体制，优化职能配置。产业集聚区管理机构的规格、内设机构和人员编制，根据管辖地行政层级和经济实力、发展状况等，因地制宜，分级管理，科学设置，合理配备。

（2）优化管理方式。产业集聚区管理部门要采用一站式办理、全过程服务的方式为投资者提供高效、优质服务，特别是要切实加强科技、人才、劳动用工、信息、市场等方面的服务体系建设。公安、工商、税务等部门可在产业集聚区设置派出机构，实行派出部门和产业集聚区双重管理。引入能上能下、能进能出、择优录用、能者受奖的竞争机制，实施产业集聚区管理人员公开招聘、竞争上岗制度。

（3）创新开发机制。坚持谁投资、谁受益的原则，拓宽融资渠道，建立融资机制，促进产业集聚区投资主体多元化。鼓励集聚区采用市场化运作方式，建立健全市场化开发机制。鼓励有条件的产业集聚区，按市场机制建立产业集聚区投资资金，吸引各类金融资本进入。

（4）建立社会化服务体系。产业集聚区内的医疗、就业、养老保险等所有服务性事项都要实行社会化服务。鼓励有条件的产业集聚区建立资产运营管理机构，负责集聚区的建设和服务。积极建设公共融资平台，鼓励有条件的产业集聚区设立企业贷款担保机构，开展小额贷款公司试点，解决企业融资难问题。

6. 优化发展环境

（1）强化服务职能。各级各部门要认真执行国家和省赋予各类产业集聚区的管理权限和优惠政策，不得截留。各有关职能部门要积极支持产业集聚区对国家政策没有明确禁止且有利于加快产业集聚区发展的政策措施的探索尝试，提供必要的指导帮助。各有关部门对产业集聚区重大项目的核准、备案、规划、土地和环保手续，要强化服务，提高效率，限期办结，加快推进项目实施。行政执法部门要严格执法程序，对依法保留的收费项目要向社会公开，严格按标准收费，坚决杜绝乱收费、乱罚款、乱摊派、乱检查等行为。

（2）加大财政支持力度。各级财政用于扶持产业发展的专项引导资金，重点向产业集聚区倾斜。整合专项资金、县域经济奖励资金，集中支持产业集聚区公共基础设施、公共服务体系和多层标准化厂房建设。工业结构调整和高新技术产业化资金、节能减排专项资金、服务业引导资金、企业自主创新专项资金、农业产业化专项资金、环境保护专项资金、土地出让收益资金等专项资金，要按照各自支持的方向，积极支持产业集聚区发展和项目建设。

7. 切实加强领导

（1）加强组织领导。建立由省政府有关领导负责、省直机关有关部门参加的产业集聚区发展联席会议制度，负责研究、协调、解决全省产业集聚区发展中的重大问题。联席会议办公室设在省发改委，负责综合协调产业集聚区发展的具体工作。各地也应建立相应机制，协调推进产业集聚区规划实施和重大项目建设。有关部门按照职能分工，细化工作方案，加强配合联动，确保各项政策措施落实到位。

（2）强化目标考核。对全省产业集聚区实行统一考核，由省有关部门根据全省产业集聚区发展状况，制定完善考核体系，从经济实力、产业结构、人才状况、科技创新、开放水平、集约程度、环境保护、社会贡献和管理效能等方面进行综合评价。产业集聚区建设与发展的考核情况，与产业集聚区管理机制领导班子评价和干部使用挂钩。

（3）实行动态管理。根据产业集聚区的不同类型，分别制定考评标准，并根据发展实际对标准动态调整、逐步完善。各级产业集聚区，均由省有关部门审核确认，实行动态管理。省每年对发展速度快、质量高、节约集约用地突出、生态环境良好的产业集聚区给予奖励，在增量土地指标、环境容量配置和政府资金安排上优先支持；对发展速度慢、连续两年考核排名靠后的产业集聚区，取消资格，不再享受相应待遇。[①]

---

① 参见《中共河南省委、河南省人民政府关于推进产业集聚区科学规划科学发展的指导意见》。

参考文献

[1] Acemoglu D., Antràs P., Helpman E., "Contracts and Technology Adoption", *American Economic Review*, 2007, 97 (3): 916-943.

[2] Arndt S., Kierzowski H. Fragmentation, *New Production Patterns in the World Economy*, Oxford: Oxford University Press, 2001.

[3] Bertrand M., Kramarz F., "Does Entry Regulation Hinder Job Creation? Evidence from the French Retail Industry", *Quarterly Journal of Economics*, 2002, 117 (4): 1369-1413.

[4] Cheng, L. K., Y. Kwan, "What are the Determinants of the Location of Foreign Direct Investment? The Chinese Experience", *Journal of Investment Economics*, 2000, 51 (2): 379-400.

[5] David Neumark, William L. Wascher, *Minimum Wages and Employment: A Review of Evidence from the New Minimum Wage Research*, Cambridge: MIT Press, 2008.

[6] Defever, Fabrice, "Functional Fragmentation and the Location of Multinational Firms in the Enlarged Europe", *Regional Science and Urban Economics*, 2006, 36 (5): 658-677.

[7] Dickenm P., Kelly P., Olds K., Yeung H. W. C., "Chains and Networks, Territories and Scales: Toward a Relational Framework for Analyzing the Global Economy", *Global Networks*, 2001, 1 (2): 89 – 112.

[8] Feldman H., "Labour Market Policies in Transition: Lessons from East Germany", *Post Communist Economies*, 2002, 14 (1): 47 – 84.

[9] Garry Gereffi, "A Commodity Chains Framework for Analyzing Global Industries", *Working Paper for IDS*, 1999.

[10] Garry Gereffi, "International Trade and Industrial Upgrading in the Apparel Commodity Chain", *Journal of International Economics*, 1999, 1 (48): 37 – 70.

[11] Helpman E. E., "Trade, FDI and The Organization of Firms", *Journal of Economic Literature*, 2006, 44 (3): 589 – 630.

[12] Humphrey, J. and Schmitz, H., "How does Insertion in Global Value Chains Affect Upgrading in Industrial Clusters", *Regional Studies*, 2002, 9 (36): 1017 – 1027.

[13] Nunn N., "Relationship-specificity, Incomplete Contracts and the Pattern of Trade", *Quarterly Journal of Economics*, 2007, 122 (2): 569 – 600.

[14] 卜庆军、古赞歌、孙晓春：《基于企业核心竞争力的产业链整合模式研究》，《企业经济》2006 年第 2 期。

[15] 曹万林：《河南省产业集聚区发展探析》，《商业经济》2010 年第 9 期。

[16] 陈佳贵、黄群慧、钟宏武等：《中国工业化进程报告》，社会科学文献出版社，2007。

[17] 陈修颖、叶华：《牵引空间战略与中国的产业空间结构重

组》，《中国软科学》2006 年第 11 期。

[18] 陈大红：《中国产业结构与就业结构的关联性研究》，《产业与科技论坛》，2007。

[19] 陈英：《产业结构调整过程中的动态经济学——对我国产业结构升级的思考》，《经济社会体制比较》2007 年第 6 期。

[20] 陈朔、冯素杰：《产业结构优化升级中几个问题的国际经验和启示》，《经济问题探索》2008 年第 3 期。

[21] 都晓岩、卢宁：《论提高我国渔业经济效益的途径——一种产业链视角下的分析》，《中国海洋大学学报》（社会科学版）2006 年第 3 期。

[22] 冯德显：《产业集群及其对河南经济发展影响》，《地域研究与开发》2003 年第 3 期。

[23] 耿明斋：《欠发达平原农业区工业化道路——长垣县工业化发展模式考察》，《南阳师范学院学报》（社会科学版）2005 年第 1 期。

[24] 盖文启、王缉慈：《论区域创新网络对我国高新技术中小企业发展的作用》，《中国软科学》1999 年第 9 期。

[25] 郭小燕、张尉萍：《河南产业集群发展对策研究》，《企业活力》2006 年第 4 期。

[26] 郭元晞、常晓鸣：《产业转移类型与中西部地区产业承接方式转变》，《社会科学研究》2010 年第 4 期。

[27] 龚勤林：《论产业链构建与统筹发展》，《经济学家》2004 年第 3 期。

[28] 河南省统计局：《河南统计年鉴 2011》，中国统计出版社，2011。

[29] 黄利春：《产业集聚、产业转移与产业升级》，《江苏商论》2011 年第 1 期。

[30] 金祥荣、茹玉骢、吴宏：《制度、企业生产效率与中国地区间出口差异》，《管理世界》2008 年第 11 期。

[31] 江洪：《自主创新与我国产业结构的优化升级》，博士学位论文，华中科技大学图书馆，2008。

[32] 林毅夫、刘培林：《经济发展战略与公平、效率的关系》，《中外管理导报》2002 年第 8 期。

[33] 林毅夫、蔡昉、李周：《比较优势与发展战略：对“东亚奇迹”的再解释》，《中国社会科学》1999 年第 5 期。

[34] 林毅夫、刘明兴：《经济发展战略与中国的工业化》，《经济研究》2004 年第 7 期。

[35] 李海舰、聂辉华：《全球化时代的企业运营：从脑体合一走向脑体分离》，《中国工业经济》2002 年第 12 期。

[36] 李坤望、王永进：《契约执行效率与地区出口绩效差异——基于行业特征的经验分析》，《经济学季刊》2010 年第 3 期。

[37] 刘刚：《基于产业链的知识与创新结构研究》，《商业经济与管理》2005 年第 11 期。

[38] 刘友金、胡黎明：《产品内分工、价值链重组与产业转移——兼论产业转移过程中的大国战略》，《中国软科学》2011 年第 3 期。

[39] 刘杨：《浅析我国城乡二元经济结构》，《现代经济》2008 年第 4 期。

[40] 刘明宇、芮明杰：《全球化背景下中国现代产业体系的构建模式研究》，《中国工业经济》2009 年第 5 期。

[41] 刘泽政、傅正华、刘泽宪：《我国技术转移中政府职能研究》，《科研管理研究》2011 年第 4 期。

[42] 鞠建东、林毅夫、王勇：《要素禀赋、专业化分工、贸易的理论与实证——与杨小凯、张永生商榷》，《经济学季刊》

2004 年第 4 期。

[43] 马汉武：《竞争：产业结构调整的基本途径》，《华东经济管理》1997 年第 6 期。

[44] 毛加强：《产业集群嵌入全球价值链方式与升级路径》，《现代经济探讨》2008 年第 10 期。

[45] 毛广雄：《产业集群化转移：世界性规律与中国的趋势》，《世界地理研究》2011 年第 2 期。

[46] 迈克尔·波特：《竞争优势》，陈小悦译，华夏出版社，2005。

[47] 迈克尔·波特：《国家竞争优势》，李明轩、邱如美译，中信出版社，2007。

[48] 孟灯旺：《大力发展科技保险促进安徽自主创新》，《安徽科技》2010 年第 10 期。

[49] 梅晓雯、雷欧：《中部崛起的战略产业选择》，《南昌航空大学学报》（社科版）2007 年第 4 期。

[50] 彭建平：《自主创新与工业结构升级研究》，博士学位论文，华中科技大学图书馆，2008。

[51] 桥本寿郎：《日本经济论：20 世纪体系和日本经济》，复旦大学日本研究中心译，上海财经大学出版社，1997。

[52] 屈文燕：《河南省承接产业转移的 SWOT 分析》，《中州大学学报》2011 年第 2 期。

[53] 任太增：《比较优势理论与梯度产业转移》，《当代经济研究》2001 年第 11 期。

[54] 宋伟：《河南产业集聚区发展问题探析》，《产业与科技论坛》2010 年第 3 期。

[55] 唐海燕、张会清：《产品内国际分工与发展中国家的价值链提升》，《经济研究》2009 年第 9 期。

[56] 王慧：《河南产业集群及选择问题统计研究》，《经济经纬》2004年第4期。

[57] 王庆丰：《我国产业结构与就业结构协调发展研究述评》，《华东经济管理》2010年第7期。

[58] 王静：《河南省承接产业转移的现状和经济效应分析》，《改革与战略》2011年第7期。

[59] 魏守华、石碧华：《论企业集群的竞争优势》，《中国工业经济》2002年第1期。

[60] 魏后凯：《产业转移的发展趋势及其对竞争力的影响》，《福建论坛》（经济社会版）2003年第4期。

[61] 薛双喜：《河南产业结构与就业结构协调发展研究》，西北大学硕士学位论文，2011。

[62] 吴敬琏：《思考与回应：中国工业化道路的抉择（上）》，《学术月刊》2005年第12期。

[63] 颜毅：《湖南省中小企业公共服务平台研究》，硕士学位论文，中南大学图书馆，2007。

[64] 约瑟夫·熊彼特：《经济发展理论（1990）》，何畏、易家详等译，商务印书馆，1991。

[65] 杨公朴、夏大慰：《现代产业经济学》，上海财经大学出版社，1999。

[66] 叶裕民：《中国城市化之路：经济支持与制度创新》，商务印书馆，2001。

[67] 张燕、吴玉鸣：《中国区域工业化与城市化的时空耦合协调机制分析》，《城市发展研究》2006年第6期。

[68] 张耀辉：《产业创新的理论探索：高新技术发展规律研究》，中国计划出版社，2002。

[69] 张立建：《两次国际产业转移本质探讨：基于产品生命周期

理论视角》，《统计研究》2009 年第 10 期。

[70] 张少军、李东方：《全球价值链模式的产业转移：商务成本与学习曲线的视角》，《经济评论》2009 年第 2 期。

[71] 郑学益：《构筑产业链，形成核心竞争力》，《福建改革》2000 年第 8 期。

[72] 赵张耀、汪斌：《网络型国际产业转移模式研究》，《中国工业经济》2005 年第 10 期。

[73] 赵绪福：《产业链视角下中国农业纺织原料发展研究》，武汉大学出版社，2006。

[74] 臧旭恒、孙文祥：《产业结构、就业与经济增长》，《南大商学评论》2005 年第 2 期。

[75] 〔日本〕中央大学经济研究所：《战后日本经济》，盛继勤译，中国社会科学出版社，1985。

[76] 周其仁：《中国经济增长的基础》，《北京大学学报》（哲学社会科学版）2010 年第 1 期。

[77] 周学政、宋晨枫：《科技创新的风险转移与发展思路》，《科技智囊》2007 年第 12 期。

[78] 朱翔：《基于要素供给视角的浙江省传统产业结构升级问题研究》，硕士学位论文，浙江工商大学图书馆，2010。

图书在版编目（CIP）数据

中国区域产业优化升级的动力机制：以中原经济区为样本/史自力等著．—北京：社会科学文献出版社，2012.12
（中国区域经济发展动力机制研究系列）
ISBN 978-7-5097-3786-6

Ⅰ.①中…　Ⅱ.①史…　Ⅲ.①区域经济-产业经济学-研究-中国　Ⅳ.①F127

中国版本图书馆CIP数据核字（2012）第219235号

·中国区域经济发展动力机制研究系列·
中国区域产业优化升级的动力机制
——以中原经济区为样本

著　　者／史自力 等

出 版 人／谢寿光
出 版 者／社会科学文献出版社
地　　址／北京市西城区北三环中路甲29号院3号楼华龙大厦
邮政编码／100029

责任部门／财经与管理图书事业部（010）59367226　　责任编辑／王莉莉
电子信箱／caijingbu@ssap.cn　　责任校对／李　腊
项目统筹／恽　薇　　责任印制／岳　阳
经　　销／社会科学文献出版社市场营销中心（010）59367081　59367089
读者服务／读者服务中心（010）59367028

印　　装／北京鹏润伟业印刷有限公司
开　　本／787mm×1092mm　1/16　　印　　张／22.5
版　　次／2012年12月第1版　　字　　数／290千字
印　　次／2012年12月第1次印刷
书　　号／ISBN 978-7-5097-3786-6
定　　价／69.00元